权威·前沿·原创

皮书系列为
"十二五""十三五"国家重点图书出版规划项目

街道蓝皮书

BLUE BOOK OF SUB-DISTRICT OFFICE

北京街道发展报告 *No.2*
牛街篇

THE DEVELOPMENT OF BEIJING'S SUB-DISTRICT OFFICES No.2:
NIUJIE CHAPTER

主　　编／连玉明
执行主编／朱颖慧　邢旭东　张俊立

社会科学文献出版社
SOCIAL SCIENCES ACADEMIC PRESS（CHINA）

图书在版编目（CIP）数据

北京街道发展报告. No.2. 牛街篇/连玉明主编. --北京：社会科学文献出版社，2018.7
（街道蓝皮书）
ISBN 978-7-5201-2023-4

Ⅰ.①北… Ⅱ.①连… Ⅲ.①社区建设-研究报告-西城区 Ⅳ.①D669.3

中国版本图书馆CIP数据核字（2017）第314587号

街道蓝皮书
北京街道发展报告 No.2　牛街篇

主　　编／连玉明
执行主编／朱颖慧　邢旭东　张俊立

出 版 人／谢寿光
项目统筹／邓泳红　郑庆寰
责任编辑／王　展　郑庆寰

出　　版／社会科学文献出版社·皮书出版分社（010）59367127
　　　　　地址：北京市北三环中路甲29号院华龙大厦　邮编：100029
　　　　　网址：www.ssap.com.cn
发　　行／市场营销中心（010）59367081　59367018
印　　装／三河市龙林印务有限公司
规　　格／开本：787mm×1092mm　1/16
　　　　　印张：17.5　字数：263千字
版　　次／2018年7月第1版　2018年7月第1次印刷
书　　号／ISBN 978-7-5201-2023-4
定　　价／128.00元

皮书序列号／PSN B-2016-544-8/15

本书如有印装质量问题，请与读者服务中心（010-59367028）联系

▲ 版权所有 翻印必究

北京国际城市发展研究院社会建设研究重点项目
北京市社会发展研究中心西城区街道发展研究重点项目
北京国际城市文化交流基金会智库工程出版基金资助项目

街道蓝皮书编委会

编委会主任 卢映川　王少峰

编委会副主任 王　飞　郁　治

编　　　委（按姓氏笔画排序）

马光明　王　毅　王中峰　王书广　王乐斌
王其志　尹一新　史　锋　白　杨　毕军东
刘　倩　许晓红　许德彬　孙广俊　孙晓临
苏　昊　李　婕　李　薇　李丽京　李健希
吴立军　何焕平　陈　新　陈振海　周　沫
庞成立　宫　浩　贾冬梅　高　翔　高兴春
海　峰　桑硼飞　彭秀颖　彭启宝　谢　静
魏建明

《北京街道发展报告 No.2 牛街篇》
编 写 组

总 策 划 李 薇 连玉明 朱颖慧

主 编 连玉明

执 行 主 编 朱颖慧 邢旭东 张俊立

副 主 编 姜思宇

核心研究人员 （按姓氏笔画排序）

王 琨 王苏阳 王彬彬 邢旭东 朱永明
朱盼盼 朱颖慧 刘 征 米雅钊 李 帅
连玉明 吴 佳 张 南 张 涛 张俊立
陈 慧 陈盈瑾 陈惠阳 郎慧慧 孟芳芳
赵 昆 姜思宇 贾冬梅 高桂芳 唐 平
康晓彤 翟萌萌

主编简介

连玉明 著名城市专家，教授、工学博士，北京国际城市发展研究院院长，全国政协委员，北京市朝阳区政协副主席。兼任北京市人民政府专家咨询委员会委员，北京市社会科学界联合会副主席，北京市哲学社会科学京津冀协同发展研究基地首席专家，基于大数据的城市科学研究北京市重点实验室主任，北京市社会发展研究中心理事长，北京奥运功能区首席规划师，北京新机场临空经济区发展规划首席战略顾问。2013～2017年，在贵阳市挂职市长助理，兼任贵州大学贵阳创新驱动发展战略研究院院长、大数据战略重点实验室主任。

研究领域为城市学、决策学和社会学，近年来致力于大数据战略研究。著有《城市的觉醒》《首都战略定位》《重新认识世界城市》《块数据：大数据时代真正到来的标志》《块数据2.0：大数据时代的范式革命》《块数据3.0：秩序互联网与主权区块链》《块数据4.0：人工智能时代的激活数据学》《块数据5.0：数据社会学的理论和方法》等，主编《大数据蓝皮书：中国大数据发展报告》《社会管理蓝皮书：中国社会管理创新报告》《街道蓝皮书：北京街道发展报告》《贵阳蓝皮书：贵阳城市创新发展报告》《临空经济蓝皮书：中国临空经济发展报告》等。主持编制了北京市西城区、朝阳区、门头沟区和贵州省贵阳市"十三五"社会治理专项规划。

摘 要

构建超大城市有效治理体系是首都发展的要务。作为首都功能核心区，西城区带头以"四个意识"做好首都工作，坚持深入推进科学治理，全面提升发展品质的主线，不断加强"四个中心"功能建设，努力提高"四个服务"水平，城市治理能力和城市发展品质取得重要突破。街道作为基层治理的排头兵和主力军，发挥着不可替代的作用。西城区15个街道立足自身发展实际，统筹区域各类资源，构建区域化党建格局、加强城市精细化管理、提升公共服务水平、完善综合执法体系、精准指导社区建设，探索基层治理创新实践，积极为超大城市基层治理创新"过险滩""闯路子"，不断为基层治理增加新的内涵和提供可复制、易操作的鲜活经验，对于国内大城市基层治理创新具有极强的理念提升价值和路径借鉴意义。

《北京街道发展报告 No.2 牛街篇》立足牛街的民族特性，以民族团结和民族特色文化为主线，紧紧围绕社区治理体制改革、提升公共服务水平、推进社区自治与协商民主、历史文化保护与传承等进行综合分析；总结多元化养老服务体系建设、打造社区未成年人教育品牌、社区早教服务优化家庭育儿微环境、"爱心储蓄银行"激活党员志愿服务新活力、建设弘扬民族文化特色的街道级博物馆等典型经验。

在此基础上，本书认为，作为全国民族团结进步模范集体和首都民族团结进步先进集体，牛街街道应从实现民族地区公共服务供需匹配、落实民族政策、加强综治维稳工作、强化民族传统文化独特性入手，提高少数民族特需民生保障能力和质量、做好地区少数民族流动人口服务管理工作、推进民族类社会组织建设、打造民族文商旅新街区、探索共享发展成果新路径，实现民族地区的共建共融共治共享。

目 录

代前言　以民族特色文化提升区域品质……………………………… 001

Ⅰ 总报告

B.1 牛街：多民族地区和谐共融发展的实践与探索……………… 001
　　一　牛街的历史文化环境与发展历程………………………… 002
　　二　坚持"一二三四五"，开创街区和谐共融发展新局面…… 007
　　三　新时期民族地区面临的新问题…………………………… 022
　　四　进一步提升牛街品牌和地区品质的若干建议…………… 024

Ⅱ 数据报告

B.2 牛街街道基于常住人口的地区公共服务调查报告………… 028
B.3 牛街街道基于工作人口的地区公共服务调查报告………… 044

Ⅲ 理论报告

B.4 构建以居民为主体的历史文化街区保护利用模式
　　——北京市西城区法源寺文保区保护模式选择研究………… 063

街道蓝皮书·牛街篇

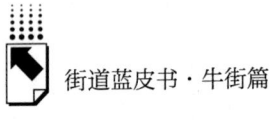

B.5 从西城区牛街街道看全国实验区社区治理体制改革的
重点与实践路径 ………………………………………… 087
B.6 牛街街道公共服务事项"一窗通办"的可行性研究 ………… 111

Ⅳ 调研报告

B.7 关于牛街民族工作调研情况的报告 ……………………… 131
B.8 关于牛街清真食品商会调研情况的报告 ………………… 146
B.9 关于牛街推进社区自治与协商民主调研情况的报告 ……… 157
B.10 关于"牛街一绝"掷子文化非遗保护调研情况的报告 ……… 168

Ⅴ 案例报告

B.11 牛街街道多元化多样化养老服务体系建设实践 ………… 183
B.12 牛街街道探索学校、社区、家庭"三结合"的
未成年人思想道德建设模式 ……………………………… 200
B.13 牛街街道社区早教服务优化家庭育儿微环境 …………… 213
B.14 牛街"爱心储蓄银行"激活党员志愿服务新活力 ………… 225
B.15 街道级民族文化特色博物馆建设的牛街模式 …………… 235

Abstract ……………………………………………………………… 246
Contents …………………………………………………………… 248

皮书数据库阅读 使用指南

代前言
以民族特色文化提升区域品质[*]

王其志[**]

民族文化有着丰富的内涵，蕴含民族风俗习惯、宗教信仰、生活方式和精神遗产，在民族发展的进程中，形成本族人民认同的价值取向和共同的精神支柱，具有强大的凝聚力和向心力，这种文化资源成为团结和凝聚起各族群众不断发展和前进的动力。对于一个多民族国家、多民族地区而言，和谐融合的多元文化关乎民族团结、文化发展与社会稳定。

牛街地区浓缩了多民族共同创造的多彩多元文化，多民族交错共聚，多宗教和平共处，多文化和谐共存，构筑起北京一道靓丽的风景线。牛街街道位于西城区中南部，辖区面积为1.44平方公里，5.3万常住人口中除汉族外，有回族、维吾尔族、蒙古族、满族等22个少数民族，其中回族群众1.2万人，占辖区总人口的23%。牛街街道是典型的城市少数民族聚居区，也是北京市最具民族特色的街道之一。概括来说，牛街具有三个明显特征。一是历史悠久。牛街是一条千年古街，在辽代就有了这条街，当时叫作"柳河村"，清代康熙时期开始叫"牛街"，辖区内的牛街清真寺、法源寺已有上千年历史。二是宗教文化鲜明。牛街坐落着中国伊斯兰教协会、中国伊斯兰教经学院、中国佛学院等多座宗教机构。三是饮食文化独特。牛街民族特色商业繁华，特别是牛街清真饮食，历史悠久、闻名全国，吸引着全国各地的游客。

---

[*] 根据牛街街道提供的有关资料整理。
[**] 王其志，中共北京市西城区委牛街街道工作委员会书记（2016年3月至今）。

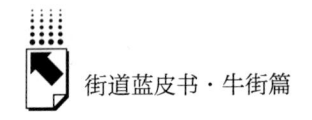

一 民族特色文化助力牛街地区繁荣发展

牛街街道民族特色文化鲜明，因此街道工作具有十分突出的民族特性，可以说民族工作贯穿于整个街道工作，从党建工作到街区建设，再到民生保障工作，方方面面都融合渗透着民族文化，也正是这样独特的文化底蕴，使得牛街街道在首都地区显得别具一格，充盈着独特的气息和魅力。

根植民族特色文化，创新基层党建工作，激活基层组织活力。通过民族特色文化与基层党建的结合，把党的建设根植于地区民族文化土壤中，把促进地区民族团结、和谐稳定作为创新基层党建活动的首要任务，始终坚持发挥党组织的领导核心作用，深入分析研判形势、科学制定工作目标、统筹部署各项工作、广泛凝聚各方力量，全时全程抓紧抓实民族工作。充分发挥街道大工委、社区大党委的作用，广泛宣传党的民族政策，积极开展形式多样的民族团结活动。不断强化党员干部的民族工作意识，营造人人关心民族工作、人人维护民族团结的大好局面，使牛街作为首都民族工作窗口的作用更加凸显。只有不断加强党的领导，民族团结进步创建事业才能始终沿着正确的方向前进，才能真正汇集各民族力量，为推动"中华民族一家亲、同心共筑中国梦"做出新的贡献。

融合民族特色文化，优化区域空间布局，提升街区品质。牛街是北京最大的回族聚居区，其建筑和饮食等都具有鲜明的伊斯兰风格。牛街和北京其他街区最大的不同就是许多建筑都带有伊斯兰风格的穹顶，颜色也以穆斯林喜爱的白色和绿色为主。牛街街道在城市规划建设中，始终坚持协调发展，立足区域特点，抓住民族特色文化因子，将民族文化传承作为城市规划建设发展的灵魂，对街区发展进行科学定位，以打造精品街区为主线，突出精细化、民族化的特点，将牛街建设成为布局合理、功能齐全、独具特色的和谐宜居街区。

结合民族特色文化，做好民生保障工作，提高辖区居民幸福感。牛街始终把保障和改善民生作为街道工作的首要任务，坚持以人为本，尊重少数民族的风俗习惯，优先解决少数民族特需服务，着力从饮食、养老、殡葬、就医、就学、法律援助、社会救助等各个方面完善生命全周期的公共服务体系，解决各族人民面临的实际问题。并在此基础上，大力发展民族特色文化，坚持为人民服务、为社会主义服务的方向和贴近实际、贴近生活、贴近群众的原则，创新文化惠民方式，增强群众交往的纽带，促进民族文化认同感，共筑城市精神家园，以民族特色文化为依托，打造"利益共同体"。

二 民族特色文化提升地区文化品牌活力

作为一个多元文化交融的街区，牛街在信仰、习俗、语言、姓氏、饮食、建筑、体育武术等方面，形成了独特的文化个性和文化价值。同时，牛街的回族文化是伊斯兰文明和中华文明融合的典范，在首都民族工作中发挥着重要的窗口作用，受到国内外关注。因此，保护和传承牛街地区民族特色文化是牛街街道一项重要的工作任务。

塑造地区品牌。城市的历史文脉是城市发展与演变过程中在人们内心深处留下的不会被轻易消磨掉的印记，牛街民族特色文化正是牛街地区历史文脉的有机组成部分，它不仅是牛街塑造地区文化品牌的依据，更是地区文化品牌发展的重要内容。牛街街道借助独特的民族文化，从三个方面来塑造地区文化品牌，把牛街打造成首都的城市名片。首先，加强街道商业品牌的管理，扩大牛街清真食品的影响力；其次，依托个性鲜明的地区文化理念，丰富现有品牌的价值内涵；最后，全力保护民族文化遗产，塑造更有文化内涵的社会形象。

增强地区活力。文化作为城市形成、发展与演变的内在动力和魅力之源，可以增强城市发展的活力和竞争力。牛街地区的民族文化与牛街地区的发展密切相关，它们互相渗透、互相促进。为此，街道努力营造让民族文化创造活力持续迸发的思想环境和文化交流环境。首先，处理好地区发展与民族文化建设的关系，以文化建设促进地区发展；其次，处理好社会主义核心价值观与民族文化建设的关系，营造积极向上、健康、和谐的氛围；最后，处理好民族文化传承与民族文化创新的关系,在民族文化创新中继承传统,取其精华,去其糟粕。

弘扬历史文化。文化是一个民族的灵魂,是一个国家或地区文明程度的重要体现。牛街依托历史文化资源,深度挖掘文化价值,打造历史文化金名片,使之成为地区发展的重要推动力。在历史文化名城保护过程中,牛街坚持问题导向,探索出一条过去与未来辉映、传统与现代交融、传承与创新并存的历史文化名城保护建设之路。与此同时,结合精品街区建设,把文化元素融入地区建设当中,建成耐得住看、经得起品的文化精品,铭刻上"牛街文化印记",更好展现牛街地区的神韵气质,在延续历史文脉中展现地区品位。

三 民族特色文化促进区域民族团结进步

习近平总书记指出,"我国是统一的多民族国家。各民族多元一体,是老祖宗留给我们的一笔重要财富,也是我们国家的重要优势。"作为各民族多元一体的承载区,牛街深入贯彻落实中央民族工作会议精神,紧紧围绕各民族"共同团结进步、共同繁荣发展"的主题,充分发挥民族文化在民族团结事业中凝聚人心、彰显活力的重要作用,深入开展民族团结创建活动,为构建"健康、宜居、智慧"新牛街提供精神力量。

强化文化认同,促进民族团结。认同是团结的本质。习近平总书记将"五个认同"[①]作为国家统一、民族团结、社会稳定的思想基础,这也是牛街街道工作必须要坚持的理念。为此,街道将"五个认同"作为街道工作的核心使命、价值追求和推动民族团结进步的思想文化力量,不断推动民族团结创建工作,进而促进各民族和睦相处、和谐发展,巩固和发展民族团结、社会和谐稳定的大好局面。

[①] 2015年8月24日,习近平在中央第六次西藏工作座谈会上指出:"必须全面正确贯彻党的民族政策和宗教政策,加强民族团结,不断增进各族群众对伟大祖国、中华民族、中华文化、中国共产党、中国特色社会主义的认同。"

搭建文化交流平台，促进民族团结。在新形势下，民族文化要丰富内涵、提升品质，不仅要靠文化自信、文化自觉，夯实民族自身文化基础，还要靠民族文化活动和场所搭建平台，创新民族团结工作机制。牛街地区民族文化和宗教活动交流频繁，有开斋节、古尔邦节、圣纪节等节庆活动平台，有中国伊斯兰教协会、中国伊斯兰教经学院、中国佛学院等开展学术交流活动的平台，每年吸引上万名国内外宗教界人士到这里参观、访问。与此同时，牛街以文化为载体，依托牛街民族团结月活动和牛街历史文化展陈室等平台，开展形式多样、内容丰富的民族文化活动；以互联网为手段，打造线上线下多维度、参与式、互动式的"共居、共学、共事、共乐"活动平台，实现各族群众的互动交流。牛街街道借助这些平台，加强各族人民和宗教界人士交往、交流，在生活上、感情上、思想上加深了解，筑牢民族团结的思想基础，形成紧密相连的利益共同体、情感共同体。

深化创建活动促进民族团结。牛街街道以推进民族团结进步创建活动为契机，将民族团结意识植入人心。坚持创建活动的人文化、大众化、实体化，加强公共文化服务体系建设，传承、弘扬、创新牛街民族文化。紧密结合地区文化品牌创建，通过开展民族政策培训、举办关于民族文化的讲座、比赛、文艺表演等活动，将民族文化融入群众文化活动中，满足回族居民的精神文化需求，同时让更多的人了解回族人民在饮食、服饰、节庆等方面的风俗习惯，进而促进全民参与创建活动，扩大了民族团结进步创建活动的覆盖面、影响力和渗透力。同时这还展示了各族人民群众对现实生活和现有民族关系的享受和认同，增强了不同民族群众之间的相互了解和包容，培养了居民群众对不同文化尊重和欣赏的意识，增进了各民族群众之间的感情。加强民族融合的价值理念教育，促进人人讲团结、处处见和谐；在他们心中播下民族团结的种子，手足相亲、守望相助；共同维护地区稳定和发展，共同建设精神家园，共同实现中华民族伟大复兴的中国梦。

总 报 告

General Report

B.1
牛街：多民族地区和谐共融发展的实践与探索

摘　要： 民族团结关系社会稳定和谐、民族进步繁荣、城市品质提升。牛街街道作为民族团结进步的一面旗、全国民族地区的一标杆、世界民族交流的一扇窗，深入贯彻落实党和国家政策，习近平同志系列重要讲话精神以及治国理政新理念、新思想、新战略，紧紧围绕"共同团结奋斗，共同繁荣发展"的主题，不断创新具有民族特色的服务新体系和治理新方式；充分发挥地区民族团结进步创建活动的示范作用，进一步推动民族团结进步创建工作，实现民族团结进步创建工作精准化、规范化、常态化；坚持"一二三四五"发展策略，把党的民族政策落实到基层，全面推进地区的发展；做强、做实、做细社区各项事业的建设，确保各族人民群众共建共享城市美好生活。本报告在回顾街道发展历程、总结典型经验和成功

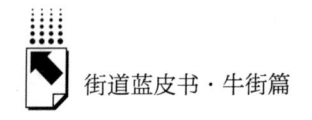

做法的基础上，就新时期牛街街道所面临的一些新问题和提升街道发展品质、民族品牌进行了探索研究，提出一些意见和建议，以期为实现牛街各族群众共享改革发展成果和推进民族团结进步事业提供一定的借鉴。

关键词： 牛街街道　民族特色　多民族地区　和谐共融发展

一　牛街的历史文化环境与发展历程

（一）牛街传递着千年历史记忆

牛街是北京市西城区牛街街道辖区内北起广安门内大街、南至南横西街西口的一段街道，有着悠久历史，是北京最古老的街之一。其前身是唐幽州城内的大道，辽代为开阳门内大街，是唐幽州藩镇城以及辽南京、金中都的重要大道。元明时期，牛街逐渐发展成为回族聚居的街区，形成牛羊肉的集散地和加工中心，遂有牛街之称。牛街曾叫柳河村、柳村、牛村、冈上、石榴街、榴街，明时称礼拜寺街，清时称牛街。

现在人们提及的牛街，已经不仅仅是一条街，而是指整个牛街街道办事处管辖区域。古老悠久的岁月，造就了众多的历史古迹。牛街礼拜寺是北京地区历史最为悠久、规模最为宏大的清真古寺，也是世界上著名的清真寺之一，始建于辽圣宗统和十四年（公元996年），已有千年历史。牛街礼拜寺占地面积约为10000平方米，许多建筑都带有伊斯兰风格的穹顶，是京城四大清真官寺之一，是牛街穆斯林宗教活动的中心和求知的学校，是伊斯兰教在中国历史演进中的见证，是体现党和国家民族宗教政策的窗口。北京法源寺始建于唐贞观十九年（公元645年），原称悯忠寺，已有1300多年历史。法源寺见证了古老民族的悲怆历史，有"一座法源寺，半部中国史"之说。法源寺占地面积约为18000平方米，是北京地区现存历史最悠久的佛教寺院，这里还有中国佛学院和中国佛教图书文物馆,是展示寺庙建筑艺术,收藏、展览佛教文物、图书和研究佛教教义及佛教史的重要处所。此外,牛街街道辖区的胡同里还隐藏着湖南会馆、绍兴会馆、浏阳会馆等明清时期的会馆。

(二)牛街蕴藏着深厚民族文化

牛街是北京最大的多民族聚居区,也是北京极具特色的民族文化街区。除汉族外,还居住着回族、满族、蒙古族、朝鲜族、维吾尔族等 22 个少数民族。它既具有独特的伊斯兰风格,又蕴含着浓郁的京味神韵。以穆斯林生活为代表的回族文化,以法源寺为载体的儒释文化,以会馆为依托的宣南文化在这里汇聚。千百年来,多种文化元素在这里兼容并蓄、相互借鉴、共同发展。另外,这里还有中国伊斯兰教协会、中国伊斯兰教经学院、中国佛学院,吸引了众多国内外的宗教界人士来此访问、交流。这些都为牛街的发展提供了丰富的文化资源,沉淀为牛街绚丽的文化瑰宝。

老北京人流传着一句话:牛街故事多。牛街是中华民族传统文化的具象,浓缩了千年的人文精神,体现着多彩的市民文化。牛街在信仰、习俗、饮食、建筑、姓氏、语言、艺术、体育武术、街巷胡同等方面的特色,共同形成了特色文化链,建构出独有的文化身份、文化个性和文化价值。多元文化在这里交融发展。

(三)牛街见证着民族团结进步

新中国成立以后,国家制定和实施了民族平等、民族团结、民族区域自治和各民族共同繁荣等一系列民族政策,这些民族政策对加强民族团结、维护国家统一和社会稳定以及促进民族地区经济社会的发展起到了重要作用。牛街街道办事处成立于 1954 年,是新中国民族政策的忠实践行者,也是民族团结进步的成功缔造者。回顾牛街街道办事处 60 多年的历史,可将其发展历程大致划分为五个阶段(见表1)。

第一阶段:1954~1965 年——起始阶段。1954 年,《城市街道办事处组织条例》颁布,北京市宣武区牛街办事处正式成立。此时,我国的民族政策、

表1 牛街街道办事处历史沿革

时间	事件
1954年	1952年9月北京市宣武区成立,1954年成立宣武区人民委员会牛街办事处
1958年5月	中共宣武区牛街街道委员会正式成立,原南半截、牛街、枣林前街三个办事处合并为牛街街道办事处
1960年4月	牛街街道办事处撤销,正式成立宣武区牛街人民公社,同年成立公社党委
1962年10月	实行政社分离,恢复牛街街道办事处,实行党政社三机构并存
1968年3月	牛街街道革命委员会成立,实行党政合一
1978年8月	革命委员会撤销,恢复牛街街道办事处
1979年10月	成立街道生产服务联社,党政企机构分开
1990年5月	中共牛街街道党委改称中共宣武区委牛街街道工作委员会(简称街道工委)
1992年12月	牛街街道联社与街道党政机构彻底分离
1993年10月	牛街街道设置22个党政机构
1994年	街道办事处设立统计科
1995年7~9月	街道党政机构改革,党政群机构由原来的23个精简为17个
1996年	牛街街道办事处建立了公务员制度
2002年	牛街街道调整合并成现在的10个社区居委会,其中回族比较集中的社区有6个
2010年7月	原西城区与宣武区合并,设立新的北京市西城区。原中共宣武区委牛街街道工作委员会改称中共西城区委牛街街道工作委员会,原宣武区牛街街道办事处改称西城区牛街街道办事处

民族教育体系刚刚起步,为贯彻《中华人民共和国宪法》规定的民族政策,1957年8月在青岛召开全国民族工作座谈会。会上,周恩来总理向代表们作了《关于我国民族政策的几个问题》的报告,对党的民族平等、团结互助、民族区域自治政策和民族繁荣的思想进行了比较全面、系统和有针对性的阐述,提出在加强民族大家庭的基础上反对两种民族主义,即反对大汉族主义和地方民族主义。牛街街道民族工作以贯彻民族政策为核心内容,主要根据宣武区人民委员会指示安排工作,结合管界具体情况,把工作布置到各居民委员会,确立以生产为中心的方针,掀起全民办工业的高潮,号召广大居民参加生产,消费的街道变为生产的街道。

第二阶段:1966~1976年——"文革"阶段。1968年3月成立牛街街道革命委员会,实行党政合一。这期间,党的民族政策遭到严重破坏,民族工作基本上被取消。作为城市管理的街道工作受"文革"的影响,陷入瘫痪状态。

第三阶段：1977~1996年——崛起阶段。1978年党的十一届三中全会召开，民族工作掀开了新的历史篇章。这期间，恢复和制定了正确的方针政策和法律。党的十二大强调，民族团结、民族平等和各民族共同繁荣是一个关系到国家命运的重大问题。1984年《中华人民共和国民族区域自治法》颁布，激发了各族人民当家做主的积极性，促进了平等、团结、互助的社会主义民族关系的快速发展，对巩固国家统一、推进民族自治及社会主义事业的发展具有里程碑作用。1992年首次召开中央民族工作会议，主题为"加强各民族的大团结，为建设有中国特色的社会主义携手前进"。会议对我国民族工作的发展起到了重大的推动作用。在此阶段，街道工作逐渐恢复，进入重构与变革的进程，受到国家对发展少数民族经济文化有力措施的激励。1988年，北京市将牛街确定为城市民族工作重点街道，牛街街道民族工作进入新阶段。

第四阶段：1997~2010年——飞跃阶段。1997年牛街开始危改拆迁，1998年一期工程破土动工，2004年2月二期工程竣工，9000多户居民喜迁新居。工程历时六年，以耗资多、面积大、拆迁广、回迁率高等特征刷新了北京市危旧房改造工作的四项历史纪录，居民居住条件得到了极大改善，牛街地区呈现崭新的面貌。这期间，1998年，牛街街道获得首都民族团结进步模范单位称号。1999年，第二次中央民族工作会议与全国民族团结进步表彰大会联合召开，牛街以"加快少数民族和民族地区经济发展和社会进步"为主题，展示了中华民族团结一心跨越新世纪的精神风貌。2003年，北京市首条民族特色街在牛街正式开街，同年，牛街街道再获首都民族团结进步先进单位殊荣。2005年，新世纪新阶段召开的第一次中央民族工作会议，主题为"以科学发展观统领民族工作，促进民族地区和谐发展"，大会报告在平等、团结、互助的基础上，加入"和谐"一词，体现了民族关系的与时俱进。这一年，牛街街道办事处获得全国民族团结进步模范集体称号。值得一提的是，2010年，牛街街道因为首创城市多民族聚集地区社会工作服务模式而闻名中外。以民族宗教社会工作制度建设为核心的"牛街模式"在此背景下诞生了,开启了中国社会建设、社会工作制度与和谐社会建设的新阶段,树立起西城区、北京市乃至全国的典型窗口形象。

第五阶段:2010年至今——黄金阶段。2014年,中央民族工作会议暨第六次全国民族团结进步表彰大会召开,习近平同志在会上全面分析我国民族工作面临的国内外形势,深刻阐述当前和今后一个时期我国民族工作的大政方针,就加强民族团结提出一系列重大方针。2016年1月,全国城市民族工作会议召开,着眼城市工作和民族工作两个大局,不断推进城市民族工作新发展。2016年4月,全国宗教工作会议召开,习近平强调,发展中国特色社会主义宗教理论,全面提高新形势下宗教工作水平。中央关于民族宗教工作的决策部署以及习近平总书记系列重要讲话,为做好新形势下的民族宗教工作提供了基本方针。牛街街道认真贯彻落实中央民族工作的方针政策,坚持以人为本,团结各民族力量,推动平安牛街、健康牛街、智慧牛街、和谐牛街、宜居牛街建设,打造民生一条街、清真美食街,形成系列化、精细化的民族特色服务体系,更好地服务各族群众,保持民族团结、共创和谐氛围,为地区持续发展奠定坚实的基础。

表2 1988年以来牛街街道工委、办事处获得的重要奖项

时间	奖项
1988年	全国民族团结进步模范集体
1992年	首都民族团结进步先进集体
1998年	首都民族团结进步先进集体
2003年	首都民族团结进步先进集体
2004年	第四届全国各族青年团结进步先进集体奖
2004年	首届全国"四进社区"优秀体育健身项目展演活动优秀节目奖
2005年	全国民族团结进步模范集体
2006年	全国先进基层党组织
2006年	全国社区侨务工作先进单位
2007年	第五届全国各族青年团结进步先进集体奖
2007年	"十五"全国家庭教育工作先进集体
2008年	首都民族团结进步先进集体

续表

时间	奖项
2008 年	北京奥运会残奥会先进集体
2009 年	全国民族团结进步模范集体
2009 年	全国"五五"普法先进单位
2011 年	2006～2010 年全国法制宣传教育先进单位
2012 年	全国未成年人思想道德建设工作先进单位
2013 年	首都民族团结进步先进集体
2014 年	全国民族团结进步模范集体

资料来源：牛街街道工委、牛街街道办事处、西城区档案局（馆）：《牛街记忆》。

二 坚持"一二三四五"，开创街区和谐共融发展新局面

多年来，牛街街道牢牢把握"共同团结奋斗，共同繁荣发展"这个主题，扎实做好民族工作，多次被评为全国民族团结进步模范集体、首都民族团结进步先进集体。当前，西城区确立了深入推进科学治理、全面提升发展品质的未来工作发展主线，把疏解整治促提升专项行动和背街小巷整治作为区域治理的中心任务。牛街街道立足现有基础，创新工作方法，提出"一二三四五"策略，即"深化一个核心，紧抓两民主线，做好三精文章，坚持四共目标，构建五有体系"，以群众需求为导向，遵循破解难题和常态治理并重、调整疏解和优化提升并重的原则，全力推进发展转型和管理转型，始终把环境建设与民生改善紧密结合，优化区域人居环境。

（一）深化一个核心：党的领导

1. 发挥党建核心引领作用

牛街街道坚持党在街道社区建设与管理中的领导地位，坚持党对民族团结进步工作的领导，把党的领导内嵌到区域治理结构中，贯穿于整个区域的稳定和谐中，地区党建的独特优势在促进地区发展实践中得到充分体现。街

道工委牢固树立以服务型建设统揽基层党建工作的理念，从基层党建入手，加强少数民族区域党建，团结群众、凝聚人心，通过党员经常性学习教育，不断提升党员干部的党性修养，强化领导班子和干部队伍建设。开展"处带居、六联系、促安全"，实现班子成员联系群众的常态化；加强社区党组织对居委会、服务站及其他各类组织的领导，提高科学决策、民主决策、依法决策和履职的能力。

2. 构筑区域化大党建格局

为加强社区服务型党组织建设，提升社区党组织的服务能力。2012年4月牛街街道10个社区就全部成立"大党委"，建立了社区大党委工作机制。街道以资源共享、优势互补、共驻共建、加强服务为基本原则，优化了区域内社区党组织设置，将辖区单位党组织成员吸纳到社区建设当中，实现党组织管理覆盖全社区的目标。以社区大党委为平台，以党建工作联做、社区资源联享、精神文明联创、服务难题联解、公益事业联办、生活环境联建的"六联"为目标，牛街街道进一步深化党建服务群众工作，细化了讨论决定社区重大事项、搭建社区工作服务平台、加强区域化党建工作、打造社区品牌特色的四项工作职能。

3. 形成独具特色的三三原则

在全面推进社区各项事业建设的同时，牛街街道充分发挥街道党工委的领导核心作用，以群众满意为工作的最高标准，以服务群众为工作重点，立足促进区域发展，着手机制创新，不断加强党的执政能力建设，相继组建了机关干部、阿訇乡佬和社区积极分子三支民族团结进步骨干队伍，把机关干部队伍作为民族团结工作的主体力量。根据街道的民族情况，实行1/3的干部配备原则，即处级领导、科长、干部中少数民族比例要达到总人数的1/3。对于新来街道的干部，坚持"三入门"教育原则，让他们了解国家的民族宗教政策，少数民族的风俗习惯、民族禁忌以及如何处理好涉及民族宗教内容的问题。

4. 推进党小组建楼上模式

牛街危房改造以后，居民住进了新楼房，为方便党组织开展工作，牛街创建了"党小组建楼上"这一工作模式，收到了很好的效果。"党小组建楼上"以建立党小组开展楼门文化活动，形成党小组长、楼门层长、居民骨干三合一的服务模式，进一步畅通了群众利益诉求渠道。以党小组、楼管会为基础，发挥居民主体作用，实现了"小事不出楼门，大事不出社区"。通过公布党小组长、楼门层长照片，明确党小组长和楼门层长的责任，增强居民的监督意识和参与意识；通过贴墙报、出展板宣传党的民族宗教政策；通过开展以楼门为单位的小合唱、社区运动会凝聚民心，增强邻里团结。

5. 实施"爱心储蓄银行"项目

街道工委于2015年7月起探索"互联网+"工作模式，实施"爱心储蓄银行"党建创新项目，疏通在职党员回社区志愿服务新渠道。爱心储蓄银行按照社会化运营、银行式管理、常态化服务的思路，以志愿服务、奉献爱心、存储功德、传递真情为宗旨，将地区5000余名党员汇聚到一起。爱心储蓄银行为每位注册的党员志愿者都办了一个"时间储蓄"存折，使党员服务群众有了量化标准，同时体现出"人人为我，我为人人"的志愿服务社会化互助理念，使得公益回馈有据可依。爱心储蓄银行运营近一年，参与活动的党员群众达2000多人，地区党员志愿者全年共储蓄17000小时志愿服务。

6. 打造"牛街党员e家"平台

运用新媒体，打造"牛街党员e家"微信公众平台，设计牛街党建、爱心银行、掌上党群三大模块，集宣传动态、活动发布、线上党群入门功能于一体。此平台成为党员学习的课堂、自我展示的窗口、交流的平台和情感的纽带，成为名副其实的"红色e家"。同时，牛街爱心储蓄银行的云共享平台，为在职党员设计在线报到模块，发起公益、志愿活动，实现了在线积分、时长兑换，提升了爱心储蓄银行项目的党员参与度，使党员在志愿服务中得到了社会更多的尊重和认可。

7. 推进地区精神文明建设

牛街街道充分发挥街道党群活动中心、社区青年汇旗舰店平台作用，广泛凝聚、服务地区党员、团员，积极探索服务工作新模式；不断完善"牛妈妈"联盟，以"孝"为主题，通过线上、线下方式开展特色服务活动。弘扬和培育社会主义核心价值观，推出"身边+"系列人物故事汇主题活动沙龙，用模范的行为引导人、感召人；创新开展未成年人思想道德教育，持续开展"牛街娃印（in）社区"活动，积极打造"红心育苗"课外托管品牌，优化课程设置，扩大社会影响；深入开展"北京榜样"举荐、百姓宣讲巡讲、道德讲堂活动，积极培育诚信守法、爱岗敬业、甘于奉献、互助友爱的地区和谐文化，不断深化群众性精神文明创建活动。

（二）紧抓两民主线：民族和民生

1. 塑造街道特色和亮点工作

长期以来，牛街街道立足民族特色、做实民生服务，坚持把民族工作和民生工作作为街道工作的两条主线，作为地区治理中全部工作的出发点和落脚点，推动地区民族工作和民生工作融合发展、相互促进。紧紧围绕各民族"共同团结进步，共同繁荣发展"的主题，将民族工作与地区发展、民生工程、社会建设有机结合，强化和创新民族团结工作，推动各民族交往交流交融，建立嵌入式的社会结构和社区环境，引导各族人民和睦相处、和衷共济、和谐发展。

2. 落实党的民族宗教政策

坚决落实党的民族宗教政策，促进民族团结进步，是牛街民族工作的灵魂，是牛街最大的政治。牛街街道注重把贯彻学习实践中央、北京市、西城区工作精神与构建和谐社区相结合，与促进民族团结、维护稳定相结合，要求党员带头当好党的方针政策的宣传员、解决矛盾纠纷的调解员、维护安定团结的治安员、开展文体活动的健身员、为群众排忧解难的服务员，做好一切民族团结和服务群众的工作。对于一些由民族宗教问题引发的风波，牛街街道坚持"民族宗教无小事"的原则，引导教育群众坚持"不听、不信、不传、不参与、不声援"的"五不原则"，使党的民族宗教方针政策不断深入人心。大家始终像爱护眼睛一样爱护牛街几十年来民族团结的大好局面。牛街稳人心、暖人心、连人心、蓬勃发展的事实证明，只有全面落实党的民族政策，才能提高各族群众的归属感、社区建设的参与率和社区服务的满意度，才能切实增进党群之间的感情。

3. 弘扬民族文化和民族精神

营造文化氛围，让百姓幸福、社区和谐，是牛街街道提出的新目标。2009年7月，牛街街道社区公共服务协会成立，协会以构建和谐幸福的现代生活社区、弘扬民族文化、提高文化艺术素质、丰富地区居民社区生活为宗旨，集结牛街地区精品艺术团队9支、文体组织47支，备案登记各类社会组织共计94支，吸引了数以万计的居民群众参与其中。经过牛街全体干部群众的共同努力，形成了家庭和、邻里和、干群和、民族和、社会和的"五和"新景观。为了增进民族团结，街道投资兴建了文体活动中心、文化广场，组建了民族艺术团、武术队等多支文体团队。街道深入开展"民族团结杯"特色文化品牌项目，把穆斯林的斋月定为社区民族团结月，每年都开展团结月活动。以斋月为契机，宣传党的民族宗教政策，展现宗教和睦、民族团结的大好形势。

4. 打造民族特色品牌

牛街结合自身的民族优势，打造民族特色品牌，以历史文化展陈室展示地区文化的挖掘、整理成果；以两年一届的民族团结表彰会推进民族团结进步事业发展；以牛街清真食品商会服务引导地区重点清真餐饮企业，规范牛街清真食品商标的使用；以社区老年人家门口的"服务管家"——驿站式养老照料中心，为社区老人提供日间照料、生活保障等；以具有穆斯林特色的社区卫生服务中心守护地区各族群众的健康。此外，街道还建成了民族特色一条街，街道两侧分布着牛街清真超市、清真餐馆、清真茶庄、清真牛羊肉市场等老字号民族商业网点，成为拉动牛街经济发展的重要力量。

5. 推进一站式便民服务工作

牛街街道公共服务大厅于2013年6月建成并正式运行。公共服务大厅分为两部分，一部分为承担政务和综合事项的窗口，一部分为承担政府交办事务性工作的社会保障窗口。公共服务大厅按照西城区行政服务标准梳理受办事项，开展业务办理及政策咨询工作，采用以业务类别划分窗口、前台统一受理、后台协同办理的工作模式，实现日常接待的服务。公共服务大厅为居民群众提供计划生育、民政优抚、社会救济、保障性住房等综合服务项目"一站式"全程办事代理制服务，为辖区内的单位和居民群众提供特色便民服务项目。

6.打造独特的民生一条街

一直以来，牛街的民生工作都是多姿多彩的。牛街街道以新的居住条件、新的社区环境、新的服务理念和新的科技手段，打造出了牛街民生特色"四新"途径。街道立足民族政策、人力资源、活动场所、街区文化等优势，整合组织、人力、阵地、项目等方面资源，围绕民生问题，在已有便民机构的基础上创新具有民族特色的民生服务举措。在牛街春风社区中规划出涵盖文化、教育、医疗、养老、助困等十二处公共服务机构的服务圈，设立社区卫生服务站、儿童早期发展指导中心、回民幼儿园、社区文体活动中心、民族敬老院、回民殡葬处等服务机构，形成满足各族群众从身体到精神等多方面不同需求的民生一条街。

（三）做好三精文章：精致化、精细化、精准化

1.建设精致化宜居家园

改善城市环境是地区建设发展重要名片的理念，牛街街道以处理好生产、生活、生态之间的关系为根本遵循，从总体规划布局着手，突出民族特色，营造宜居新牛街环境，创造优质和谐的美丽家园，让群众更有归属感。

一是加强整体规划。牛街街道以辖区城市规划、建设、管理和服务中存在的问题为导向，制定实施《牛街提升城市品质整体发展规划》，有计划、有步骤地持续打造和谐、美丽、绿色、宜居街区。

二是加强专项治理。围绕"十大专项行动"目标任务，开展重点区域环境整治提升专项行动，开展违法建设拆除和开墙打洞整治专项行动，推进"拆违、灭脏、治污、清障、治乱、撤市、缓堵"七大战役，深入开展"七小"等低端业态的整治行动，规范商业经营秩序，加强民防地下空间和普通地下室的安全使用管理与合理开发利用。

三是加强协同推进。深化与工商、食药、城管部门的横向联系，积极争取专业部门的指导，依靠信息共享，实现治理一户、彻底销账一户。

四是加强后续管控。立足街道实际，对地区城市环境、功能进行科学规划，强化治理成果监督、维护措施，建立健全长效管理机制。统筹利用好腾退空间，优化腾退资源集中配置，确保其用于保障群众宜居生活；建立人口调控工作周汇报、月总结制度，完善人口调控的工作机制，落实目标责任制。

五是加强治理宣传。教育引导各方力量参与城市环境建设，在小区环境整治、胡同环境提升项目中，探索居民自主设计公共空间、自治管理后期维护的工作机制。

六是加强文化建设。发掘、研究、创作民族优秀文化产品，建立社区、社会单位、社会组织"互联网＋"模式，加强"民族团结杯"品牌建设，继续挖掘民族非遗项目，不断打造新品牌，助力地区民族文化交流、交往、交融。

2. 创新精细化治理机制

习近平总书记强调："城市管理应该像绣花一样精细"。牛街的精细化管理不断深入，贯穿地区治理的各个方面，体现在各项工作之中，让群众更有自豪感。

一是强化多元共治功能。坚持党组织领导统筹、政府主导提供保障、自治组织参与管理、社会福利机构参与服务供给、广大人民群众进行监督的多元共治格局，推进各个治理主体共同发力、各个层面良性互动、各种治理手段优势互补，制定社会组织的发展规划，加快对社会组织的培育和发展，充分发挥社区社会组织在建设和谐社区中的积极作用。

二是加强网格化管理。将社会和政府服务管理资源进行整合，构建"全响应"模式的社会服务管理体系，将10个社区划分为66个网格责任区，明确每名处级领导联系1个社区，负责协调社区网格一切事务。每个网格实行"一格五员"（网格管理员、网格服务员、网格协调员、网格执法员、网格共建员）管理，并按照网格划分社工"分片包户"责任区，实现

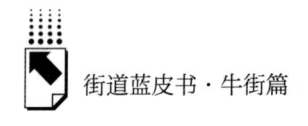

了立体式、全方位的有效管理。任务落实及问题解决做到小事不出网格、大事不出社区。

三是创新数据技术应用。通过对街道民族信息、统战信息等专题数据进行统一管理，建立民族工作专题数据库，促进数据资源有效对接和共享，实现数据资源全面智能管理。建立牛街礼拜寺人群聚集风险预警系统，开展实时人流量监控和预测。

四是完善安防管理机制。巩固完善网格化社会治安防控体系，加大对重点地区、重点场所和敏感部位的整治力度，加快形成源头治理、动态管理、应急处置相结合的社会管理机制；持续科技创安工作，全面普查辖区技防系统，在老旧小区安装门禁系统，增加探头数量，做到辖区技防全覆盖；落实反恐工作领导责任，组建反恐志愿者队伍，制定完善业务培训机制，增强社会化反恐能力。

五是强化地区安全保障。实施街道普法规划，健全法治宣传教育机制；成立牛街街道民族调解委员会，加大人民调解工作力度，做好矛盾排查和化解工作；强化企业主体责任，全面实行安全生产责任保障制度，完善安全生产大检查与专项整治相结合的监管执法机制，切实防范各类重大事故；做好重大节日、重要会议、重要节点的安全服务保障工作。

六是探索社区管理"4+3"工作法。以牛街东里社区为试点，根据社区现有工作任务将社工队伍统筹规划成党建工作组、搜集民意组、日常工作组、社区宣传组四个工作小组；同时，为了加强社区民主自治能力，成立民族团结共驻共建便民服务队、民族团结互帮互助志愿服务队、民族团结政策宣传引导队等三支自治互帮便民队，由四个社工小组分别承接三支队伍的组织、管理和实施工作，构成"4+3"工作模式，充分调动社区工作者的积极性和主动性，以利开展各项工作。

七是建立社区服务队伍。街道依托社区服务中心，建立了社区专业服务队和社区志愿者服务队，形成了社区服务管理体系、社区服务求助体系和社区设施服务体系，服务内容涵盖教育、卫生、文体、扶危济困等多个方面。

八是推进参与型协商工作。在10个社区中建立"社区议事厅"民主议事平台，作为召开社区议事协商会议的固定场所。推进居民公约、为老服务、环境美化等参与型协商工作展开，进一步推动基层协商民主和社区依法自治。

九是开展居民代表分组履职工作。探索居民代表常务会制度，以牛街西里二区为试点，将社区所有居民代表按照居委会七大委员会进行分组，以各工作委员会分管主任为组长，引导该组居民代表就涉及本委员会的相关事项建言献策，并以小组形式向居民代表大会提交提案。这种社区"小人大"工作机制是民主集中制在社区的实践，提高了居民代表履职能力和参与社区事务的主人翁意识。

3. 完善精准化服务体系

牛街街道以切实解决居民生活中的难题、满足群众需求为导向，通过深入开展"访民情、听民意、解民难"工作，建立民需调查常态机制，并统筹协调各方力量，瞄准重点群体，实施精准化服务，提升地区居民生活水平，让群众更有获得感。

一是开展"五关心、五问候"活动。为空巢老人、残疾人、特困家庭等弱势群体解决实际困难，做好军烈属、伤残军人、义务兵家属、统战对象、民族宗教人士、老教师、高级知识分子等的走访慰问工作；制定了实实在在的措施，切实把群众的安危冷暖放在心上，开展以"入千家门、解百家难、顺万家心"为主题的"五关心、五问候"活动，每逢春节、元旦，全体干部都深入社区，深入各族群众的家中，带上慰问品，送去问候和关爱。

二是实施连心助业工程。牛街街道成立了社区下岗再就业登记站，创办了北京市第一家职业技能培训学校，组建社区公益性就业组织，为急需帮助的就业群体提供全方位的服务；发挥街道就业援助中心、社区就业援助站与就业困难群体安置基地服务平台作用，创新就业援助服务举措，深入落实就业再就业优惠政策。依托劳动力市场社区客户端和牛街就业QQ群，以"全方位联动"实现街道、社区、企业与失业人员无缝对接。

三是落实贴心服务工作法。牛街街道从知情、关爱、保障三方面着手，制定了具体的制度。首先，畅通知情渠道，找准贴心服务对象和内容，制定了主任包楼制度、来访接待制度、值班制度、入户走访制度、社情民意收集报送制度。其次，把握关爱主旋律，达到贴心服务的最终效果，制定了为群众办实事制度、帮困结对制度、谈心制度、突发事件处理制度、六必访制度。最后，完善保障措施，促进贴心服务落实，制定了周例会制度、党组织与居委会联席会制度，形成一级抓一线、层层抓落实的局面。

四是提升为老服务水平。坚持响应民需和保障民生并重，建立日间照料养老中心，建成街道综合养老服务平台，推进"医养结合型"养老服务模式；整合社区及社会优质养老服务资源，规划设计一键呼叫、管家服务、定期巡视、上门介护等便民养老服务项目；打造家庭式养老院，实施居家养老助残"券变卡"服务；依托本地区43家服务商，为老年人提供送餐、医疗保健、文化娱乐、学习培训等方面服务。成立牛街街道老年协会，动员社会力量和群众力量积极参与发展地区老龄事业，提高为老服务系统化、精准化、多样化水平。

五是实现早教服务新常态。建立具有"亲子活动""幼教指导锻炼"等多项功能的婴幼儿早教发展基地，推进儿童早教中心规范化建设。

六是推进残疾人精准服务。发挥残疾人温馨家园阵地作用，开展好残疾人康复训练、技能培训、就业指导等服务。

（四）坚持四共目标：共建、共融、共享、共赢

1. 共建是多民族地区繁荣发展的前提

牛街街道多民族混居，民族特色鲜明，居民需求不同。为破解这一难题，牛街街道扎实做好民族宗教工作，着眼地区长远发展和现实需要，通过党群共建、社区共建、辖区单位共建、军民共建、街校共建等形式，实现全民共建。2010年街道成立了党建协调委员会，进一步统筹整合了地区优势资源，在推动地区政治、经济、文化、精神文明和社区建设工作中，得到了各委员单位的大力支持。尤其是社区建设工作，得到了党建协调委员会及其各分会成员单位在人、财、物方面的支持，充分体现了城市区域发展资源共

享、优势互补、共驻共建的特点。街道与辖区学校、幼儿园及其他教育机构保持密切联系，在社区教育工作开展过程中通力合作。建立街道处级领导与辖区学校走访联系制度，拨付专门经费，支持学校开展特色教学活动，支持回民幼儿园改扩建工程。例如，南线阁社区党委与北京培智中心学校党支部建立共建关系近7年，这期间双方共同开展青少年宣传、志愿服务等校社共建活动30余次。

2. 共融是多民族地区和谐发展的路径

牛街街道从更高层次、更高方位、更广视野谋划推进地区建设，在多民族和谐共融发展的同时，保护各民族自身特色的文化基因，引导民族自然融合，实现各民族文化融合、工作融合、思想融合、情感融合，让多民族文化元素兼容并蓄、互补互利，着力打造独具特色、充满活力、和谐宜居的城市氛围。深入开展"民族团结杯"特色文化品牌项目，打造线上线下多维度、参与式、互动式的活动载体，实现各族群众的交流交往交融。在回民学校里，汉族学生和其他民族的学生混住一起，达到了民族自然融合。现在街道各民族互相包容、互相尊重，相处融洽，尤其是回汉两族人民通婚较多，在饮食、服饰、节庆活动等方面差异越来越淡化。另外，街道以地区民族特色为立足点，将少数民族非遗文化项目和清真传统小吃送进军营，给武警官兵带来精神与美食双大餐，帮助驻区部队官兵更加了解地区文化，促进军营文化和民族文化融合。

3. 共享是多民族地区均衡发展的追求

全面深化改革，大力推进体制机制创新，加快建设公平正义的市场环境和更具吸引力的发展环境。牛街街道加强与辖区单位的互联互通，共商社区事务，共享社区和党政机关、企事业单位资源。依托服务商、居家养老服务机构、社区社会组织等力量，完善社区服务、发挥地区优势、对接居民需求。履行政府主体责任，做好公共财政保障，办好民生实事，抓好养老、医疗、教育、就业、社保、救助等工作，扩大公共服务有效供给，深入开展民族团结进步创建活动，提升少数民族服务管理水平，保障和改善少数民族生产生活条件，构建少数民族共享共融的服务管理体系，保证各族人民都享有

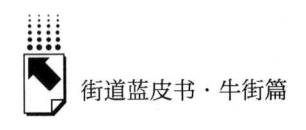

发展机遇、享有发展成果。

4. 共赢是多民族地区共同发展的目的

各民族之间是伙伴关系、朋友关系、一家人关系，是互惠互利、共同发展、共生共赢。牛街街道有效依托社会动员体系，搭建政府、社会、市场的交流平台，拓宽发展渠道，探索实践职能部门、社会单位和民众力量三方资源联动的多元共治工作格局。街道党员干部带头干、创新干，干事有激情，担当促发展，在干部得到锻炼中让群众得到实惠，用干部的辛苦指数换取群众的幸福指数。进一步提高便民服务商圈建设，吸引更多的辖区社会资源加入街道社区服务供给中，挖掘社区服务潜力，提升社区服务整体水平，将社区便民服务引入良性、长效发展轨道，达到政府、商家、居民共赢的目的。

（五）构建五有体系：立足制度、民生、社会、文化、参与五方面

1. 制度有安排

街道为了更好地贯彻落实党的民族政策，推动地区民族工作的科学发展，在探索以少数民族聚集地为特点的混合型街区治理中，把民族工作列入重要议事日程，定期分析研究，强化沟通协调，全面统筹落实。

在干部人事制度建设上，按照党和政府要求在德才兼备的前提下，坚持同等条件优先选拔和使用少数民族干部的原则，使少数民族干部在各级领导班子中占有适当比例，健全了干部人事制度。

在民族教育事业制度建设上，制定《牛街街道民族特色教育经费管理使用办法》，为地区学校提供特色教育经费，为困难大学生提供助学金，为优秀大学新生提供奖学金。

在社会组织运行管理制度建设上，街道公共服务协会先后制定了《牛街街道精品社区社会组织规范化管理指引》《牛街街道社会组织项目承接工作办法》《牛街街道社区社会组织项目奖励资金使用办法》等一系列可持续发展的规章制度、内部运行机制和民主管理办法，做到办事有章程、监管有制度、程序有规范、执行无阻力、活动更合法、运行更合理、成效更显著，

不仅理顺了社区内外权责关系，而且确保了多方参与、协商共管、步调统一、运行一致。

在社区服务制度建设上，一是加强社区居民服务需求监测制度。通过细化问卷调查，以牛街街道总人口1%的比例随机抽取，进行调查、研究。每年由有关部门完成不少于600人的居民服务需求抽查报告和跟踪办理实施服务结果，使监测情况更加真实有效，从而及时掌握和解决社区居民的实际需求。

二是便民服务到位，特别是用制度引导便民商户及时、准确提供社区服务，落实好发放、验证商户资格认证和备案制度，接受街道办事处、社区居委会以及居民群众的监督；做好管理和提供更多的便民服务，为商户提供更多的帮助和支持，大大提升便民商户服务水平。

三是探索和建立小区业主委员会的各项规章制度，通过社区"党、居、站"成员与业主委员会成员经常交叉任职，设立监事会等多种创新形式，充分发挥业主大会和业主委员会的管理服务功能和积极性，及时解决有关物业服务纠纷，维护各方合法权益。

四是充分发挥居民自治的作用，不断建立、健全、完善居民对社区服务的民主监督与评议机制，以公共服务、志愿互助、便民服务为主要标准，进行测评、打分，争取做到满意率100%、合格率100%，保证社区服务目标明确、任务清晰、要求规范、监管有力。

2.民生有保障

满足社区群众的共同需求。牛街在探索多元共治模式方面起步较早。街道工委充分发挥社区大党委统筹作用，积极整合人力、物力、项目等资源，打造了"民生一条街"，极大地方便了群众的生活。在推进老旧小区改造过程中和尊重少数民族风俗习惯等服务民生方面形成特色体系。例如，在辖区的一些老旧回迁小区内，污水管线坍塌等导致污水排出不顺畅，既给居民生活带来极大不便，又存在严重的安全隐患，为了让群众满意，街道组织工作人员进行摸底调查，广泛征集人民群众的意见和建议，彻底解决了困扰居民多年的排水问题，使居民生活环境大大改善，服务民生成为特色品牌。

满足少数民族群众特殊需求。建立街道民族政策监督员队伍，定期到重点大街、民族社区、清真餐饮企业等少数民族人口经常活动的区域开展巡视检查、收集社情民意，以确保少数民族群众合法权益得到保障。例如，辖区内回民幼儿园名额缺口较大，街道组织开展了少数民族适龄儿童入园需求调查，积极协调配合相关部门完成回民幼儿园扩建工程，解决"入园难"问题。此外，街道坚持共驻共建活动与为民服务活动的有机结合，开展了"服务共享""文化共享""环境共管"等专项共建活动，解决社区居民需求的热点和难点问题。

3. 社会有空间

为了理顺街道与驻街职能部门、专业管理部门的关系，充分发挥街道统筹辖区的积极作用，进一步促进区域间的安全稳定，牛街街道与商会、联席会协调制定了考核办法若干条，加大监督力度，推进各类协管员的规范化管理，明确各自岗位职责、范围及相互关系，纠正了互相扯皮和一窝蜂现象；增强了各部门的业务能力和管理水平，提高了信息化建设水平；建立了集设计、服务、管理、监督、指挥、处置于一体的全响应平台，使便民服务管理指挥中心一呼百应。备案登记各类社会组织94个，吸引了数以万计的居民群众参与其中。

街道深化地区"三社联动"机制，全面推进社会组织管理工作创新。推进社会组织与政府部门的分工合作，让社会组织更多地承接社会公共服务职能，弥补政府和市场的不足，有效融合行政机制和市场机制。牛街街道着力构建"一中心多基地"社会组织建设工作体系，积极培养各类社会组织带头人，不断扩大社会组织的服务半径和途径，进一步确保社会组织服务民生能力提升，地区治理社会化格局、组织化程度不断提高。大力培育社区服务类社会组织，在组织运作、活动场地等方面为其提供切实帮助。加大政府扶持力度，通过政府购买服务、设立项目专项资金、补贴活动经费等方式，积极引导各类社会组织参与社区管理和服务。

4. 文化有特色

区域历史文化是中华地方文明演化汇集而成的一种反映当地民族特质和

风貌的亚文化。牛街历史文化凝聚了伊斯兰教精神,受伊斯兰教教义的规定和影响,一些宗教戒律已转化成了牛街人的生活习俗,形成了牛街独特的民族文化。经过千百年的发展演变,今天的牛街形成了以回族文化为主要内容的民族文化,以法源寺为载体的儒释文化,以湖南会馆、安徽会馆等为代表的宣南文化,三种文化兼容并蓄、相互借鉴、共同发展,为牛街的发展提供了丰富的文化基因和强大的精神力量。

牛街独特的文化价值具有强大的社会号召力和影响力。牛街礼拜寺是广大穆斯林群众宗教和社交的中心,几代穆斯林群众围绕这里居住生活,形成了北京最大的回族聚居地,也逐步演变成为北京回族文化的重要传承地、聚集地。在北京提起回族就会想起牛街,吃牛羊肉到牛街,吃小吃到牛街,某种意义上牛街已经成为北京回族的代表。近年来,为了认真贯彻落实党和政府关于社会建设和文化建设的战略方针和要求,顺应广大群众的呼声,牛街开始了对地区历史与文化的收集整理和保护利用工作,举办"牛街记忆"文化沙龙活动,开展"牛街往事"主题征集活动,拍摄城市少数民族聚居区的专题片《回到牛街》,启动"百位老人话牛街"口述史工作,进一步收集、提取、梳理牛街历史文化。

5. 参与有平台

牛街街道在探索多民族地区和谐共融发展创新实践中,充分发挥政府、社会、市场三种力量,突出民族团结和文化相通两个基本点。政府通过建立一些示范性工程,逐步引起社会各界对工作的关注、支持和参与,更广泛地发动群众,从而实现街道工作的总目标。

街道建立居民参与社会治理的平台和沟通机制,引导居民积极参与公共事务,让本地区的居民能够充分表达自己的利益诉求。街道的各个站队所及街道科室每年会就社区的工作向居民代表述职,居民代表可以提意见,也可以把事先在自己楼门内收集的群众意见带来,由社会办把这些意见进行分类,再交给各站队所予以一一答复。

激发社会组织活力,鼓励社会组织发声,维护辖区居民利益。社会组织的作用主要体现在广泛参与、出谋划策上。街道在民政局注册成立了引导街道清真餐饮企业发展的清真食品商会，以及促进公共服务体系建设的公共服务协会。这两个社会组织比较具有代表性，在维护各自群体利益方面的作用越来越大，有效弥补了政府和市场的不足。

采取建立社工人才储备计划、完善社工队伍教育培训机制、鼓励社工参加社会工作师考试等多种形式，促进社工队伍专业化发展。社会力量的发动要充分运用社会组织这个平台，通过市场化手段，以政府购买社会服务的方式实现。

三　新时期民族地区面临的新问题

牛街街道获得的先进和模范荣誉，来自对党和国家民族宗教政策的贯彻落实，来自全地区干群团结一心的努力。但是，新时期，随着城市国际化、跨越式发展，促进多民族地区和谐共融发展，依然面临一些较突出的问题。

（一）民族地区公共服务供需不匹配

继续巩固和发展地区民族关系需要提高本地区的基本公共服务水平，实现基本公共服务均等化。但是，一方面，牛街地处首都核心区，辖区面积狭小、少数民族人口比例较高、生活习俗特殊，导致牛街民族地区教育、医疗、卫生、养老等公共服务资源不足，特别是"一老一小"问题突出。另一方面，尽管政府在基本公共服务上投入较大，但是在科学、教育、卫生、文化等方面供给不均衡，加之居民对基本公共服务需求的增长速度较快，社会力量参与公共服务的供给不足，基本公共服务资源缺口仍然很大，居民最需要的公共服务得不到满足。十三五期间，如何围绕民族团结和全面小康的中心任务，实施"大民生"政策，保证群众共建共享城市美好生活，是牛街面临的问题和挑战。

在此情况下，街道可以放宽准入门槛、引入竞争机制，将适合以市场化方式提供的公共服务事项交由社会力量承担，促进市场对资源的优化配置，激发经济社会活力，构建公共服务多元供给格局，提高公共服务水平和效率。

（二）民族地区政策依赖给政府带来挑战

长期以来，由于政府较多的社会干预，民族地区缺乏社会自治能力，这在某种程度上使民族群众对政府过度依赖和有过高期待，习惯于享受政策保护，安逸于"背靠大树好乘凉"，削弱了民族群众适应新形势、热情担当、与时俱进的能力。牛街作为"全国民族团结进步模范集体"，各项民族政策贯彻落实得更好，少数民族群众的政策依赖性更大。产生这个问题的原因，既非政府做得太少，也非做得不好，而是因为做得太多。事实上，政府属性和相对宏观的工作方法存在许多局限，有些针对人的比较精准的个性化问题靠政府行为很难解决，不是政府所长。

在重视政策导向的前提下，需要社会工作介入和志愿服务参与，社会工作有助于改善民生，志愿服务有助于完善公共服务。通过社会工作者进行政策呼吁，使民族地区政策的制定和实施更加公平公正。社会工作者具有"助人自助"理念，拥有专业的工作方法，特别是社区工作的方法，恰好能够弥补政府行动的不足，既能分担政府压力、调适政府与居民的关系，又能以专业方法从微观层面把政府不能做与做不好的事给做好。

（三）民族地区综治维稳工作压力加大

维护社会稳定是推进和谐社会建设的前提和基础，其根本路径是建设法治社会。当前，国际国内环境相当复杂，机遇与挑战并存。现在互联网传播信息非常迅速，民族地区的稳定问题变得更复杂。一个小问题很容易被放大，演变成群体性事件；本来是地区性事件，被放大成跨区域、跨国界事件，给维稳带来巨大压力。当前城市化进程加快，人口流动加快、就业压力增大、教育资源紧张、环境污染加大、交通状况恶化、社会问题加剧，城市多民族聚集区构建流动人口特别是少数民族流动人口的服务管理体系非常重要。外来流动人口在填补地区劳动力不足、降低企业单位劳动成本、拉动生活必需品消费的同时，也因来源广泛、居住分散给社会稳定带来一定隐患，有必要对其加强规范化管理，落实出租房屋日常管理机制，重视主动服务型管理、长效管理、综合管理，加强法规政策宣传，及时更新人房信息，做到流动人口与常住人口同管理、同服务、同宣传。对社会治安重点区域、重点人口、重点部位建立动态更新台账，进行综合整治。深化信访矛盾化解机制，对牛街礼拜寺、法源寺等宗教场所进行合法、合理、科学管理和服务，严厉打击非法宗教组织和活动。在现代化建设的大局面前，必须像爱护自己的眼睛一样珍惜社会稳定。

四 进一步提升牛街品牌和地区品质的若干建议

（一）提高少数民族群众特需民生保障能力和质量

在实际工作中，街道可以以问题为导向进行调查研究，及时了解地区发展难点、民生痛点和社会热点，继续完善生命全周期服务体系，着力解决少数民族群众特需特困问题，实施特困少数民族群众帮扶工程，增加特需服务内容，完善落实政府购买服务事项，建立政府购买服务目录。在生产上，对地区内从事少数民族特需商品和传统手工业品生产发展的商铺给予一定的支持。在教育上，把民族教育放在重要位置，优先发展、优先考虑，在加强教育基础设施建设时优先投入，在配备师资力量时优先安排；优化民族幼儿园布局，建立回民幼儿园与地区内其他幼儿园的合作机制，解决"入园难"问题。在养老上，以养老驿站为基础，优化养老服务方式，加强老年康复、护理体系建设；在完善居家养老服务体系和对老年人身体状况进行评估时，充分考虑民族因素，根据评估结果和老年人的特性，以尊重少数民族养老习俗为前提，为老人推荐合适的养老机构；另外，在过去，无子女和亲人照顾的老人会被安置在清真寺，由辖区内的穆斯林集体赡养，街道可以借助这项养老习俗，通过清真寺来发展社会养老事业，以弥补家庭养老的不足。在医疗上，保证少数民族群众享有均等化的医疗卫生服务，为少数民族群众提供适应其民族风俗习惯的健康管理服务。全面提高少数民族特需民生保障能力和质量。

（二）做好地区少数民族流动人口服务管理工作

坚持管理和服务并重的理念，做好辖区内少数民族流动人口服务和管理工作。

一是建立少数民族流动人口基础服务管理工作站，为少数民族享受基本公共服务提供便利和帮助，还可以以公共服务大厅的改造、升级为契机，设立咨询服务窗口，为外来务工经商人员提供服务。

二是依托全响应指挥中心，将民族事务纳入到网格管理中，做到随时发现问题、及时解决问题。

三是探索建立民族纠纷协调处理机制，构建街道、社区、居民楼院三级民族纠纷处理网络，坚持"团结、教育、引导、化解、依法"的方针，处理少数民族流动人口在城市生活产生的矛盾纠纷。

四是借助公共服务与街区治理中心，建立少数民族流动人口监测系统，计算流入或流出人口数量及占比，掌握地区各民族的实有人口情况，以期更加高效地进行地区人口的服务和管理，为地区安定和谐奠定基础。

五是做好服务切实解决实际困难。为少数民族流动人口在就业、就学、医疗、社会保障等方面提供服务，切实保障少数民族群众在城市居住生活中的基本权益，实现社会保障的公平性。另外，针对少数民族流动人口语言和生活习俗的特殊性，积极培育民族宗教工作志愿者队伍，加强少数民族流动人口和街道之间的沟通与交流。加快少数民族流动人口管理工作科学化、常态化、制度化、规范化进程。

（三）推进民族类社会组织建设

民族类社会组织与少数民族联系密切，在少数民族群众中有一定的号召力，同时又受各级民族工作部门的指导，协助政府管理民族工作，是政府推进民族地区社会治理的有力助手。民族类社会组织可以发挥这种优势，及时化解各类涉及民族因素的矛盾，成为推进民族团结进步事业的重要载体。因此，街道可以借助民族类社会组织更好地开展民族工作。一是给予政策支持,将准入标准适当放宽,制定有利于民族类社会组织发展壮大的规章制度,为其营造宽松的政策环境。二是给予资金支持,通过加大资金投入、减免税收、购买服务等方式为民族类社会组织发展提供资金支持。三是将地区内的宗教人士吸纳到社会组织工作当中。礼拜寺的阿訇等宗教人士在少数民族群众中具有比较高的威望,因此,可以借助宗教人士在少数民族群众中的重要地位和影响力来促进民族类社会组织的健康发展。

(四)打造民族文商旅新街区

牛街作为北京市少数民族经济繁荣与文化灿烂的展示平台,应通过文化、商业、旅游融合发展,实现资源共享、优势互补、结构提升、产业升级;应抓住牛街自身较好的民族优势和地缘优势,开发、挖掘和发展伊斯兰文化旅游资源和清真商业文化资源;应增强老字号品牌的文化传承力和影响力,发挥国际交流窗口的功能;牛街应强化北京街道名"牛街"自身的品牌价值,谋求持续发展的现代化商业意识,建设集旅游、饮食、消费、休闲于一体的少数民族文化旅游特色街区,接待国内外游客,使他们感受多民族文化、伊斯兰文化,这样既能给牛街的发展带来巨大商机,又能宣传地方历史文化,形成与世界民族文化的融合发展。

(五)探索共享发展成果新路径

要实现全民族共享改革开放成果,需要做好以下几方面工作。一是推进民族团结进步创建活动。做好创建活动谋划设计工作,协调好街道相关部门和辖区单位,为创建活动顺利开展聚集资源、增加合力。推进民族团结进步创建活动进机关、进企业、进社区、进学校、进宗教场所、进家庭的"六进"行动。二是扩大公众参与。采用问卷调查、访谈调查、座谈会、论证会、听证会、公开征求意见等形式,积极鼓励公众参与,确保公民的生存、居住、迁移、教育、就业等权利公平,分享社会发展带来的成果,力求利益分配公平。三是打造民族团结的"牛街"品牌。加大宣传力度,建立民族团结社区、院落、楼宇、单元、家庭示范点,增强群众民族团结意识，营造和谐稳定的社会氛围，提高街道民族团结创建活动的影响力。

参考文献

牛街街道办事处：《牛街街道工作总结》，2015、2016。

谢惠媛：《中华优秀传统文化传承体系的理论与实践支点》，《光明日报》2017年4月6日。

刘辉武：《民族地区社会治理与社会工作的着力点》，《光明日报》2015年9月2日。

高斌、谭丁：《千年古街谱新曲——宣武区牛街街道民族团结进步工作侧记》，《前线》2009年第10期。

李向平：《大力加强"中国文化引导"，深入促进宗教发展"中国化"》，《西北民族大学学报》（哲学社会科学版）2016年第4期。

赵光君：《共建共融 共享共赢》，《浙江日报》2016年7月7日。

邓剑、柯胜：《创新服务聚民心 团结共建促发展》，《湖北日报》2016年11月10日。

数据报告

Data Reports

B.2
牛街街道基于常住人口的地区公共服务调查报告

摘　要： 享有公共服务是公民生存发展的需要，也是生活品质的基础保障，从居民对地区公共服务的获得感和满意度来评价其生活质量状况具有重要意义。本报告通过问卷调查的方法，对西城区牛街街道10个社区的常住人口开展社区公共服务与居民生活质量问卷调查，从中了解街道组织开展公共服务的情况和居民满意度评价，得出总体结论并针对存在的问题提出具体建议。

关键词： 牛街街道　社区居民　公共服务　生活质量

为了了解目前牛街街道居民对地区公共服务的获得感和满意度状况，课题组在2015年1月针对街道开展的基本公共服务需求的问卷调查基础上，结合居民的满意度调查，进行了此次问卷调查。本报告所涉及的调查对象是牛街街道10个社区的常住人口，调查时间为2017年5月，共有145人参与此次调查，其中有效问卷92份，有效回收率为63.4%。

一 调查样本情况

（一）调查样本基本情况

调查对象中，男女比例约为0.5∶1；年龄在35岁以下的19人，36～55岁的41人，55岁以上的32人，其中65岁以上老年人为20人；从婚姻状况看以已婚为主，占91.3%；从政治面貌看，党员、群众分别为32人和56人，群众占60.9%；常住人口中，有85.9%是西城区户籍，没有非京籍人口；在本市自有住房者79人，占85.9%；从受教育程度看，本科或大专的人群占比最高，为63.0%；家庭组成结构方面，42.4%的家庭是三口之家，所占比重最高（见表1）。

表1 调查样本基本情况统计

单位：人

性别	男		31		女		61	
婚姻状况	已婚		84		未婚		8	
年龄	25岁以下	26～35岁		36～45岁	46～55岁		56～65岁	65岁以上
	2	17		21	20		12	20
政治面貌	党员		民主党派		团员		群众	
	32		0		4		56	
户籍	本区户籍		本市其他区户籍			非本市户籍		
	79		13			0		
住所	本区自有住房		本市其他区自有住房		本区非自有住房		本市其他区非自有住房	
	74		5		9		4	
学历	博士研究生		硕士研究生		本科或大专		高中或中专以下	
	3		3		58		28	
家庭人数	四人以上		四人		三人	二人		一人
	24		14		39	15		0

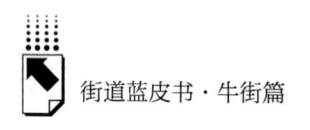

（二）样本家庭收入情况

从家庭收入情况看，人均月收入在 1890～3399 元和 3400～8699 元的被调查居民数量一样多，占据首位，比例均为 34.8%；其次是 8700～14999 元的居民，占比为 21.7%；而人均月收入超过 15000 元的有 3 人。我们取人均月收入的区间平均值，可以得出牛街街道居民人均年收入的估算值（见表 2）。如果比照西城区 15 个街道的平均值 64855.2 元的标准，可以发现，牛街街道的平均值为 73880.9 元，处于较高水平。参与调查人员中，人均月收入低于 3400 元的人群值得关注，占到总数的 40.2%。这 37 人中，人均月收入在最低工资标准线 1890 元以下的有 5 人，其中符合低保家庭收入标准（家庭人均月收入低于 800 元）的有 1 人。

表 2　牛街街道样本收入情况

人均月收入（元）	800	800～1889	1890～3399	3400～8699	8700～14999	15000 以上
人均年收入（元）	9600	16140	31740	72600	142200	180000
人数	1	4	32	32	20	3

注：居民年均收入由人均月收入的区间平均值乘以 12 个月估算得出。其中"15000 以上"的区间平均值按照 15000 计算。

二　公共服务供给及居民满意度状况

（一）公共教育资源评价：超七成受访者认为幼儿园便利度低

关于牛街街道教育资源配置，受访者的评价差异性很大。由于街道面积较小，教育资源相对不足，只有 34.8% 的受访者认为教育资源配置"总体均衡"，有 41.3% 的受访者认为"局部均衡"，还有 16.3% 的受访者表示"基本失衡"，表示"说不清楚"的有 7.6%（见图 1）。由此可见，受访者多数对牛街地区的教育资源状况并不满意。

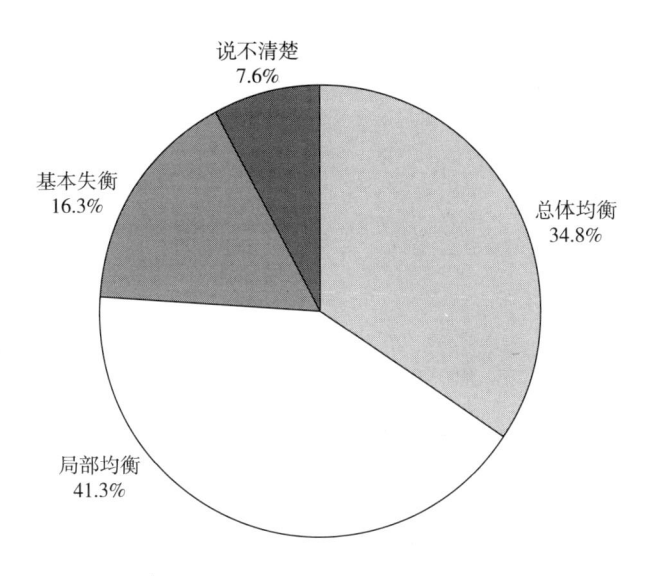

牛街街道基于常住人口的地区公共服务调查报告

说不清楚 7.6%
基本失衡 16.3%
总体均衡 34.8%
局部均衡 41.3%

图1　牛街街道教育资源配置情况

此次问卷特别就学前教育资源进行调查，在问及"您及周边的孩子上幼儿园方便不方便？"这个问题时，只有22.8%的受访者的回答是肯定的，有15.2%的受访者表示"很难"，表示"不方便"的受访者占19.6%，认为"不是很方便"的达到42.4%（见图2），由此可见，超过75%的受访者对辖区幼儿园的布局和供给表示不满意。可见，学前教育问题不容忽视。

（二）公共文化服务评价：对公共文化设施和场馆的服务满意度不足六成

调查问卷以"您知道您家附近的图书馆、文化馆、博物馆、美术馆等公共文化服务设施分布情况吗"这一问题来了解被访者对街区公共文化资源的知晓度。结果显示，35.9%的受访者表示"了解"，9.8%的受访者表示"不了解"，超过五成的受访者表示部分了解。在对这些文化设施提供服务的满意度调查中，表示"满意"和"很满意"只有56.6%。表示服务"一般"的占38.0%，还有5.4%的人表示"不满意"（见图3）。

031

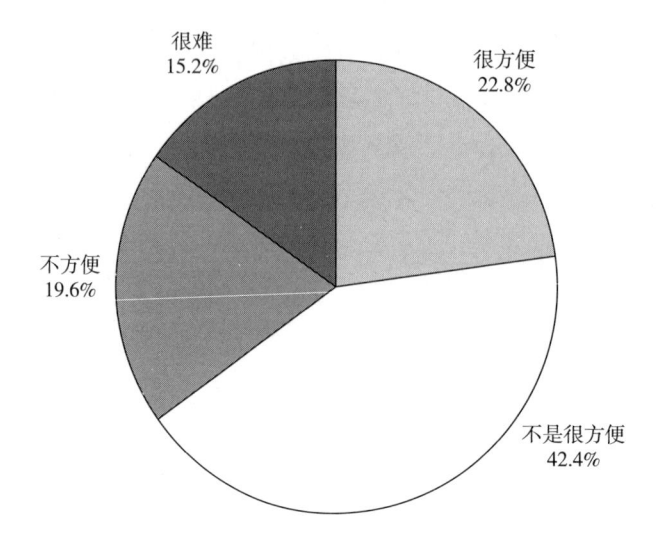

图 2　牛街街道幼儿园便利度

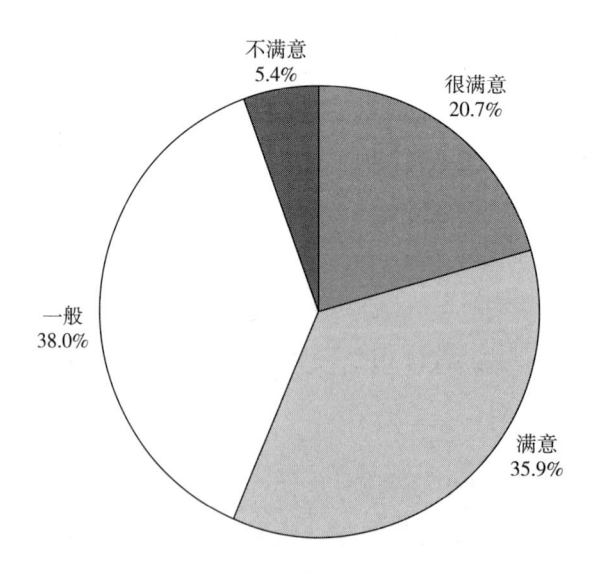

图 3　牛街街道公共文化服务情况满意度

具体从服务项目参与度看，参与"免费的电影放映"的受访者人数73.9%，所占比重最高，这与广安门电影院位置方便、场地宽阔、设施齐全、服务周到有一定的关系。参与"书画展览、摄影展等"和"戏剧、音乐会等文艺演出"的比重分别为66.3%和47.8%。另外，自10.9%的受访者表示"以上都没去过或参加过"（见图4）。

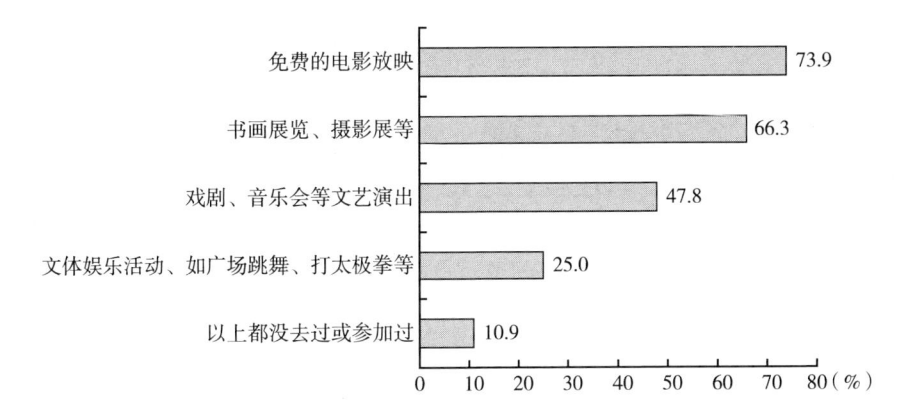

```
免费的电影放映                              73.9
书画展览、摄影展等                       66.3
戏剧、音乐会等文艺演出              47.8
文体娱乐活动、如广场跳舞、打太极拳等   25.0
以上都没去过或参加过             10.9
        0   10   20   30   40   50   60   70   80(%)
```

图4 牛街街道公共文化活动参与度

（三）社区服务评价：65.2%的居民对群众文化服务的满意度最高

在社区文化教育体育服务方面，受访者对于"社区群众文化服务"的满意度最高，达到65.2%；对"社区早教服务""社区教育培训服务"满意度相对较高，但只有42.4%和33.7%；对社区体育相关服务的整体满意度普遍不高（见图5）。在最不满意的服务项目中，对"社区居民阅览服务"不满意的占19.6%，对"社区居民体质测试服务"不满意的占18.5%，还有16.3%的受访者对"社区科普服务"不满意。

（四）就业（创业）服务评价：平均参与率超30%

调查显示，在就业（创业）指导和就业（创业）服务方面，参与度最高的是"社区职业介绍和岗位推荐服务"，所占比重为56.5%；参与"社区专场招聘会"的受访者超过四成，达到40.2%。此外，分别有38.0%、37.0%的受访者选择了"社区劳动就业政策咨询服务"和"就业信息发布"选项。其他四项就业指导和服务项目的参与度在21.7%至34.8%之间。另

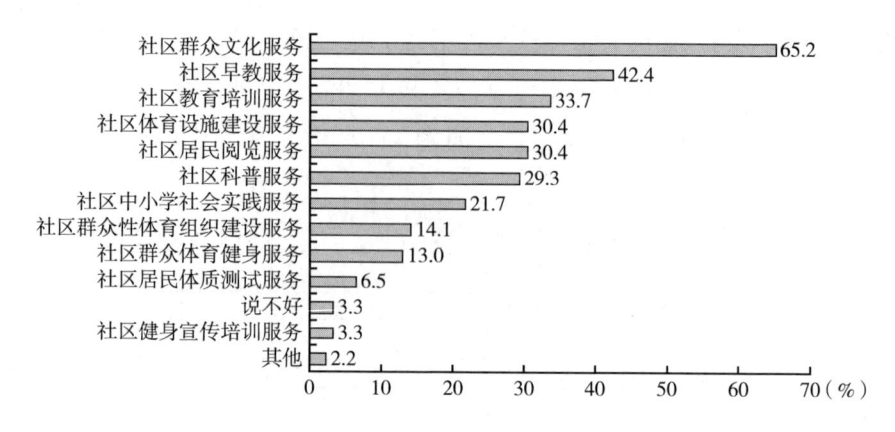

图5 牛街街道社区服务满意度

服务项目	百分比(%)
社区群众文化服务	65.2
社区早教服务	42.4
社区教育培训服务	33.7
社区体育设施建设服务	30.4
社区居民阅览服务	30.4
社区科普服务	29.3
社区中小学社会实践服务	21.7
社区群众性体育组织建设服务	14.1
社区群众体育健身服务	13.0
社区居民体质测试服务	6.5
说不好	3.3
社区健身宣传培训服务	3.3
其他	2.2

外有10.9%的受访者表示"不清楚",说明没有这方面的需求(见图6)。由此可见,关于就业(创业)服务,街道社区工作做得较为扎实。

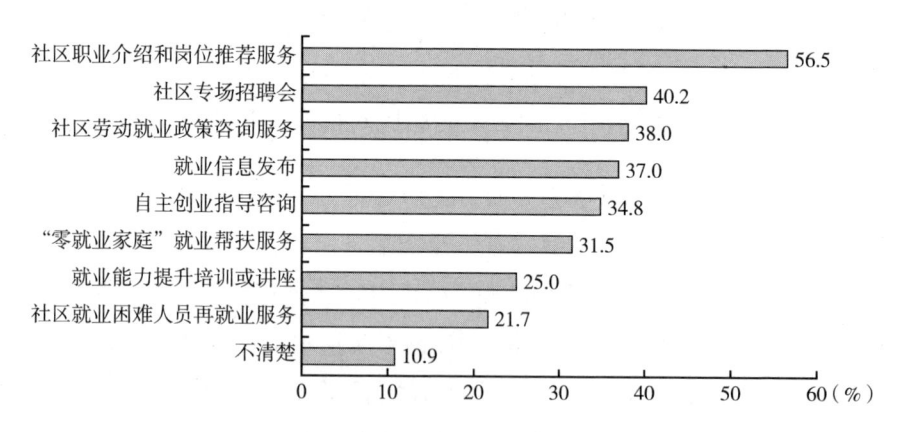

图6 牛街街道就业指导和就业服务参与度

服务项目	百分比(%)
社区职业介绍和岗位推荐服务	56.5
社区专场招聘会	40.2
社区劳动就业政策咨询服务	38.0
就业信息发布	37.0
自主创业指导咨询	34.8
"零就业家庭"就业帮扶服务	31.5
就业能力提升培训或讲座	25.0
社区就业困难人员再就业服务	21.7
不清楚	10.9

(五)为老服务评价:过半数受访者表示"满意"

对于社区提供何种为老服务项目,问卷中所涉及的十大类服务均不同程度地受到欢迎,其中"生活照料""医疗保健""日托服务"需求排在前三位,分别达到69.6%、62.0%和57.6%。"身体锻炼""参与社会活动"选项最低,均占16.3%(见图7)。

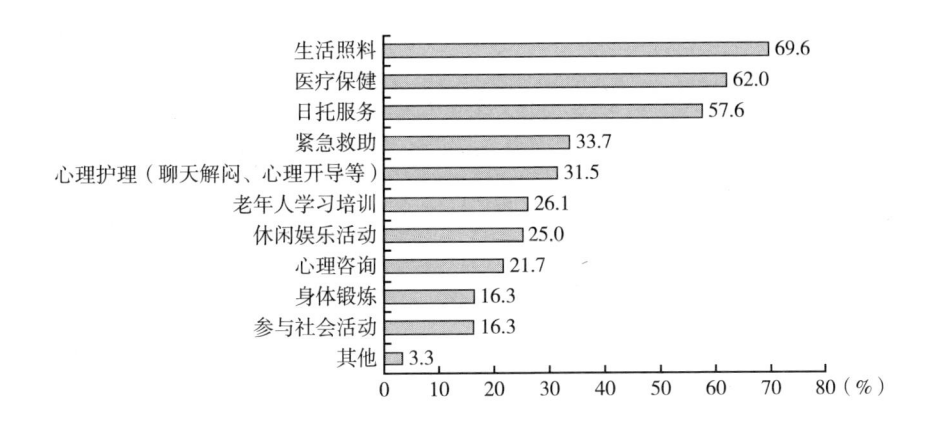

图 7　牛街街道社区为老服务项目需求情况

牛街街道积极探索养老服务新模式，建立了西城区首家养老服务驿站，涵盖了生活照料、健康管理、精神慰藉、专业护理等多种服务项目。在对现有为老服务项目的满意度方面，有53.2%受访者表示"满意"或"很满意"，有45.7%的人表示"一般"，但有1.1%的人表示"不满意"（见图8）。

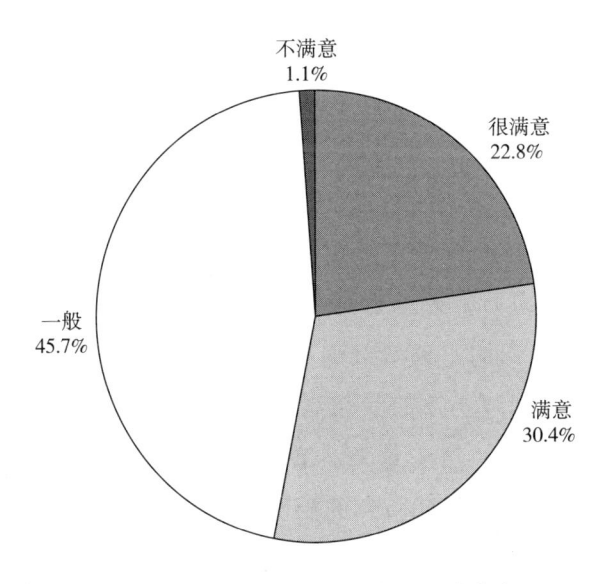

图 8　牛街街道社区为老服务项目满意度

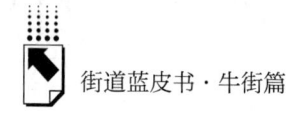

（六）残疾人专项服务评价：超七成受访者认为专用设施不够完善

问卷调查结果显示，有26.1%的受访者表示所在社区的残疾人专项服务设施"比较完善"和"非常完善"，而认为"不够完善"，有部分专用设施的受访者达到62.0%。同时，还有12.0%的受访者表示"基本没有"（见图9）。

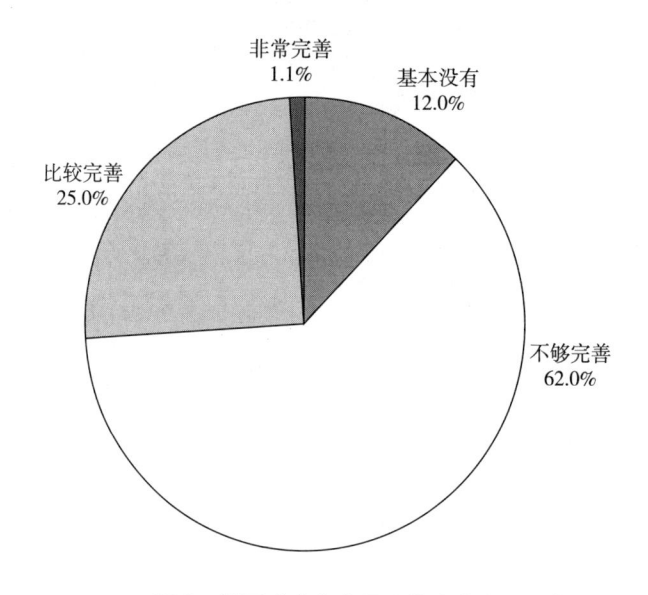

图9 社区残疾人专用设施完善度

从社区残疾人服务项目供给情况来看，"康复照料""日常生活""法律援助"等方面的服务供给排在前三位。69.6%的受访者选择了包括知识讲座、康复咨询、免费健康体检、建立电子健康档案等在内的"康复照料"服务，57.6%的受访者选择了涉及卫生清洁、洗衣做饭、买菜买粮、家电维修、房屋修葺、看病就医、帮助外出、突发应急等"日常生活"服务，另有46.7%的受访者选择了"法律援助"服务。数据反映，受访者对"文教服务""心理抚慰"方面的服务供给评价偏低（见图10）。

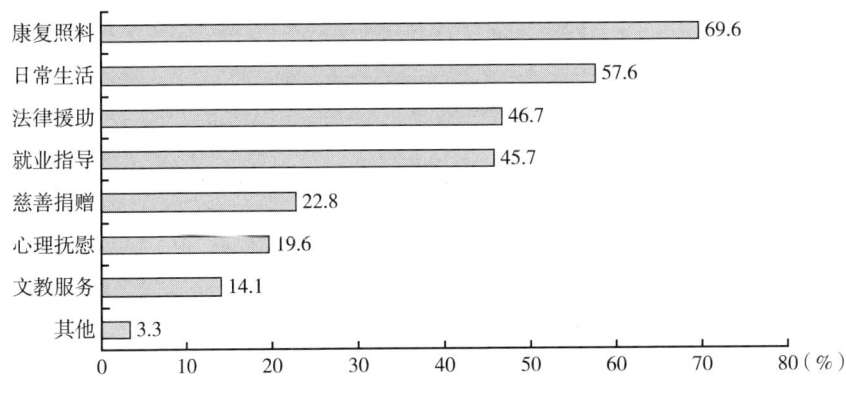

图 10　牛街街道社区残疾人服务项目供给情况

（七）便民服务评价：幼儿园、小学最为稀缺

对"最后一公里"社区便民服务的便利度情况调查显示，18个选项中，83.7%的受访者认为"超市便利店"最为便利，认为"早餐""美容美发"便利的分别是64.1%和48.9%。而在最不便利评价中，排在前四位的是"幼儿园、小学"（41.3%）"维修服务"（40.2%）"商场购物"（26.1%）"公园或公共绿地"（25.0%）（见图11）。据了解，牛街街道面积小、人口密集，绿地空间问题、停车问题、道路问题等长期得不到实质性改善。在对社区现有便民服务的满意度调查中，有57.6%的人表示"很满意"或"满意"，41.3%的人表示一般（见图12）。

（八）社区安全服务评价：社区治安服务供给最好

社区安全服务项目供给情况调查显示，12个选项中，供给情况最好的是"社区治安服务"，供给率为75.0%，此后超过四成的选项依次为"社区法律服务""社区帮教安置服务""社区禁毒宣传服务"和"社区矫正服务"，分别为56.5%、47.8%、43.5%和40.2%（见图13）。总的来看，对于社区安全问题，牛街街道十分重视，服务领域较宽，供给相对均衡。

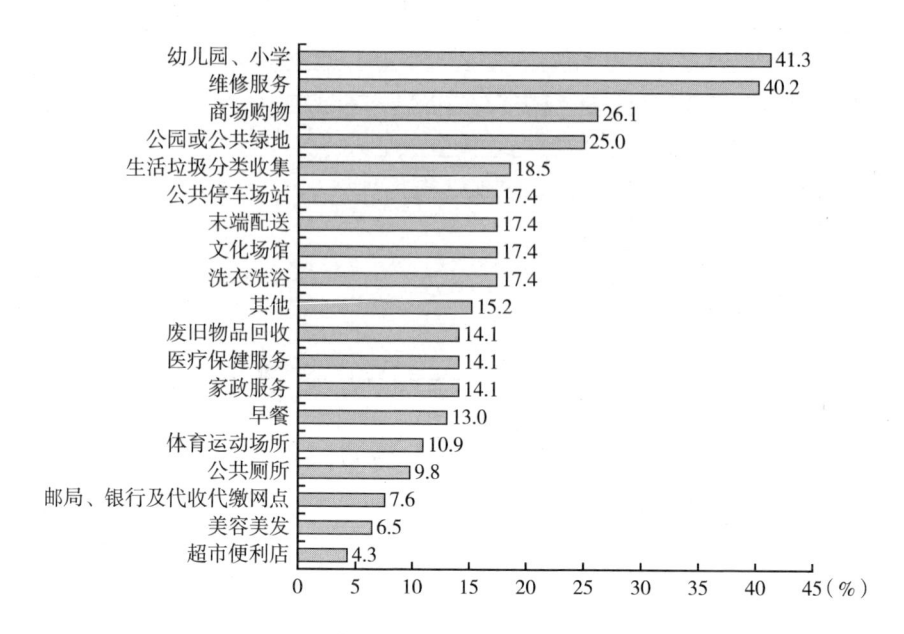

项目	百分比
幼儿园、小学	41.3
维修服务	40.2
商场购物	26.1
公园或公共绿地	25.0
生活垃圾分类收集	18.5
公共停车场站	17.4
末端配送	17.4
文化场馆	17.4
洗衣洗浴	17.4
其他	15.2
废旧物品回收	14.1
医疗保健服务	14.1
家政服务	14.1
早餐	13.0
体育运动场所	10.9
公共厕所	9.8
邮局、银行及代收代缴网点	7.6
美容美发	6.5
超市便利店	4.3

图11　牛街街道便民服务最不便利情况

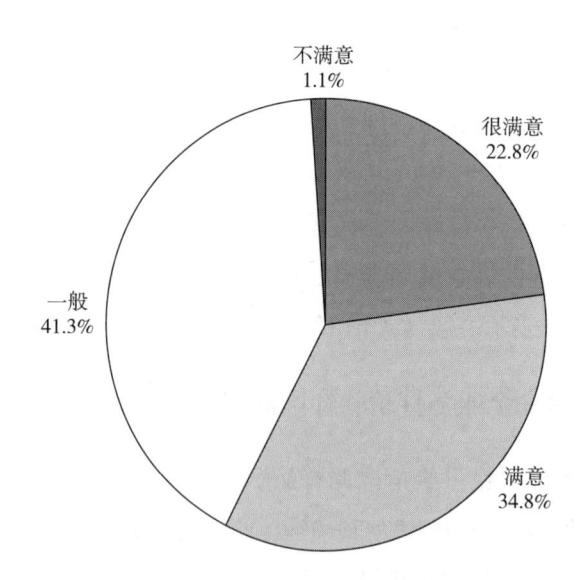

满意度	百分比
不满意	1.1%
很满意	22.8%
满意	34.8%
一般	41.3%

图12　牛街街道社区便民服务满意度

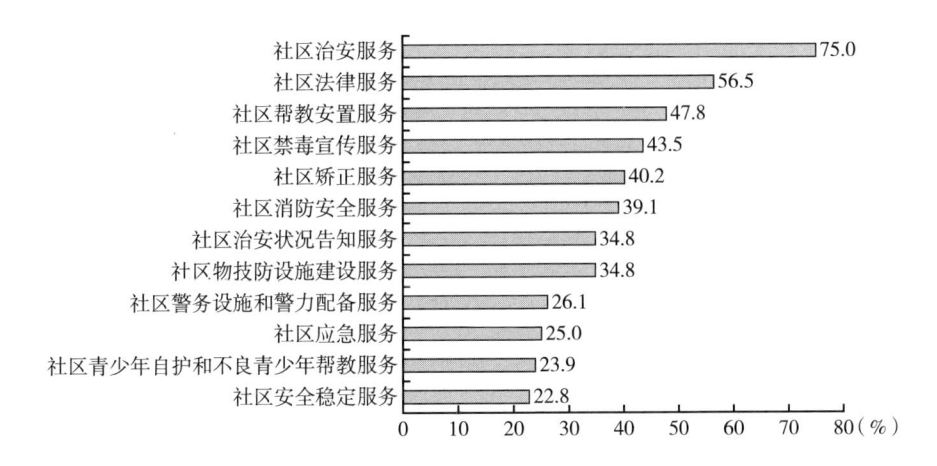

牛街街道基于常住人口的地区公共服务调查报告

项目	百分比
社区治安服务	75.0
社区法律服务	56.5
社区帮教安置服务	47.8
社区禁毒宣传服务	43.5
社区矫正服务	40.2
社区消防安全服务	39.1
社区治安状况告知服务	34.8
社区物技防设施建设服务	34.8
社区警务设施和警力配备服务	26.1
社区应急服务	25.0
社区青少年自护和不良青少年帮教服务	23.9
社区安全稳定服务	22.8

图13 牛街街道社区安全服务项目供给率

（九）社区信息基础设施服务评价：受访者普遍对推进智慧化、便利性基础设施投入表示支持

随着信息技术的迅猛发展和快速应用，人们对智慧化、便利化的信息基础设施的需求日益上升。在问卷调查中，按照居民的需求程度，选项由高到低分别为"社区停车缴费智能化""社区生活服务信息查看""社区便民服务在线办理""社区政务信息查看"和"加强智慧社区信息基础服务设施建设"（见图14）。

项目	百分比
社区停车缴费智能化	44.6
社区生活服务信息查看	42.4
社区便民服务在线办理	41.3
社区政务信息查看	38.0
加强智慧社区信息基础服务设施建设	35.9

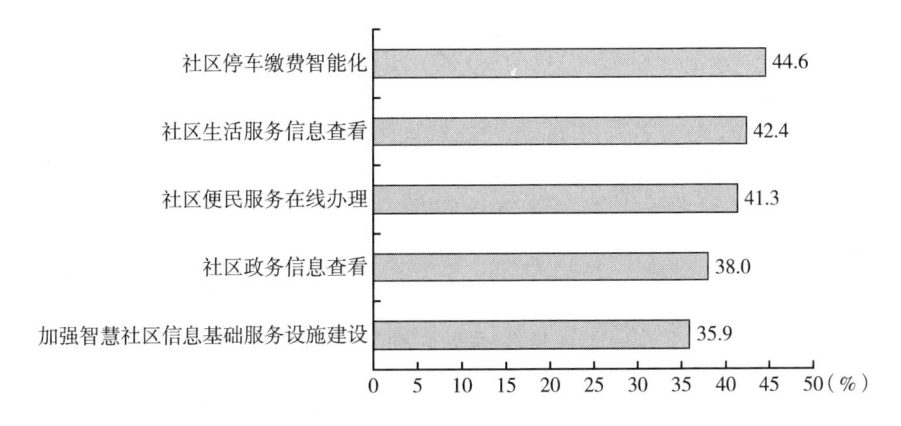

图14 牛街街道社区信息基础设施服务需求度

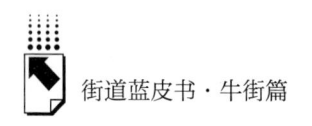

三 基本数据结论

调查显示，牛街街道受访居民收入水平高于西城区全区平均水平，但收入差距比较大，有四成居民收入低于3400元。受访人员的家庭支出结构中基本生活类消费居主导地位，文化体育类消费次之。此次调查围绕公共教育资源、公共文化服务、社区服务、就业（创业）服务、为老服务、残疾人专项服务、便民服务、社区安全服务和地区信息基础设施服务等九个方面进行评价，得出以下数据结论。

第一，在公共教育资源评价方面，受访者的评价差异性很大，牛街地区的教育资源状况并不乐观。特别是对学前教育学位的供给并不满意，有超七成受访者认为幼儿园便利度低。

第二，在公共文化服务评价方面，受访者对街区公共文化资源分布的知晓度超过九成，但对街区公共文化服务满意度总体上刚过五成。在具体项目中，居民对"免费的电影放映"项目的参与度最高，占73.9%。

第三，在社区服务评价方面，受访者对"社区群众文化服务"的满意度较高，达到65.2%。分别有19.6%、18.5%和16.3%的受访者对"社区居民阅览服务""社区居民体质测试服务"和"社区科普服务"不满意。此外对社区体育服务的整体满意度普遍不高。

第四，在就业（创业）服务评价方面，街道较为重视，居民参与度最高的是"社区职业介绍和岗位推荐服务"和"社区专场招聘会"，所占比重均超过四成，分别为56.5%和40.2%。

第五，在为老服务评价方面，"生活照料""医疗保健""日托服务"等服务选项最受欢迎。对现有的为老服务项目，超半数受访者表示"满意"和"很满意"。

第六，在残疾人专项服务评价方面，分别有26.1%和62.0%的受访者认为社区残疾人设施"完善"（包括"比较完善"和"非常完善"）和"不够完善"。从社区残疾人服务项目供给情况来看，"康复照料""日常生活"

"法律援助"最受欢迎,选择"康复照料"服务的受访者达到69.6%。

第七,在便民服务评价方面,超过八成的受访者认可"超市便利店"的分布情况,但认为最不便利的是"幼儿园、小学"(41.3%)、"维修服务"(40.2%)、"商场购物"(26.1%)和"公园或公共绿地"(25.0%)。

第八,社区安全服务评价方面,在12个选项中,"社区治安服务"的供给率最高,达75.0%,另外,"社区法律服务""社区帮教安置服务""社区禁毒宣传服务"和"社区矫正服务"的供给也超过四成。

第九,在社区信息基础设施评价方面,人们对智慧化、便利化的信息基础设施的需求普遍较高。"社区停车缴费智能化"的需求度达到44.6%。

综上所述,课题组进一步梳理出公共服务调查中的12个重点选项,这些重点选项反映出来的问题需要街道予以关注(见表3)

表3 牛街街道公共服务重点选项调查数据

序号	需重点关注的调查选项	调研占比(%)
1	便利度最差的公共教育资源选项"幼儿园"	77.2
2	参与度最高的公共文化服务选项"免费的电影放映"	73.9
3	满意度最高的社区服务选项"社区群众文化服务"	65.2
4	满意度最低的社区服务选项"社区健身宣传培训服务"	3.3
5	参与度最高就业(创业)选项"社区职业介绍和岗位推荐服务"	56.5
6	满意度最高的为老服务选项"生活照料"	69.6
7	满意度最低的为老服务选项"身体锻炼"和"参与社会活动"	16.3
8	满意度最高的残疾人专项服务选项"康复照料"	69.6
9	满意度最低的残疾人专项服务选项"文教服务"	14.1
10	便利度最低的便民服务选项"幼儿园、小学"	41.3
11	供给率最高的社区公共安全服务选项"社区治安服务"	75.0
12	需求度最高的社区信息基础设施选项"社区停车缴费智能化"	44.6

四 对策建议

牛街街道辖区面积仅有1.44平方公里,地区可开发利用空间小、交通路网规划滞后，带来了公共文化、学前教育、养老等设施不足，交通不畅和停车困难，绿化面积缺口大等问题。在"疏解整治促提升"专项行动中，街道坚持破解难题和常态治理并重，充分利用好每一处公共空间，通过牛街东里一区环境整治工程、白广路大街水道改造工程、菜园北里21号楼的环境整治工程等增加辖区绿地面积，并积极采取措施增加公共服务供给。但由于可调控的资源有限，街道的这种努力并不能从根本上解决公共服务的有效供给问题。有鉴于此，本报告提出以下建议。

（一）做好疏解腾退空间再利用工作

"疏解整治促提升"专项行动腾退出一定数量的空间，如何合理再利用好腾退出的空间对于街道工作来说十分重要。首先，建立牛街街道疏解腾退空间基础台账，摸清底数，加强管理。其次，结合区域功能定位和街巷公共空间特点进行空间设计，按照"留白增绿"，优先补齐基本公共服务短板的原则，制定空间再利用指导目录。最后，建立区街协调机制，统筹好公共文化设施、学前教育机构、养老设施的规划和建设工作。

（二）鼓励辖区单位公共资源向社会开放

首先，发挥好社区大党委的统筹作用，激发社会单位的公共责任意识，履行社会公共责任，鼓励其将闲置的和使用率低的服务设施向社会开放。其次，联合辖区单位建立资源共享设施和项目的台账，制定社会单位公共服务项目指引目录，并向居民公开。特别是加强对周边社会单位停车资源的协调利用，探索错时停车共享机制。最后，切实运用好社会单位资源开放共享奖励专项资金机制，激发社会单位参与社区治理和服务社区居民的积极性，这样既可以使资源得到合理利用，又能增加单位的社会影响力。

（三）提高公共服务设施使用效率

许多公共服务设施管理存在产权部门和管理部门各自为政、属地管理不专业、维护和修复不到位、布局不合理等因素，导致公共服务设施作用发挥不充分，使用效率低，因此，本报告建议采取以下措施。首先，在充分考虑人口分布密度和人群需求差异的基础上，合理优化设施布局。其次，运用好物联网技术，使公共服务设施、场所、场地数据化，以便加强管理、更好了解需求、实现供需对接。最后，采取政府购买服务的方式，积极探索由社会服务机构对公共服务设施进行管理和运行的模式。

B.3 牛街街道基于工作人口的地区公共服务调查报告

摘　要： 工作人口是区域发展的重要参与者和推动者，为其提供便利、持续、优质的公共服务，对优化地区发展环境和服务水平，提高街道服务区域发展的能力具有重要意义。为此，本课题组继2015年1月对辖区工作人口首次进行公共服务调查之后，再次就企业工作人口对牛街地区的公共服务供给、参与和获得情况进行问卷调查。本报告通过对社区服务机构认知度、社区服务参与度、地区生活便利度、社区基本公共服务满意度、社区公共服务需求度五个方面进行分析，在对调查情况进行纵向比较的基础上，得出总体结论并针对存在的问题提出具体建议。

关键词： 牛街街道　公共服务　生活质量

牛街街道辖区内有水利部、监察部、华北电网有限公司等110余家中央单位和50余家市属单位，服务企业发展、做好工作人员公共服务保障任务重大。本报告所涉及的调查对象是在牛街街道辖区内纳税情况较好的一些企业的工作人员，包括中高层管理人员和普通员工，调查时间为2017年5月。有294名工作人员填写了本次问卷，其中有效问卷269份（见表1），有效率为91.5%。

表1 调查样本基本情况统计

单位：人

性别	男		120		女		149	
年龄	25岁以下	26~35岁	36~45岁	46~55岁		56~65岁		65岁以上
	24	85	79	66		11		4
户籍	本区户籍		本市其他区户籍			非本市户籍		
	118		85			66		
居住情况	本区，自有住房		75		本市其他区，自有住房			121
	本区，非自有住房		41		本市其他区，非自有住房			32
工作年限	三年以上		一年到三年			一年以下		
	187		55			27		
学历	博士研究生		硕士及研究生		本科或大专		高中或中专以下	
	3		17		195		54	
家庭构成	四口以上	四口		三口	二口		一口	
	35	36		154	32		12	
收入情况	普通员工家庭人均月收入（元）							
	1890以下	1890~3399	3400~4999	5000~9999		10000~19999		20000以上
	13	41	37	36		8		3
	中高层管理人员月收入（元）							
	5000以下	5000~9999	10000~19999	20000~29999		30000~49999		50000以上
	37	76	15	2		1		0

一 调查样本情况

调查对象中，中高层管理人员和普通员工的比例为0.9∶1；男女比例为0.8∶1；在本单位工作三年以上的占比为69.5%；本科或大专学历占绝大部分，为72.5%；硕博士高端人才占7.4%。年龄分布在36到55岁的工作人口比重达53.9%，是企业劳动力的中坚力量。从户籍分布来看，本市户籍人口达到75.5%，其中本区户籍人口占比为43.9%，本市其他区户籍人口占比为31.6%。从居住地情况看，在西城区居住的人员占43.1%，其中，拥有自有住房的工作人员约占七成。从家庭结构来看，三口之家占57.2%。从员工收入来看，138名普通工中，家庭人均月收入在5000元以下的占比为65.9%，超过10000元的占8%，但仍有13人表示家庭人均月收入低于北京市最低工资标准的1890元。131名中高层管理人员中，月收入在5000元以下的占比为28.2%，月收入在5000元到10000元的占58%，超过20000元的占2.3%。

二 社区服务机构认知度

（一）街道办事处服务事项：超七成的受访者有一定的认知度

对于街道办事处对企业的服务事项的认知程度，25.3%的受访人表示"知道"，47.6%的受访人表示"知道一些"，而表示"不知道"的人仅有27.1%（见图1）。由此可见，企业对牛街街道的服务企业事项认知度较高。这与牛街街道对企业较强的服务意识是分不开的。

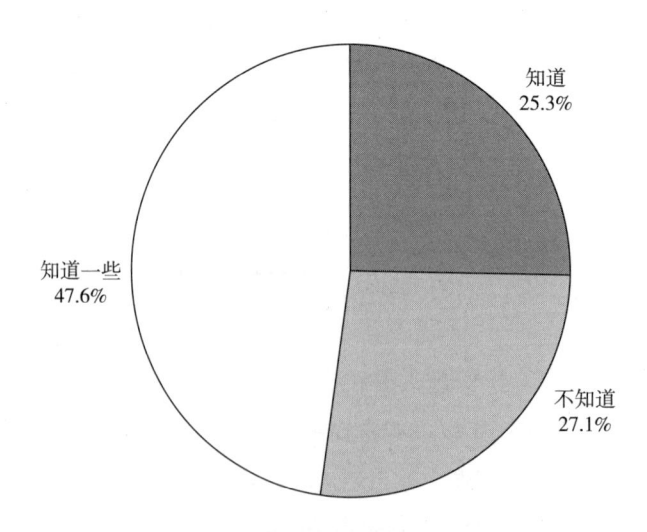

图1 牛街街道服务企业事项认知度

（二）社区居委会：企业对社区的认知度大幅提高

调查显示，关于社区居委会的办公地点、服务项目、领导姓名和相关活动,仅有8.9%的受访者表示对以上情况"都不知道",说明人们对社区居委会的了解比较多,认知度较高。其中85.5%的受访者表示"知道办公地点",33.1%的受访者表示"了解服务项目",34.2%的受访者表示"知道领导姓名",51.3%的受访者表示"参加过活动"(见图2)。而上次(指2015年1月的首次调查,下同)的这四个调查数据分别为79.1%、46.5%、32.0%和37.2%,其中"知道办公地点""知道领导姓名""参加过活动"选项均有了大幅度提高,其中对办公地点的认知度提高6.4个百分点,社区活动参加度提高了14.1个百分点。这表明,社区服务企业的力度在加大,双方互动的频度也在加强。

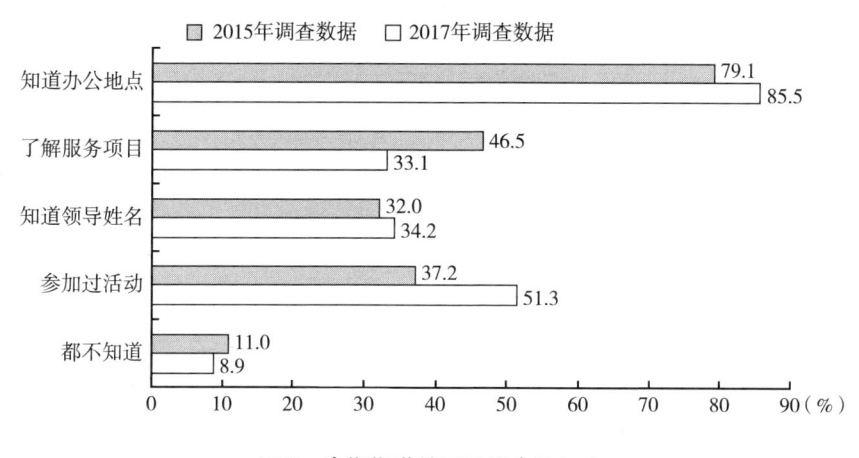

图2 牛街街道社区居委会认知度

三 社区服务参与度

(一)社区服务项目:受访者参与度整体有所变化

此次问卷重新调查了上次的10个问题(见图3),结果显示,企业工作人员参与社区服务项目的频度整体有所变化。社区服务选项"都未参与"的人数从上次的28.3%上升为47.0%,其余9个选项也均有不同程度的变化。从具体服务项目看，参与或享受过法律服务的受访人数排在首位，占比从上次的38.9%下降到33.1%；参与度排在第二位到第四位的选项依次是"图书阅览"（18.8%）、"职业介绍"（13.9%）和"人才交流"（12.0%），均超过了10个百分点。其中，"图书阅览"排在第二位，但较上次调查下降了4.5个百分点，"职业介绍"则没有变化。同样，本次调查中"婚姻介绍"排在最后一位，但参与度由4.4%上升到现在的4.5%。这说明，街道为驻区企业工作人员提供服务的效果进一步提高，但仍有超过45%的人未参与到社区服务中，表明服务供给仍有较大的提升空间。

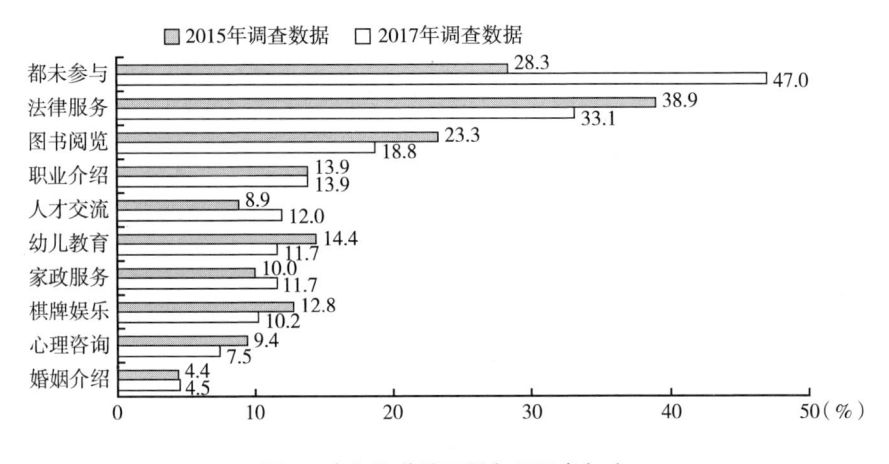

项目	2015年调查数据	2017年调查数据
都未参与	28.3	47.0
法律服务	38.9	33.1
图书阅览	23.3	18.8
职业介绍	13.9	13.9
人才交流	8.9	12.0
幼儿教育	14.4	11.7
家政服务	10.0	11.7
棋牌娱乐	12.8	10.2
心理咨询	9.4	7.5
婚姻介绍	4.4	4.5

图3　牛街街道社区服务项目参与度

（二）社区文化活动：参与者从62.5%上升至67.7%

对街道组织的文化活动参与度的调查显示，15.6%的受访者表示"经常参加"，"偶尔参加"的占52.1%，较上次的调查数据20.1%和42.4%，都有很明显的变化。而"从未参加过"的数据由上次的37.5%下降为32.3%，降幅超过5个百分点（见图4）。这三组数据充分说明，牛街街道的文化活动参与度较以往有较大提高，活动开展的影响面也在提高。当然也需要注意"从未参与过"任何活动人群的需求，丰富活动内容，扩大宣传渠道。

经常参加
20.1%

从未参加过
37.5%

2015年调查数据

经常参加
15.6%

从未参加过
32.3%

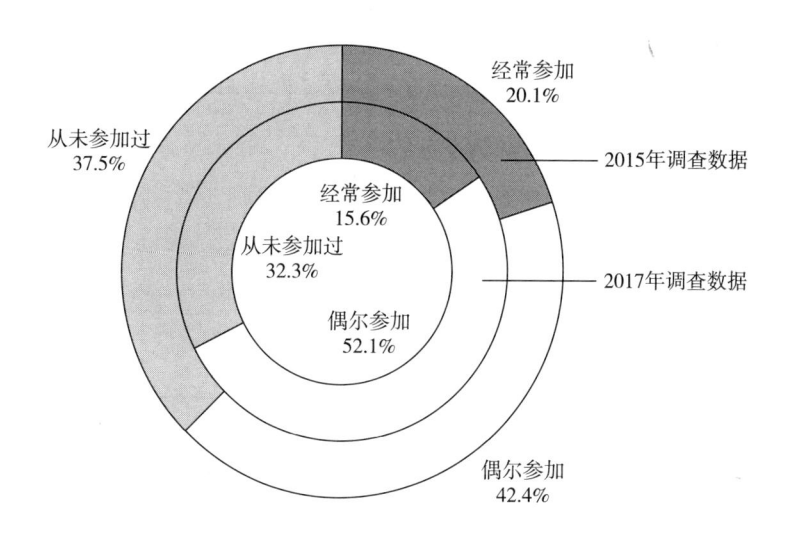

2017年调查数据

偶尔参加
52.1%

偶尔参加
42.4%

图4　牛街街道文化活动参与度

（三）社区公益事业：全部受访者愿意参加公益活动

此次问卷再次调查了企业工作人员对街道或社区组织的公益活动的参与意愿，结果显示，在"公益培训"、"文艺演出"、"助老助残"、"治安"和"绿化"五个选项中，全部受访者都有不同选择，相应比例分别由上次的35.6%、25.0%、33.9%、33.3%和28.9%变化为54.7%、25.1%、44.9%、23.6%和38.2%，参与度普遍上升（见图5）。这说明驻区企业工作人员对公益活动的参与意愿较高，街道社区应多策划组织相关公益活动，以便于人们参与公益行动。

四　地区生活便利度

（一）停车资源情况：停车难问题变得越发突出

对停车资源情况的调查显示（见图6），83.7%的受访者都认为单位周

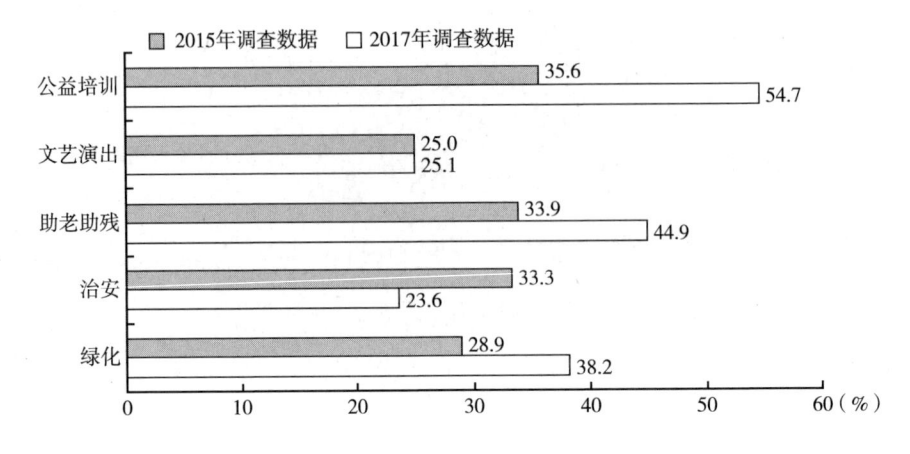

图 5　牛街街道社区公益事业参与度

边停车条件不好，其中30.5%的受访者认为已经严重影响工作，这一数据较上次调查的21.2%提高了9.3个百分点，认为停车问题"很好"的人由上次的18.4%下降至16.3%。这组数据表明，牛街地区的停车难问题变得更为严重。面对驻区企业的切身诉求，想方设法解决好停车难问题，已十分迫切。

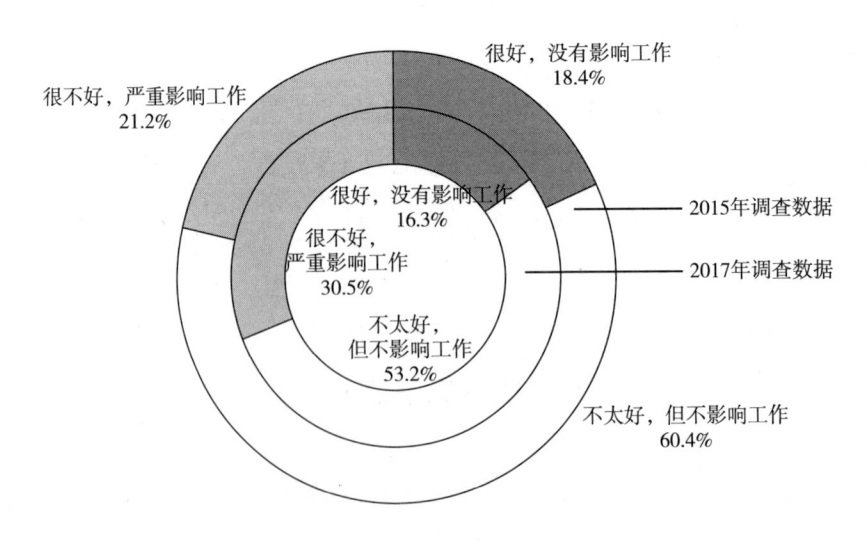

图 6　牛街街道停车条件便利度

（二）交通便利度：39.4%的受访者表示"最后一公里"步行时间超过10分钟

西城区位于首都核心区，地铁、公交等交通系统便利完善，在绿色出行理念的倡导下，公共交通成为区内企业通勤的首要选择。通过对公交车或地铁下车后"最后一公里"步行时间的调查，有39.4%的企业工作人员表示下车后需步行10分钟以上，其中步行10~15分钟的占比为17.8%，15分钟以上占比为21.6%（见图7）。而上次调研时这两个数据分别为25.1%和18.4%。由此可见，公共交通出行方面没有太大改观。从这个角度看，共享单车应是最好的补充。

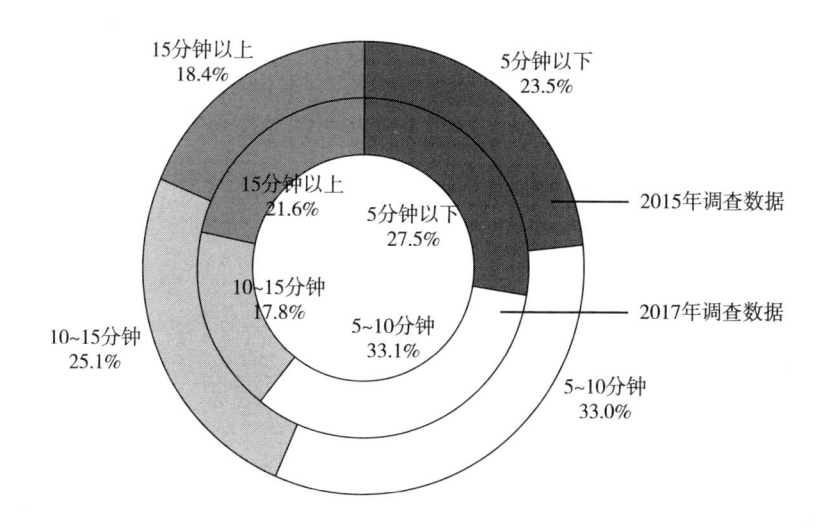

图7 牛街街道"最后一公里"交通便利度

（三）早餐便利度：早餐供应点便利度降低

本次早餐便利度同样涉及四个方面的选项，调查结果显示，89.2%的人表示不能够方便地在周边找到早餐供应点，其中"基本没有""很不方便""稍有不便"分别为10.8%、13.0%和65.4%（见图8）。这三个数据上一次分别是9.3%、5.5%和64.3%。由此可见，牛街地区的早餐供应总体不足，且有加重趋势。在疏解整治促提升和背街小巷环境治理的形势下，早餐店有所减少，如何确保辖区工作人员的基本生活不受影响应引起高度重视。

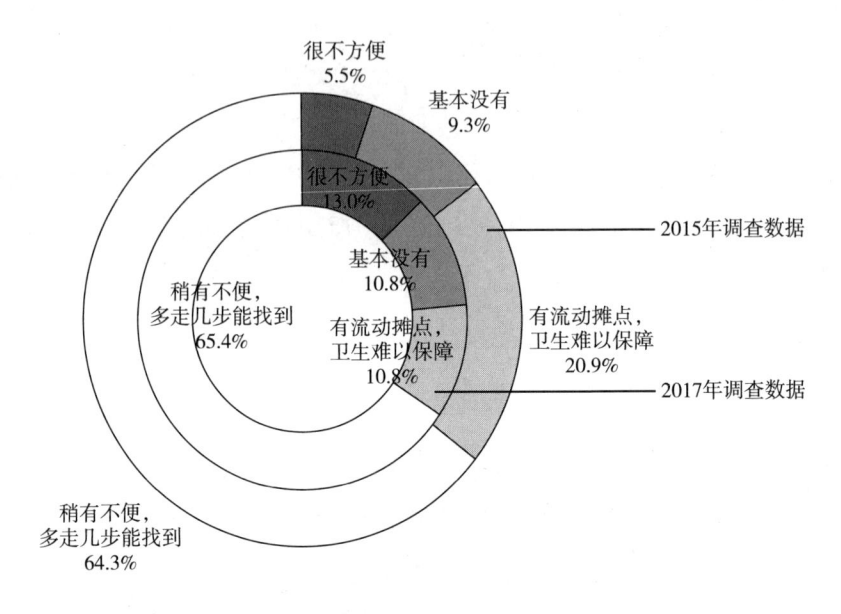

图8　牛街街道早餐供应便利度

五　社区基本公共服务满意度

（一）社会保障服务：住房保障水平满意度有待提升

社会保障服务具有保基本、促稳定的作用。牛街街道社会保障服务调查结果显示，"医疗保险"、"就业服务"和"养老服务"满意度名列前三位，"医疗保险"服务满意度最高，为53.1%。从整体来看，除"医疗保险"外，其他选项的满意度评价最高不超过半数（见图9）。但与上次调查相比，所有选项数据的满意度均有不同程度的变化，"医疗保险""社会救助""养老服务"分别增长了16.4、8.1、9.6个百分点，"社会福利""就业服务""低保""住房保障"分别下降了0.3、0.1、1.1、5.3个百分点，其中，改善最快的是医疗保险和养老服务，住房保障水平等有待提升。此外"都不满意"的人数由11.1%上升为13.7%。

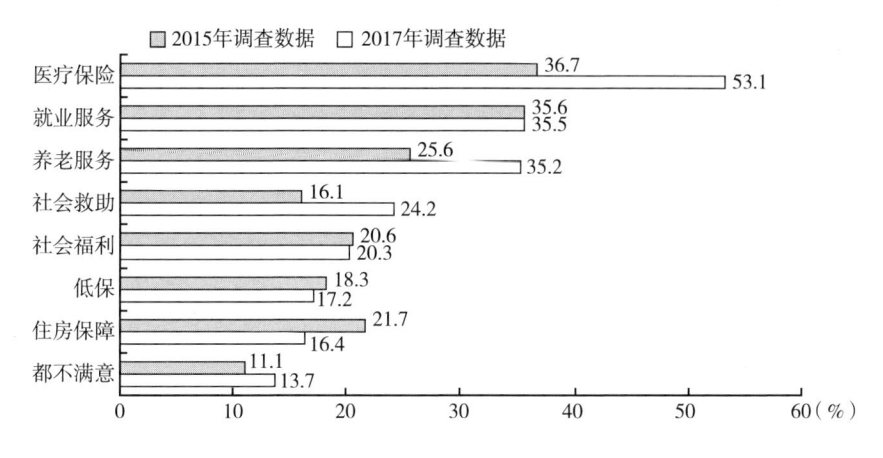

```
         □2015年调查数据  □2017年调查数据
医疗保险                                36.7
                                            53.1
就业服务                               35.6
                                       35.5
养老服务                      25.6
                                       35.2
社会救助              16.1
                        24.2
社会福利                  20.6
                        20.3
低保                    18.3
                      17.2
住房保障                    21.7
                      16.4
都不满意        11.1
              13.7
         0    10    20    30    40    50    60(%)
```

图9　牛街街道社会保障服务满意度

（二）医疗卫生服务：满意度平均上升14.9个百分点

调查结果显示（见图10），人们对牛街地区医疗卫生服务满意度有所上升，"就医方便""价格合理""设施先进"三组数据较上次调查分别上升了13.0、10.2和21.5个百分点，达到68.7%、43.7%和32.9%，平均增幅达到14.9个百分点。表示"都不满意"的也由15.3%下降为6.7%。但从总体来看，牛街街道的医疗卫生服务仍有一定的提升空间。

（三）公共安全：社会治安满意度上升12.9个百分点

在公共安全的调查中，81.8%的受访者表示对"社会治安"满意，36.0%的受访者对"流动人口管理"满意，32.2%的受访者对"突发事件处理"满意（见图11）。对"社会治安"和"突发事件处理"的满意度较上次调查分别上升了12.9和0.5个百分点。这三个方面"都不满意"的由9.4%下降为6.8%。由此可见，牛街地区的公共安全状况整体稳中有升，但进一步改善的空间较大。

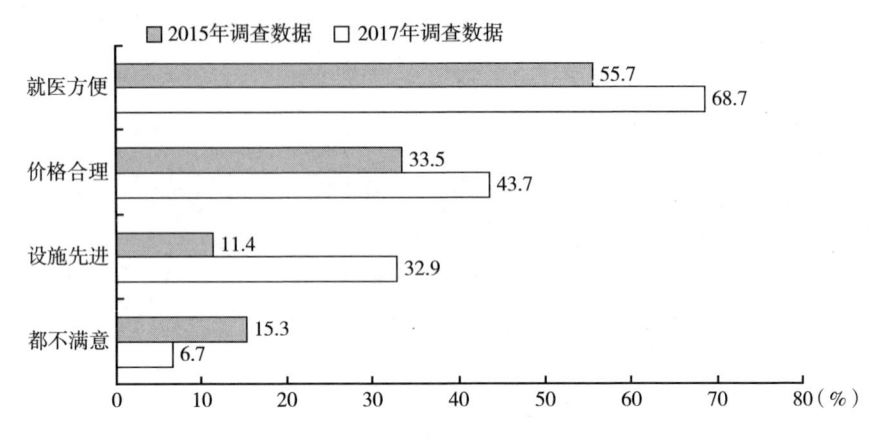

```
■ 2015年调查数据    □ 2017年调查数据
```

就医方便 55.7 / 68.7
价格合理 33.5 / 43.7
设施先进 11.4 / 32.9
都不满意 15.3 / 6.7

图10　牛街街道医疗卫生服务满意度

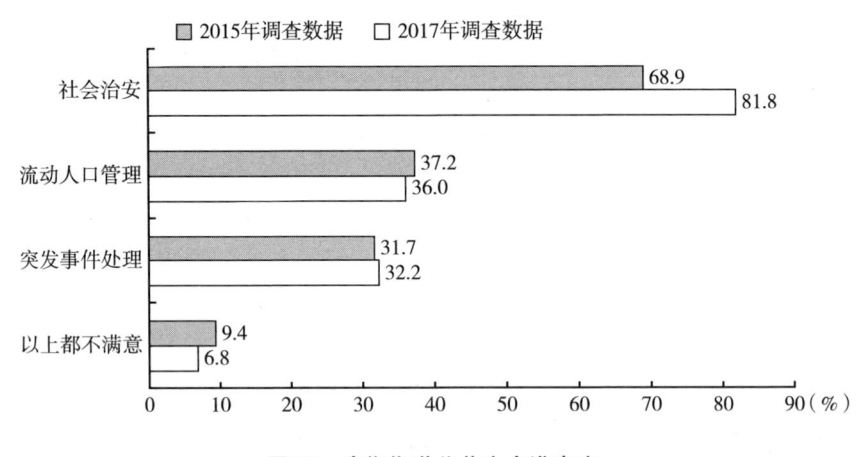

```
■ 2015年调查数据    □ 2017年调查数据
```

社会治安 68.9 / 81.8
流动人口管理 37.2 / 36.0
突发事件处理 31.7 / 32.2
以上都不满意 9.4 / 6.8

图11　牛街街道公共安全满意度

（四）市容环境：五类选项的满意度均不足六成

从调查结果来看，牛街街道在市容环境提升和保持方面整体"不及格"。在满意度选项中，46.8%的受访者选择了"餐饮油烟等低矮面源污染和露天烧烤治理"，57.0%的受访者选择了"生活垃圾定时投放、定时清运工作"，选择"雾霾应急举措""扬尘污染治理""厨余垃圾分类收集与利用"的分别为27.0%、39.2%和30.8%（见图12）。这三个选项满意度不到四成，与此同时，仍然有9.5%的受访者选择"都不满意"。

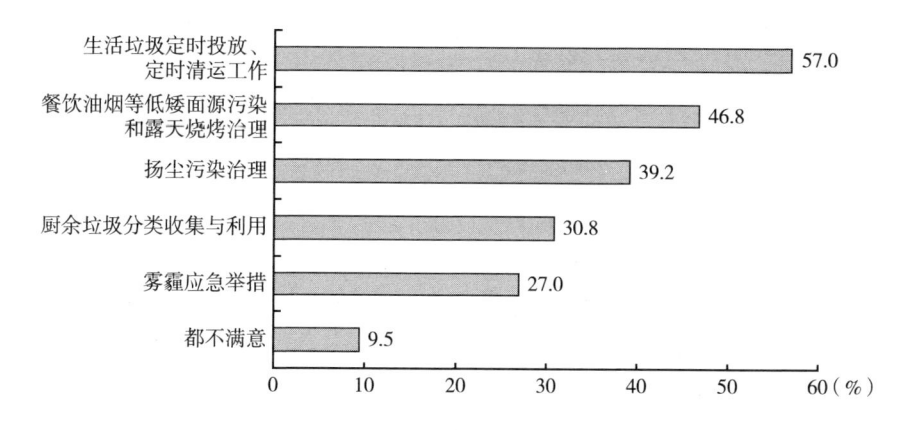

类别	百分比
生活垃圾定时投放、定时清运工作	57.0
餐饮油烟等低矮面源污染和露天烧烤治理	46.8
扬尘污染治理	39.2
厨余垃圾分类收集与利用	30.8
雾霾应急举措	27.0
都不满意	9.5

图12　牛街街道市容环境满意度

（五）城市管理：违章停车问题变得更为突出

从此次调查的情况看，城市管理问题可谓令人忧心。有66.0%的受访者认为"违章停车"问题最为突出，其次是"绿化不够"和"私搭乱建"问题（见图13）。与上次调查相比，"违章停车""私搭乱建"呈上升趋势，分别增长了11.5和17.1个百分点。"门前三包""乞讨卖艺""占道经营"等问题没有明显变化。只有"绿化不够""街巷保洁"问题有较大的改观，分别由43.8%、34.3%下降为35.9%和29.3%，"绿化不够"改善最大。由此进一步证明，绿化和背街小巷治理行动在某些方面取得了一定的成效，但在处理违章停车、拆除违建等方面还存在不小的问题，需要统筹谋划，全面推进。

（六）公用事业服务：对各选项的满意度呈上升趋势

调查显示，牛街地区工作人口对辖区市政公用事业的满意度整体有所提高，与上次调查相比，除"邮政"没有明显变化外均有不同程度的上升，

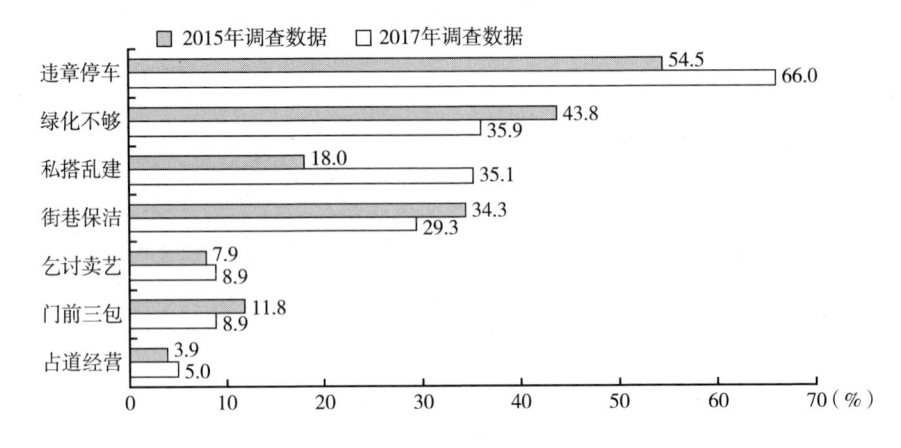

图13 牛街街道城市管理问题情况

问题	2015年调查数据	2017年调查数据
违章停车	54.5	66.0
绿化不够	43.8	35.9
私搭乱建	18.0	35.1
街巷保洁	34.3	29.3
乞讨卖艺	7.9	8.9
门前三包	11.8	8.9
占道经营	3.9	5.0

对各选项表示"都不满意"的从1.1%降为0。从满意度排序看，除"供电"以5.1个百分点的增幅提升到第一位（75%）之外，其他排序顺序不变，依次为"供水"（72.4%）、"供气"（56.0%）、"通信"（45.9%）、"邮政"（42.2%）、"市容市貌"（39.9%）、"信息化水平"（29.9%）和"城市规划布局"（20.9%），其中"供水"满意度提升最小，仅上升1.9个百分点，满意度最低的仍然是"城市规划布局"（见图14）。

项目	2015年调查数据	2017年调查数据
供电	69.9	75.0
供水	70.5	72.4
供气	45.4	56.0
通信	43.2	45.9
邮政	42.6	42.2
市容市貌	31.7	39.9
信息化水平	21.9	29.9
城市规划布局	16.4	20.9
都不满意	1.1	0

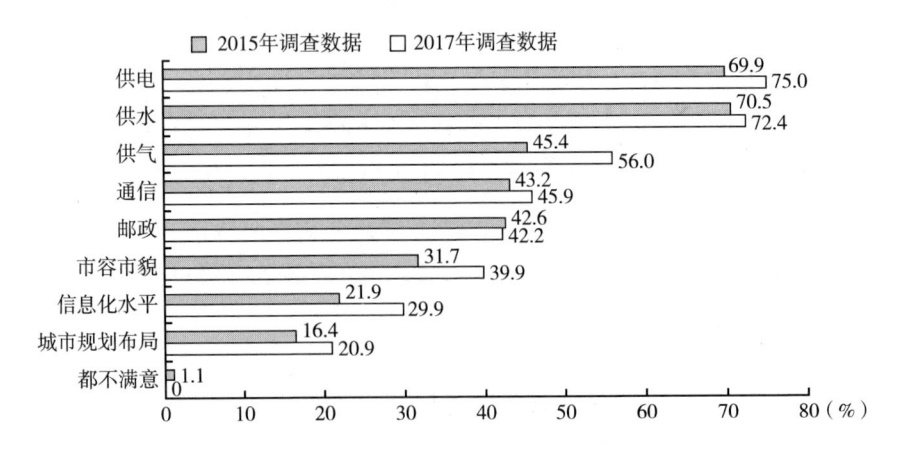

图14 牛街街道市政公用事业服务满意度

（七）消防安全：防火设施和安全状况有所改善

此次调查显示，69.9%的受访者表示"防火设施很好，会安全逃生"，这一数据较上次调查上升9个百分点。表示"防火设施一般，火势不大的情况下可以"和"防火设施不好，逃生机会不多"的受访者从上次的38.0%和1.1%分别下降为29.7%和0.4%。由此可见，牛街地区防火设施和安全情况满意度有较大改善。

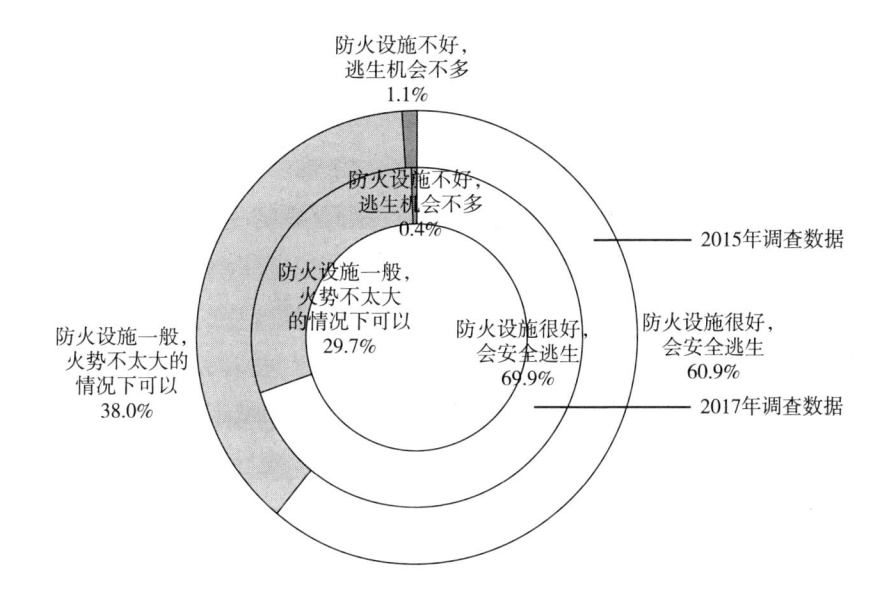

图15 牛街街道消防设施和安全满意度

六 社区公共服务需求度

（一）硬件设施需求：对体育健身点的需求最为迫切

公共服务设施是丰富社区文化必不可少的硬件设施。对牛街地区社区最缺乏的公共服务设施的调查显示，体育健身点和文化活动室最为短缺，而且有加重的倾向（见图16）。此次调查分别有69.2%和39.2%的受访者表示不能满足需求，较上次调查还上升了16.3和10.5个百分点。此外，对图书室的需求也由23.0%上升到24.4%。而对宣传栏、公共广告栏、卫生所的需求度均处于下降趋势，尤其是对公共广告栏的需求下降为零。

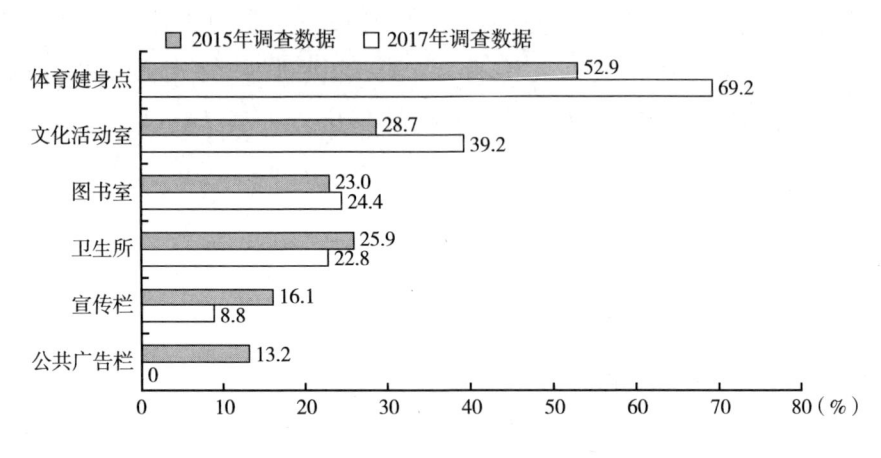

项目	2015年调查数据	2017年调查数据
体育健身点	52.9	69.2
文化活动室	28.7	39.2
图书室	23.0	24.4
卫生所	25.9	22.8
宣传栏	16.1	8.8
公共广告栏	13.2	0

图16　牛街街道硬件设施缺乏情况

（二）服务项目需求：文化娱乐服务、便民利民服务、老年服务和医疗保健需求较大

调研显示，企业工作人员对牛街街道的"文化娱乐服务"（49.8%）和"便民利民服务"（41.5%）需求度最高，均超过40%；"老年服务"（37.7%）和"医疗保健"（36.2%）紧随其后，分别排第三、第四位（见图17）。与上次调查相比，"文化娱乐服务""老年服务""便民利民服务"和"青少年课外服务"分别上升了11.9、10.8、8.5和7个百分点，只有"医疗保健"需求下降。由此可见，牛街街道要增加针对老年人与青少年需求以及在文化娱乐、便民利民方面的服务供给。

此外，相关调查发现，辖区内企业获取信息和服务的主要渠道是网络，这显示出大数据时代人们对互联网的高度依赖性。与此同时，企业与街道社区沟通和联系的平台和渠道有限，需要进一步发挥党对企业的领导作用。

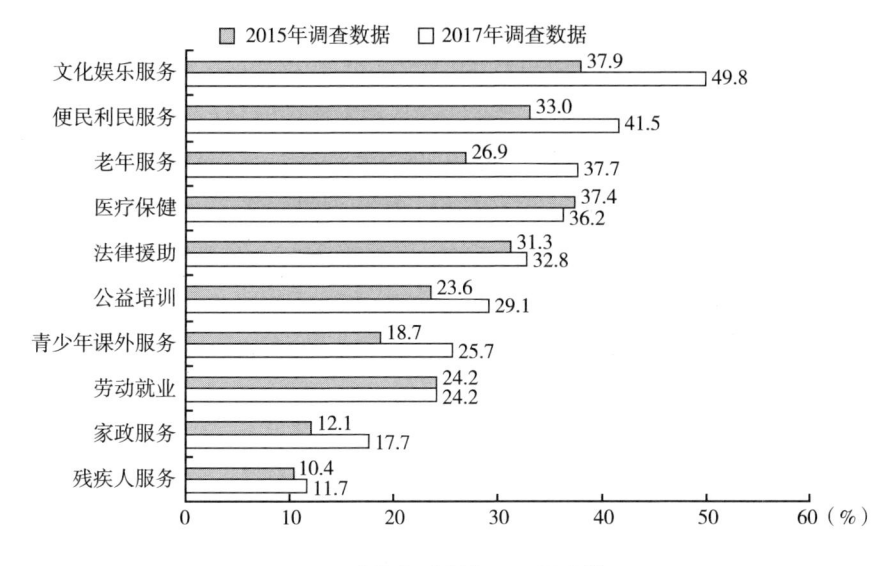

图17 牛街街道服务项目需求情况

服务项目	2015年调查数据	2017年调查数据
文化娱乐服务	37.9	49.8
便民利民服务	33.0	41.5
老年服务	26.9	37.7
医疗保健	37.4	36.2
法律援助	31.3	32.8
公益培训	23.6	29.1
青少年课外服务	18.7	25.7
劳动就业	24.2	24.2
家政服务	12.1	17.7
残疾人服务	10.4	11.7

七 基本数据结论

基于对牛街街道驻区单位工作人员的调查，并与上次调查进行比较，本报告从社区服务机构认知度、社区服务参与度、地区生活便利度、社区基本公共服务满意度和社区公共服务需求度等五个方面进行归纳，得出如下结论。

第一，在社区服务机构认知度方面，72.9%的受访者表示对街道办事处企业服务事项"知道"或"知道一些"；91.1%的受访者对居委会或多或少了解些，较上次调查上升2.1个百分点，对社区的认知度有所上升。

第二，在社区服务参与度方面，社区服务项目参与度有待提高，53.0%的受访者参与过社区服务项目，其中参与法律服务的受访人数最多，占比为33.1%；参与过社区文化活动的受访者由62.5%上升到67.7%；全部受访者表示愿意参加公益活动，其中超半数人员愿意参加公益培训活动。

第三，在地区生活便利度方面，停车难问题变得越发突出，其中

30.5%的受访者表示停车条件"很不好,严重影响工作";39.4%的受访者表示"最后一公里"步行时间超过10分钟,共享单车应是最好的补充;有89.2%的受访者表示不能够方便地在周边找到早餐供应点,早餐便利度问题更加严重。

第四,在社区公共服务满意度方面,社会保障服务项目中,"医疗保险"服务满意度最高,达到53.1%,而"住房保障"的满意度最低,满意度有所下降。医疗卫生服务的满意度总体平均上升14.9个百分点,有68.7%的受访者表示就医方便;公共安全整体满意度呈上升趋势,81.8%的受访者对社会治安表示满意;市容环境五类选项的满意度均不足六成,"生活垃圾定时投放、定时清运工作"和"餐饮油烟等低矮面源污染和露天烧烤治理"满意度最高,"扬尘污染治理""厨余垃圾分类收集与利用""雾霾应急举措"的满意度未达到四成;城市管理中,"违章停车""绿化不够"等问题较为突出,但"绿化不够"问题较上次调查有很大改善;对公用事业服务各选项的满意度呈上升趋势,在满意度排序中,"城市规划布局"排最后一位,仅有20.9%的满意度;从消防安全看,防火设施和安全状况总体有所改善,选择"防火设施很好,会安全逃生"的受访者比重上升为69.9%。

第五,在社区公共服务需求度方面,硬件设施需求中,对体育健身点的需求最为迫切,上升到69.2%。此外,对文化活动室和图书室的需求也增长到39.2%和24.4%;服务项目需求中,文化娱乐、便民利民服务、老年服务和医疗保健需求居高不下。其中,文化娱乐服务、老年服务和便民利民服务三类需求分别增长了11.9、10.8和8.5个百分点,医疗保健需求有所下降。

通过对上述结果进行梳理可以看出,虽然存在部分项目服务改善缓慢、服务便利性问题有所加剧现象,但整体来看,牛街地区的公共服务水平总体上升。从具体选项的数据变化看,牛街地区的公共服务重点较为明显,难点也反映突出,有12个选项值得重点关注(见表2)。

表2 牛街街道公共服务重点选项调查数据比较

序号	需重点关注的调查选项	2015年1月调查数据（%）	2017年5月调查数据（%）	数据变化情况
1	最积极参与选项"法律服务"	38.9	33.1	下降5.8个百分点
2	最愿意参与选项"公益培训"	35.6	54.7	上升19.1个百分点
3	满意度最高社会保障选项"医疗保险"	36.7	53.1	上升16.4个百分点
4	满意度最高公共安全选项"社会治安"	68.9	81.8	上升12.9个百分点
5	便利度最差选项"吃早餐不方便"	79.1	89.2	上升10.1个百分点
6	便利度较差选项"停车条件不好"	81.6	83.7	上升2.1个百分点
7	满意度最差城市管理选项"违章停车"	54.5	66.0	上升11.5个百分点
8	满意度改善最明显的城市管理选项"绿化不够"	43.8	35.9	下降7.9个百分点
9	需求度最大公共服务设施选项"体育健身点"	52.9	69.2	上升16.3个百分点
10	需求度较大公共服务设施选项"文化活动室"	28.7	39.2	上升10.5个百分点
11	需求度最大公共服务项目选项"文化娱乐服务"	37.9	49.8	上升11.9个百分点
12	需求度较大公共服务项目选项"便民利民服务"	33.0	41.5	上升8.5个百分点

八 对策建议

（一）合理投入增量资源，增加公共服务有效供给

以"疏解整治促提升"和"背街小巷环境整治提升"专项行动为契机，做好疏解腾退空间的再利用工作。结合区域功能定位和区位特点，统筹地区基本公共服务资源和公共空间状况，按照便利性原则，有效地投入增量资源，完善服务功能。

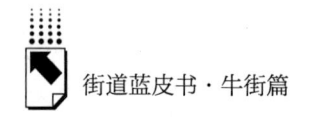

（二）加强存量资源整合，提高资源开放共享水平

统筹街道、社区、社会单位服务资源，构建"资源整合、互利共享"的善用机制，根据不同人群对资源的利用时间不同的特点，探索设施、场所、服务共享模式，以及以服务换服务的方式，推动社会单位和街道之间、社会单位与社区之间、社会单位与社会单位之间的资源开放共享。

（三）发挥互联网平台作用，创新服务供给方式

互联网技术改变了人们的生活方式和服务方式。要把握好"互联网+"的大趋势，支持和规范公共服务的网络化供给，发挥好互联网将碎片化需求和碎片化供给有效对接的优势，以及在解决"最后一公里"配送和便民服务方面的优势，创新服务供给方式、拓宽服务渠道、扩大服务半径、提高服务效率，从而克服传统服务受空间限制的弊端，增加有效供给。

理论报告

Theory Reports

B.4
构建以居民为主体的历史文化街区保护利用模式

——北京市西城区法源寺文保区保护模式选择研究

摘　要： 本报告通过论述相关理论探讨历史文化街区保护的价值导向、目标体系与发展趋势，结合法源寺文保区的保护开发、现实需求、存在问题，并甄选国内外典型案例进行分析，探索以居民为主体的原真性保护机制，以期达到城市出形象、居民得实惠、保护有实效的目标，进一步提升地域文化，提升城市品质。

关键词： 牛街街道　历史文化街区　法源寺文保区

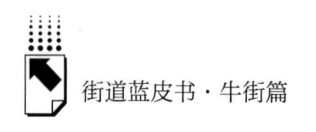

一 从理论层面探讨历史文化街区的保护

（一）从内涵特征看历史文化街区保护的价值导向

1. 历史文化街区包括物态、制度、行为、心态四个文化层

历史文化街区是由住建部和国家文物局认定，城市中保存文物特别丰富、历史建筑集中成片、能够较完整和真实地体现传统格局和历史风貌，并具有一定规模的区域。历史文化街区是城市文明产生的源头，其承载的历史文化是城市文化的基础，也是城市的魅力之根、发展之魂。

历史文化街区包含着丰富的自然资源和人文资源。历史风貌及其承载的活态文化是历史文化街区最重要的组成部分，具体由独立展示可以脱离人的物态文化层，抽象表述必须结合人的制度文化层、行为文化层、心态文化层四个文化层构成。物质文化层包括文物古迹、历史建筑以及道路、院墙、街巷、古树等各种风貌构成要素。大量居民生活其间形成了活态的精神文化遗产，组织结构、人际关系、生活方式、道德规范等，就是所谓的制度文化层；家规家教家风、生活习惯和民俗传承等就是所谓的行为文化层；价值观念、审美情趣、思维方式等就是所谓的心态文化层（见表1）。

表1　历史文化街区"文化层"的四层架构

类型	组成要素	特征
心态文化层	价值观念、审美情趣、思维方式等	抽象表述、必须结合人
行为文化层	家规家教家风、生活习惯和民俗传承等	
制度文化层	组织结构、人际关系、生活方式、道德规范等	
物态文化层	文物古迹、历史建筑以及道路、院墙、街巷、古树等各种风貌	独立展示，可脱离人

2. 历史文化街区具有历史风貌完整性、历史真实性、历史延续性三大特征

历史风貌完整性。历史文化街区必须具有一定规模，能够完整地体现某个区域在某一历史时期的传统风貌，历史建筑之间在形态和功能上有较大的

相似性和关联性。其价值体现在规模成片、建筑间相互关系带来的视觉上协调一致的完整风貌,历史浓厚、特色鲜明,代表城市的传统特色,反映城市的历史风貌。

历史真实性。历史文化街区内的建筑、院墙、砖瓦、物件、街巷、河流、小桥及其构成的外部空间,无论是部件本身还是其格式、文样、材料、色彩等,基本上是具备历史遗存的原物,都保存着原真历史信息,而绝非后人大量重建、仿建、假造的,是极为重要的承载历史记忆的物质实体。虽然有些建筑由于年代久远,难免存在少部分被后代改动的痕迹,但它们的风格是统一的,能够成片保护至今,十分难得。

历史延续性。历史文化街区承载着传统文化的精髓,体现了历史文化的魅力。在保存其历史遗存和完整风貌的同时,传统社会结构和生活方式的内部文化精神不断积累,并以制度、习俗、价值等方式发展和延续,在不断维持和发展其使用功能同时,促进和提高了历史文化街区的活力。历史文化街区的这种延续性,在一定程度上维护了社会结构的稳定,使传统历史文化不断发展并得到传承,形成地区独特的历史建筑风貌和精神文化风貌。

3. 以居民为主体是历史文化街区保护的价值导向

历史文化街区的价值体现在文化内涵和历史延续上。物质要素与环境、社会生活与蕴含的文化意义形成整体的真实性,正是历史文化街区表现形式与文化意义的内在统一。历史文化街区保护既要保护有形的整体风貌,更要保护它所承载的活态文化。从四个文化层次看,对制度文化、行为文化、心态文化的保护与对物态文化的保护同等重要。传统的历史文化街区保护重在对物态文化风貌的保护,忽视了对以居住其间的原住居民为载体的精神文化遗产的保护。实际上,在精神层面继承其历史和文化传统才是对历史文化街区的真正保护。原住居民是历史文化街区的主人,是活态的文化遗产,是历史信息的显性存在,发挥着延续历史文脉和全面继承文化传统不可替代的作用。注重保护"驱壳"而忽视保护"灵魂",必然造成文化的断裂。因此,以原住居民为保护主体才是历史文化街区保护的根本所在。

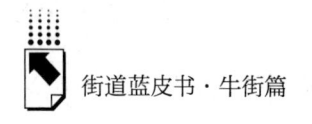

（二）从功能演化看历史文化街区保护的目标体系

1. 历史文化街区具有传统居住、文化传承、综合发展三大功能

传统居住功能。历史文化街区是城市生产生活、居民日常活动的重要空间场所。传统建筑因地域特点和时间的推移，存在自然、人文、习俗等各种差异，生产生活丰富多彩。随着城市人口的大量集聚和城市功能的不断演化，居住功能作为建筑物最根本的属性得以放大，并在一定的历史时期发挥着主导作用。法源寺文保区作为千年古都肇始之地的首都核心区，近代以来保留原住居民生活方式的街区院落变得日益稀少，而多数历史建筑和院落随着人口的流动逐渐演变成居民生活的大杂院，传统风貌已然不再、历史文脉遭到破坏。加强对以居住功能为主的历史文化街区的保护已经迫在眉睫。

文化传承功能。文化传承是历史文化街区最本质的属性和功能，是历史文化街区保护的题中之意。因自然条件、地理环境和历史文化积淀的不同，每个历史文化街区都有其独特的个性并焕发独特的魅力。保护好历史文化资源，提炼和传承历史文化街区的文化价值，增强其文化竞争力和生命力，已成为保护历史文化街区的根本出发点。

综合发展功能。历史文化街区保护的核心是传承、发展。保护是继承基础上的保护，发展是继承基础上的发展，在保护中发展，在发展中保护。综合发展就是与历史地区相匹配，融入适应现代生活，和谐、适度、适宜地发展。突破"古董式保护"的固定思维，科学把握整体性保护、真实性保护原则，强化发展观念，探索发展中保护的新政策、新方法、新技术、新手段，处理好保护前提下传承与发展的关系，有预见性、有针对性地解决发展中保护的新问题，把完善综合发展功能落到形态保护中，推进历史文化街区保护的良性循环，真正实现科学保护。

2. 把"满足人的需求，改善人居环境"放到历史文化街区保护更加突出的位置

保护传统居住环境。传统居住环境是由百姓、官商、王公等不同阶层的传统住宅建筑，周围的地形、气候、植物等自然物质，绿植、路径、水池等

表2 历史文化街区发展的五个方面及内容

发展的五个方面	历史文化街区发展的基本内容
政治发展	区域治理能力的提高、居民参与权的扩大、保护机制与能力的增强
经济发展	区域功能提升或相关产业的发展、居民收入的提高、基础设施和生活条件（住房）的改善
社会发展	社会公平和公共服务的提升、社区活力的增加、人口素质的提高
文化发展	遗产保护的加强、传统文化的传承、新生活新文化的形成
生态发展	城市生态环境的改善、城市自然景观的提升、城市生态特色的形成

资料来源：王蔚：《北京市历史文化街区保护与发展策略研究》。

人工物质，共同营造的一种生活环境。历史文化街区的传统风貌、空间特色和老字号，是区域特有的资源优势，只有精心保护才能维持长久的竞争力。它的保护包括空间格局和综合性的环境整治，范围可根据其价值及完好程度划定，允许保存外貌、改善内部，适应现代生活的需要。传统居住环境体现着城市的历史文化价值，对于传统文化和百姓的精神生活有着巨大的影响，是居住者文化涵养、生活习俗等方面最原始的真实体现。传统居住环境是长期积淀、自发形成的结果，挖掘传统居住环境自身文化内涵和价值，是对现代居住环境文化价值的有益探寻。通过对传统建筑物的原状恢复和现状保留，保持原有空间结构和承载力，保持街区活力，使它成为居民继续生活的家园，更有利于街区社会和文化发展的可持续性。

保留传统民俗文化。传统民俗文化是中华民族博大精深的传统文化，是人民群众长期创造、积累、认同、共享、传承的风俗生活文化，与广大民众的生活息息相关。历史文化街区是传统文化的有机组成部分，防止历史文化街区被"保护性破坏"，有利于传承和发扬具有地域特色的传统文化，增强城市的凝聚力和认同感。历史文化街区的原住居民，一代又一代地受长辈的影响，对传统民俗文化的发展与传承起着无可替代的作用。学校教育、网络文化引导学生热爱祖国丰富多彩的传统民俗文化，让学生感受到中华民族传统民俗文化的魅力，带给学生一些真实优秀的精神文化食粮，可以使历史传统佳节习俗、饮食习惯、民间手工工艺等非物质文化逐渐得到保护。只有深入挖掘当地的传统文化脉络，自觉崇尚、继承发扬、做大做强传统民俗文化，才能营造出一种浓厚的文化氛围，使历史文化街区原真的民俗传统得到保留，拥有强大的生命力，并由政府主导向社会主导转变，获得民俗文化发展更大的文化自治空间，实现传统民俗文化的延续。

保存传统场景体验。保存是使事物继续存在、保持原状，不发生变化、不受损失的行动或措施。体验是一种创造值得回忆、难忘经历的活动。由于人们物质生活的极大丰富与满足，更加关注对历史文化街区保护与更新的文化底蕴的情感需求。通过基本保持建筑外观原状，创造怀旧氛围；通过博物馆，档案馆，城市规划展览馆，文化馆，图书馆，青少年活动中心，戏曲、绘画艺术展示中心等记载和宣传街区的历史传统；通过现代科技制作影视片、动画片再现历史情景；通过对餐厅、休闲室的内部设计，人员服饰以及服务方式等进行仿古情景设计，让民众在视觉、听觉、味觉、嗅觉等方面得到全方位的参与或体验，充分记忆、了解、保存城市的历史和传统。

3. 提升居住品质、文化品质和发展品质是历史文化街区保护的终极目标

提升居住品质。历史文化街区的建筑物年代久远，市政设施落后，配套设施不健全，生活服务功能、居住条件与现代生活方式不适应。提高原住居民的居住品质成为最现实的需求。通过城市危旧房改造，恢复和优化功能，增强历史文化街区的活力；通过加强对历史文化街区的规划和设计，对城市公共空间进行精心塑造，改善城市的整体形象和景观环境；通过适度改善社区医疗、卫生、教育等公共服务设施和条件，完善历史文化街区的基本公共服务；通过升级和改造基础设施，改善垃圾清理系统，增加绿地、景观和活动场地等手段改善居住环境，使居民对街区生活环境产生强烈的认同感和归属感。

提升文化品质。历史文化街区所呈现的文化风貌和蕴含的文化精神决定着城市的文化品质。其所包含的建筑风貌、空间环境、旧城形态等物质文化形态，以及居民生活方式、文化观念、传统艺术、民俗、民约、民间工艺、社会群体组织等非物质文化形态，是城市重要的文化元素。它们之间相互依存、共同发展，一同反映城市丰厚的历史文化积淀，展现城市历史文化的魅

力，构成城市弥足珍贵的历史文化遗产。源远流长的地域文脉，滋养着历史文化街区传统文化品牌的强势复兴。文化品质的提升是一个全方位的系统工程，需要发挥历史文化街区环境的熏陶作用，发挥政府的引导作用，发挥全体居民群众的参与作用，发挥社会组织的服务作用，让历史文化街区散发浓郁的文化气息。

提升发展品质。历史文化街区的保护是以发展为目标的，发展又是以文化的保护和传承为前提的。因此，提升发展品质应该是与文化保护和传承相统筹的平稳发展、整体发展和持续发展。充分保证街区的内部环境空间与外围社会环境空间的协调发展，是历史文化街区持续发展的基础。因此，要统筹街区与外围的功能定位，把管理的中心放在街区内部，把建设的任务转向街区周边，紧密结合地域文化、空间资源等城市特点，注重多样化的业态和链条化的服务，提高文化传承力和区域吸引力，实施街区的差异化发展。历史文化街区在保护中应统筹并合理利用资源，寻求保护与发展的平衡，探索出文化价值、社会价值和经济价值的同步实现的可持续发展路径。

（三）从保护模式看历史文化街区保护的发展趋势

1. 城市更新：产业导向与生态导向相统一

城市更新是历史文化街区一种特殊的城市发展方式，其实质就是保护与发展。城市更新既要保护好文物、住房、环境、基础设施，又要促进旅游、文化创意等产业发展，还要加强居民收入、人口结构、居住条件等民生改善。城市更新通过整治、翻修、改造、重建等活动，对不适应现代城市社会生活的地区进行必要的建设、有计划的治理和改造，使其重新获得活力，重新融入现代城市。

城市更新策略对城市更新效果的好坏起着关键决定作用。更新策略的制订不仅受当时国际潮流的影响，更受更新地区自身文化、经济、社会、环境等因素的影响。同一地区由于不同时期执政理念的差异和更新策略的变化，也会拥有不同的更新效果。城市更新存在产业主导与生态主导之分。产业主导强调院落腾退，人口疏解，弱化居住功能，强化文化、旅游等产业功能，但严格控制业态雷同、模式单一、密度过大、数量过多、文化含量不高的产业，特别是低端产业无序发展。生态主导强调保留原有的文化生态链条，留下原住居民，从重空间结构上的疏解腾退转变为重生态系统上的原真保护，不仅关注物质的改善，更关注社会公平、机能改善、减缓社会贫困、优化社会结构、提高环境承载能力、提升城市功能和综合竞争力。无论产业主导还是生态主导，其共同点是最终要与文化消费、旅游消费相衔接，实现产业、生态发展的统一。同时，通过本地化的社区参与、社会动员及有效的制度支持，将社会资源重新合理分配，减少弱势群体的边缘化，促进城市街区的复兴和可持续发展。

2. 保护理念：静态保护与活态保护相结合

历史文化街区的保护与更新是一个动态、持续、循环的过程，既要保护其历史建筑的躯壳，又要保存多样性的文化。从静态保护到活态保护，实际上就是从物的保护到人与物并重的保护，最终"让文物活起来"。

静态保护是实施控制性措施来保护文物、建筑物等，以及对民间文化成果加以记录、收集与保存，对全部人工环境及与其一致的传统生活方式进行保护。这种保护方式以保护历史文化街区的真实性、全面性为重点，希望将传统历史文化街区的传统文化全面持续保存。但是，任何一种生活方式都会随着社会发展而改变，任何事物都会被改变和不断打破，保存、修复、改建、重建、保存……周而复始，动态循环。活态保护，也称活态传承、动态保护，是把整治与保护视为一个活的规划。虽然无法避免对原有风貌产生一定影响，但可以将这种保护所付出的代价降到最低。这种活态保护将历史、现状、未来有机联系起来，在开展近期建设的同时，对远期目标设计一些弹性的控制指标，强调持续规划、循序渐进，在具体实施规划中不断地调整、完善、补充、修正，以期达到动态平衡。

将静态保护和活态保护相结合，有利于加强街巷的梳理与复原、民间文化的保存，也有利于使街巷格局适应现代的生活方式，使民间文化得到最有现实意义的传承，进而促进居民熟悉本社区文化，提高对历史文化街区的保护和传承意识。

3. 运行机制：他组织模式与自组织模式相协调

历史文化街区保护以政府为主导，以居民为主体，核心是生活在这个地方的人能够自组织、自运行。他组织是以外部力量为核心，自组织是通过内在动力，如自身需求等推动保护和发展。人的创造性活动是城市自组织发展的根本动力，人的再造性活动是决定城市他组织发展的主要力量。

他组织模式是指对城市发展进行人为的规划控制，特别是人们主动地、有意识地进行城市规划干预。现代城市由于他组织手段的城市规划带来大规模改造和开发形成了价值取向和文化偏好的多元化发展，从而导致同一性的瓦解。自组织模式指城市空间结构是在内外多种因素的共同作用下形成与发展的，是一个自主、自发、自然的过程。城市自组织源于内部包括人在内的各组成要素之间错综复杂的非线性相互作用所形成的合力。

历史文化街区保护和发展有其自组织和他组织复合发展的特性。城市他组织有意识的人为规划设计、控制改造和城市自组织的自然生长与发展、内在自发力机制交替作用，从外部力量推动到内生动力驱动，构成了城市历史文化街区保护与发展的运行机制。经过不断调试和修正，当历史文化街区的他组织力和自组织力处于同向可耦合状态时，达到复合同步，就能促进历史文化街区稳步、有序、健康发展。

历史文化街区保护必须坚持政府主导，也要引入社会力量和社会资本的参与。要发挥好规划的统筹和前瞻性作用，以文物保护和基础设施改造为例，政府在加大财政投入的同时，还应通过制定政策法规、减免税收、补助资金、提供贷款优惠等方式鼓励各类社会资本参与到历史文化街区保护发展中来，特别是要鼓励当地居民的全过程参与，从而推动政府、社会组织与居民的共同治理。确定历史文化街区的保护与发展策略，应以居民意愿为着力点，调动居民参与的积极性，发挥居民在保护发展中的主体作用，提高居民对当下生活质量、居住环境、公共服务设施、产业发展、历史风貌及历史建筑保护状况的实际满意度。此外，历史文化街区的保护和更新，要把社会效益放在首位，通过注入新的文化元素，打造名副其实的城市名片。

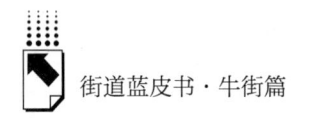

二 历史文化区域保护开发的案例研究

(一)历史文化区域原真性保护形态的案例分析

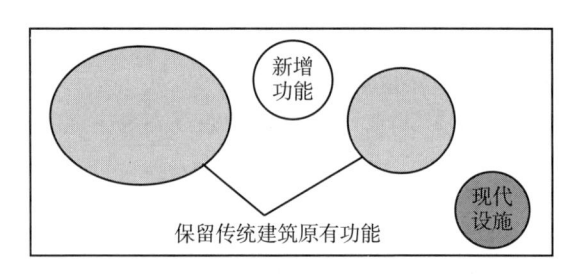

1. 成都宽窄巷子：混合型保护模式

混合型保护模式是对历史文化区域进行全部保护，在对街区内场地现状、历史文脉深入调研分析后，发挥其区位优势和经济效益，并植入一定规模的新的特色商业功能、城市文化功能，增加现代设施。传统建筑具有不可替代性，可通过类型的控制和延续形成丰富生动的城市空间界面。新建筑的建设必须延续街区的肌理和风貌，体现现代技术、现代材料的特点和现代的价值观，创造出一种过去与现在共存的环境。

图1 混合型保护模式

成都宽窄巷子于2008年6月正式开街，是秦代的成都少城、清代的满城。今天，少城已经不复存在，但宽巷子、窄巷子、井巷子三条平行排列的老式巷弄，以及很多兼具北方四合院与南方建筑风格的老房子被保留了下来。宽窄巷子记录了昔日少城的历史和生活记忆，是成都城市文化的一张精致名片。

2007年，成都市委市政府、青羊区政府本着"修旧如旧、保护为主，原址原貌、落架重修"的原则，结合三条巷子各自的特点，重新对宽窄巷子进行了定位，并实施了保护性的改造，对商业功能进行了整体开发，完成了核心保护区周边楼房及建筑风貌的协调整治。

宽窄巷子保护与开发定位为历史保护、文化传承与商业开发。宽巷子定位为成都的闲生活，包括老成都原真生活体验、特色民俗餐饮、民俗展示……代表了民间文化，呈现了现代人对于一个城市的记忆。窄巷子定位为成都的慢生活，改造后展现成都的院落文化，是以西餐、轻便餐饮、艺术休闲、健康生活等为主题的精致生活区，代表了一种精英文化，一种传统的雅文化。井巷子定位为成都的新生活，是现代、开放、多元、动感的消费空间，井巷子以酒吧、甜品店、创意时尚等为主，法式风情的小洋楼广场是兼容并包、极富特色的建筑。准确的定位使宽窄巷子从原有的单一居住功能向居住与商业运营、文化传承和价值提升转变，实现了多元文化、多种业态、多种功能和谐发展。

宽窄巷子的保护性改造主要体现为在尽可能还原历史建筑的本真的同时，保持周边建筑与街巷古建筑风貌的一致性。使得原有的街巷格局、院落肌理和文脉根基被保留下来，有效地保护和传承了成都少城的历史文化。

2. 奈良今井町建筑群：独立型保护模式

独立型保护就是对历史文化区域进行全部保护，原有区域不植入任何新功能。这种全部保护，不仅包括原来的历史建筑遗存和原有的居住区，还包括周边的历史环境、区域肌理等社会形态，使历史文化街区能够保留完整的历史记忆。

图 2　独立型保护模式

奈良的今井町是日本著名的传统建筑物群保护区，今井町面积约为90000平方米，横向有4条路，纵向有8条路，是非常典型的江户时代街区。街区内大部分是住宅，停车场及新的建设都规划在街区外面。今井町有大宅子、大店铺等8栋文物建筑，其他建筑风格与这8栋建筑协调一致。大宅子是大家族及其后代的住所，为了保护好宅院，家族后代将其对外开放，供游人参观。自己则住在旁边的辅助房子里，守护和展示该建筑的历史背景和传统文化。由于规划合理、保护严格、居民重视，今井町肌理良好，大部分街面都保存较好，使得街区内传统建筑的魅力一直留存至今。

日本把传统建筑物群街区视为珍宝，特别注重保护建筑的传统风貌和完整性，对街区外面进行合理规划，对街区内部空间保持美观，既强调历史文化价值的传承，又强调与现代生活的融合。日本对建筑物群落保护有严格的规定，文物建筑不许乱动，其他建筑须保持外貌，翻建后的建筑立面样式必须与该地区的文物建筑立面样式保持一致，如果违反，将受到相应处分，如果资金有困难，政府可以适当给予补贴。民间力量对街区保护工作至关重要。由于街区的历史建筑大多归私人所有，把祖先留下的文化遗产完整保护且世代相传是一个重大责任。政府目标和民众利益是统一的。

3. 山西平遥古城：嵌入型保护模式

嵌入型保护就是利用历史文化街区的重要历史意义和文物价值，将它们作为遗产，全部保护，这样更有利于区域的整体发展。由保护区延伸，在外围建设开发新的城区，并以新城区的发展来吸引老城居民外迁，缓解老城区拥堵的交通，疏解老城区密集的人口，破解老城区资源紧缺的难题。

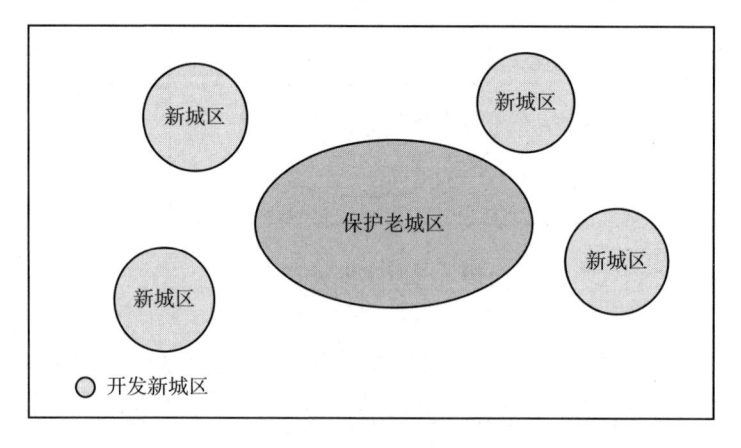

图3　嵌入型保护模式

山西平遥古城是世界文化遗产，是中国保存最完整的古县城，已有2700余年的建城史。近600年来，古城格局基本没有变化，古城墙完整，古建筑排列有序，古街道及两侧商业店铺保存完好，日升昌票号、文庙、县衙等物质遗产和明清时期最繁荣的商业金融中心保存完整。对古城内最大的古民居建筑群按价值与质量分类，进行不同程度的保护和修缮。平遥古城共有3797座保护价值的传统四合院，其中400余座保存非常完整，延续了居民生活状态，古城气质鲜明，展示了典型的明清时期民居风貌。此外，通过深入挖掘古城文化内涵，恢复了推光漆器、人工刺绣、民间剪纸等文化艺术和民间传统，老字号、老工艺等历史文化信息符号也得到适当体现。

平遥县从城市整体出发，把新城建设与旧城保护相结合，把保护重点集中在对老城的保护上，把城市建设的重点转移至古城的外围，并以此作为古城保护区的延伸，将政治、经济中心外迁到新区，形成融办公、新建小区、商业、学校、医院等功能于一体的现代新城，从而大大减轻了古城区的人口、开发和建设压力。古城的整体保护，带动了旅游业的快速发展。旅游业的发展使古城历史文化与现代文化、外来文化互相交融，促进了第三产业的发展，带动了居住生活的改善，激发了百姓的自发保护热情和家乡情怀，增强了百姓保护参与中的获得感，实现了古城历史文化的传承与现实生活的融合发展、和谐发展、持续发展。

（二）历史文化区域保护开发机制的案例分析

1. 苏州保护区：政府主导型模式

政府主导型模式由政府充当主体，对历史文化街区的保护开发采取统筹、统建、统制的强硬措施，运用行政力量来制定保护开发战略，控制多方面的资源配置，管理、指导历史文化街区整体发展，将其一并纳入政府的规划之中。政府主导型模式更利于统一规划、建设、管理。

苏州古城是国内历史最悠久的古城之一，迄今已有2500余年历史，是首批24个国家历史文化名城之一，2012年被批准为国家历史文化名城保护区。苏州古城不仅城市位置、城市格局、城市形状、道路骨架及河流走向大体未变，而且许多街巷、水陆城门、桥梁、寺庙名称都沿用至今。但在20世纪50年代~80年代初期的30多年间，由于城市定位失误，苏州古城消失了75%的古建筑。此后，随着城市快速扩张，全面保护苏州古城风貌、正确处理好名城保护与城市现代化的关系成为城市决策者面临的重大考验。

随着保护认识的不断提高，自1986年开始，苏州市委市政府先后四次制订名城保护整体保护规划，最新的是2013年出台的《苏州历史文化名城保护规划（2013~2030）》，2016年又出台了《关于加强苏州国家历史文化名城保护的决定》。苏州古城既要承载当今社会各种功能，又要全面保护风貌，是一项极其复杂的系统工程，在名城保护中具有一定的独特性。为此，苏州市提出将历史文化名城保护放到政府工作的重要位置，强化对保护、管理、利用、更新的统筹推进与高位协调，及时研究解决保护中的重大事项，同时强化属地政府和保护区统筹协调的主体责任。《苏州国家历史文化名城保护条例》明确苏州市政府负责名城保护和监督管理工作，并要求设立名城保护议事协调机构，负责保护工作的统筹、指导、协调、监督。历史城区及以外区域的保护工作由所在区域的区人民政府具体负责。

政府主导型模式有利于对街区保护与开发的统一管理、统一资源配置，通过政府规划引导和政策支持，可以有效撬动社会、市场、居民共同参与、形成合力，有利于在保护建筑的物质形态和社会形态上取得最直接的效果，有利于在历史建筑与街区的保护与整治上获得良好的社会效益。然而，由于保护开发历史建筑和历史文化街区需要大量的资金，而政府投资一般是公共性、公益性的，所以资金是面临的最大考验。

2. 上海新天地：市场主导型模式

市场主体是历史文化街区保护开发的直接动力与内生变量。市场主导型模式以市场为主导，按照相关制度政策，充分发挥市场和政府的合力，激发和利用民众的创新能力，并以市场机制作为历史文化街区保护开发的主导动力机制，优化资源配置，引导和调控要素向历史文化街区集聚的方向、规模和方式，促使各种历史文化街区保护开发主体按照其利益需求和相互关系自主发展、相互协调，直接推动历史文化街区保护开发。政府作为协调动力机制，主要作用是提供公共产品、培育市场、弥补市场机制调整利益分配上的不足。市场主导型保护开发模式更具有生命力和发展性。

上海新天地坐落在黄浦区淮海中路的东段南侧，占地面积为2.97公顷，由瑞安集团开发建设。区内有中共一大会址和大量的石库门里弄建筑，其中有两个地块被划入上海"思南路革命史迹历史文化风貌区"中。区内还有许多住宅街坊被改造成集购物、休闲、文化为一体的综合性商业区域。石库门建筑则保留原有的贴近人情与中西合璧的人文与文化特色，通过改变原有的居住功能，获得新的商业价值，从旧城区改造成为新天地。上海新天地从修复古建筑、控制建筑高度等传统的保护设计角度出发，在旧街区中加入新建筑、新空间、新景观，强调新与旧在磨合中协调。对保留的建筑物，保留其外观，更新其内部设施与结构体系，运用新材料，引入新的使用功能，营造现代化的商业气氛，使步行街充满舒适、休闲的氛围。上海新天地保留外壳更新内部，是瑞安集团房产开发与上海市历史文化街区保护的成功结合。把历史文化作为一种城市资本，使其变得时尚。对使用功能的置换在商业上是成功的，这带来了街区的重生，既是一种商业运作概念，又是一种还建筑以生命力的主观意愿。

在市场主导型模式下，历史文化街区的保护开发推动了城市经济的发展，也给城市建设带来了勃勃生机。但是，这也是一把"双刃剑"，市场化迅猛发展会给社会带来各种矛盾，城市遗产资源作为一种公共物品，具有不可替代性、不可再生性和未来增值性，这些遗产资源一旦被破坏，任何事后的补救与惩罚都无济于事，因而很难通过市场机制决定保护过程和确认"未来的利益"。此外，市场机制本身存在诸如追求经济利益最大化、注重短期效益、不注重整体利益等一些缺陷，使得历史文化街区保护面临建设性破坏、历史遗产贵族化和社会隔离、过度商业化等巨大挑战。

3. 上海田子坊：社区主导型模式

社区主导型模式是指社区作为最大的利益主体，成立一个社区组织机构，代表社区居民行使权力，参与相关事项讨论，参与街区保护和监督，并对最终的利益分配方案做出决定。这种模式更加尊重居民意愿，形成的社会

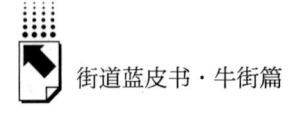

共识有利于实施，更具有持续性。

田子坊是上海著名的创意产业集聚区，2010年2月，被上海旅游局批准成为国家3A级景区。田子坊位于上海市黄浦区泰康路，面积7万余平方米，保留上海所剩不多的典型里弄建筑格局，是清朝时期的传统民居。田子坊既有特色的江南民居、石库门、新式里弄建筑，又有20世纪70年代的工业厂房建筑，是上海历史文化街区中保存历史文化遗产类型最为丰富的社区之一。田子坊的功能定位为文化艺术设计社区，把一个旧里弄空间做成了新的创意产业和时尚消费空间。

田子坊的开发没有国家投资，没有土地开发，也没有居民动迁，而是在文化创意产业上做出了大文章，形成了现在的田子坊创意园区。1998年，陈逸飞在泰康路开办志成坊工作室，1999年，画家黄永玉来此，改名为"田子坊"，寓意为"艺术人士集聚地"。从2000年开始，在上海市经委和卢湾区政府的支持下，对田子坊工厂区进行全面改造，开发旧厂房2万余平方米，吸引了来自18个国家和地区以及国内的102家中外创意企业入驻，形成了以室内设计、视觉设计、工艺美术为主的产业特色。2004年，石库门原住民自行改造自己的住房后出租，并自发组织了"田子坊石库门业主管理委员会"。全弄堂有九成居民都是田子坊商铺的大房东。2008年，田子坊管委会成立，由卢湾区政府出资1000万元，对该社区内的公用、共建配套设施进行改造和维护保养。田子坊由"民办"转为"公管"，田子坊创意产业集聚区走出了一条从旧厂房创意园到石库门创意工坊、再到创意社区的整体发展新路。对田子坊园区的管理，商户也发挥了重要作用。2009年，园区内23家文化企业共同发起成立"田子坊知识产权保护联盟"，2012年，在此基础上成立了田子坊商会，商会作为民间组织，实行自主办会、人员自聘、经费自筹、自我管理。

社区主导型模式在城市中鼓励公众参与，改变单纯政府行为，积极发挥社区居民、社区民间组织的作用，有利于在城市发展中更好地将城市改造更新"自上而下"与"自下而上"相结合，实现历史文化街区保护开发的和谐与持续。

三 法源寺文保区的保护利用模式选择

(一)法源寺文保区的现状与特点

1. 北京市唯一一个未被开发的文保区

1999年以来,北京市陆续分三批划定了43片历史文化保护区,其中老城有33片,总占地面积约为1967公顷,约占老城面积的31%。法源寺地区于2002年9月被确定为北京市第二批文保区之一。法源寺文保区位于牛街街道东南部,地处法源寺社区。文保区东起菜市口大街、西至法源寺西里及伊斯兰经学院、北起法源寺后街、南至南横西街,南北长439.5米,东西宽530.5米,面积为18.5公顷,为北京市25片文保区保护修缮范围之一。近年来,文保区的保护修缮重点在于环境整治、违建拆除、外立面粉刷等城市管理层面,院落内部的修复因疏解腾退工作难以开展而没有实质性推进。截至2017年,保护区整体面貌基本没有太大变化,是北京市唯一一个未被开发的文保区。

2. 佛教文化、会馆文化和居住特色十分明显

法源寺原名悯忠寺,始建于唐代,距今已有1300多年的历史,于2001年被国务院批准为第五批全国重点文物保护单位,是北京城内现存历史最为悠久的古刹。另外,寺里还有中国佛学院和中国佛教图书文物馆,这里培养了许多青年僧伽,是研究佛教文化的重要场所。法源寺周边分布着大量具有"宣南文化"特色的明清时期会馆(如湖南会馆、绍兴会馆、浏阳会馆、粤东新馆等)和平民化特色的居住院落,形成了西部宗教区和东部居民区分区明显的街区格局。

3. 重点保护院落多以居住本地居民为主

法源寺文保区现有本市户籍人口为3106户、8681人,常住人口为2506户、4383人。文保区也是牛街弱势群体比例较高地区,有低保户78户,残疾人387人;有508户申请了经济适用房,人均住房面积低于15平方米的

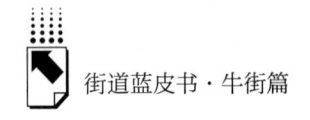

居民占90%以上。据统计，保护区范围内有191个院落，其中保护院落41个，区级以上文物保护单位5处，院落多数为本地居民居住。

（二）法源寺文保区腾退整治的举措及存在问题

1. 开展文保区安置腾退试点，但由于居民预期高，试点未能取得预期效果

法源寺文保区的居住院落及其建筑状况较差，居住空间拥挤，居住环境混乱，基础设施严重不足，缺少应有的安全和预警措施。其中部分院落私搭乱建现象严重，采光、通风条件十分不好，无法满足居民对现代居住生活的基本需求。与此同时，保护区内地形条件特殊、路网密布，导致这里普遍存在道路交通拥堵、机动车停车困难的现象。为了改善居住环境，疏解人口，2010年牛街街道办事处开展了腾退试点工作。街道从市政府为居民争取了50套安置性住房，通过货币安置和定向房安置相结合的方式，对108户直管公房住户进行试点。但由于房屋腾退标准以房屋租赁合同为单位，按照每平方米2.6万元进行，这要低于同期周边一些地方的标准，与居民的心理预期有较大差距。另外，定向安置房远离核心区，且可选择户型有限、公共服务配套缺乏，多数居民对腾退持观望态度。截至2010年6月，仅36户居民搬离现场，腾退试点未能按计划推进。

2. 实施文保区环境整治工程，但整治改造任务重，区域环境整体水平有待进一步提高

为进一步做好文保区的风貌保护工作，改善群众居住环境，推动文保区渐进有机更新，2012年4月，牛街街道启动法源寺文保区环境整治工作。一是成立法源寺文保区环境整治工作领导小组，积极开展前期调研，确立公众参与的工作原则，贯穿整治过程始终，通过开展居民代表会、意见征询会，宣传动员群众参与，广泛听取居民意见建议。二是结合地区实际情况，以居民需求为导向，确定将西砖胡同等11条胡同纳入环境整治范围，重点任务是拆除煤棚、清理堆物堆料、整治外立面、规范户外广告牌匾等。三是制定文保区环境整治工作方案和整治工作标准。街道委托专业设计单位进行设计，通过总体设计、分胡同实施的方式，对文保区进行整治。开展胡同美

化绿化建设，改善供水、供电、消防等基础设施，拆除法源寺地区煤棚420个，拆除违法建设13处，清理堆物堆料60余处，恢复地面约2689平方米，新增绿化面积500余平方米，并在卫生设施紧缺的南半截胡同新建公厕1座。实现了零事故、零上访的"和谐整治"。此次整治虽然局部地区环境整治和公共设施有所改善，但在文保区更新改造和生活品质提升方面未能有实质性推动。

3. 推动文保区综合发展利用，但产业发展方向模糊，市场力量介入不足

法源寺文保区在疏解腾退后，如何对空间进行综合发展利用，产业化发展是当时的一个考虑。然而，腾退安置、市政设施改善、老旧房屋修缮、街区设计建设等需要庞大的资金，必须借助市场的力量，而这有赖于科学的保护区产业规划、可行的保护区腾退政策、明确的保护区更新模式。牛街街道在2010年安置腾退试点工作中，以政府借款和市、区专项资金方式筹集1.3亿元的试点启动资金，计划腾退出部分院落后引入外部资金进行业态调整。但在实际工作中，由于保护区产业规划滞后，产业开发方向模糊，难以采取有针对性的市场推广方式来吸引外部资金。

（三）对法源寺文保区保护利用模式的若干思考

1. 强化战略认识，推动全面保护、一体化保护

确立文保区战略地位。法源寺文保区是西城区"十三五"期间重点打造的历史文化精华区，是决定核心区整体发展品质的重点区域。保护利用好法源寺文保区，能够有效回应习近平总书记视察北京时提出的指示要求，北京市对西城区功能定位的明确要求，西城区推进科学治理、提升城市品质的必然要求，地区老百姓热切期盼改善生活环境达到宜居标准的迫切要求。故此，要把法源寺文保区放到城市发展战略决策的地位统筹考量。

树立治理型思维。作为牛街街道重点历史文化保护区，法源寺历史文化街区的保护与改造，必须坚持首都功能定位，认真落实历史文化名城保护有关精神，做好整体规划和系统设计。要借鉴成都宽窄巷子、奈良今井町、上海田子坊等保护理念和经验，既充分发挥政府的主导作用，又发挥市场的主

力作用，更发挥居民的主体作用，推动多元治理、全民参与。要按照提升发展品质的要求，结合地区特点，做好保护式更新、征收、腾退、整治、改造、利用工作，展现优秀传统文化特色与当代生活品质，创建兼顾历史和现实、保护和发展的有效的治理模式。

推动整体保护。充分发掘法源寺地区作为北京旧城内历史最悠久的历史文化街区的文化特征，做好法源寺文保区的整体保护修缮，实施地区内人口疏解，探索基于院落产权的保护更新途径。重点进行安徽会馆二期的修缮利用及其周边环境的整治，开展粤东新馆保护利用工程，加快非文保单位院落的腾退，推进法源寺文化体验区的建设。

注重对物和人的一体化保护。坚持保护与发展相统一，让文保区活起来，必须把历史文化街区保护的出发点和落脚点从注重物向注重人转变，将传统的单纯注重物质实体的保护扩大到对原住居民及其生活方式、制度习俗的综合性保护上来。实践证明，"大拆大建"的城市开发建设模式人为地将物和人割裂开来，切断了历史文化脉络，有违历史文化保护和传承的初衷，甚至带来了新的社会问题，这种开发建设模式，不仅没有真正取得成功，还极大地破坏了社会经济的正常发展。

2. 坚持政府主导，加强规划引领、政策扶持

设立区级推进协调机构。确定历史文化街区的保护与发展策略，应以居民意愿为着力点，从建设国际一流和谐宜居之都的目标要求出发，坚持政府主导、制定政策、统筹规划、合理财政投入，把社会效益放在首位。可成立独立的法源寺文保区整体保护治理指挥部，也可将工作纳入现有的其他指挥部工作内容。建立职责分明、运转高效的指导体系，采取积极有效措施，重点突破、整体推进，强化政府主导地位。

加强整体规划设计。法源寺文保区应以保护为前提，形成有机统一体。保留街区的原有格局，必须着眼于对地区未来整体性、长期性、基础性和合理性问题的思考。可以对历史建筑按其价值与质量给予分类，进行不同程度的保护和修缮，对传统街巷与历史建筑按"修旧如旧"的原则进行修复，延续历史文化街区居民原有的生活状态，保持历史文化街区文化活力。积极

推进文物腾退，做好基础设施规划，进行"微循环、渐进式、综合性"的整治，严防大拆大建、拆旧建新、拆真造假，损毁历史文化街区的本质。

划分区域、试点先行。对建设控制区（建成区）现状景观进行优化。对于核心保护区，在全面保护的基础上，立足实际，以胡同肌理为主要空间特征，以居住、宗教和宣南文化为主要功能，采取试点先行、重点突破，有针对性的施策。如地铁4号线扰民问题突出，在其他经济和技术条件有限的情况下，可以采用征收方式进行人口疏解，居民可以根据意愿选择搬离或留下，也可以结合平移、公房回购、异地安置等方式，改变现有土地使用功能，变居住为文化和公益用途。此外，对于已腾退的空间，可以试点作为保护性的四合院，合理利用资源，可持续地发挥其价值；对于会馆可以通过与当地政府合作建成文化教育基地等。

探索平房院落管理模式。法源寺文保区平房院落集聚、人口密度大，为打造富有地区特色的精品胡同，改善居民居住环境，加强绿植景观、停车秩序、环境维护、治安管理等精细化管理，应探索建立切实可行的平房院落创新管理模式。可以在结合社区服务、引导居民自治的基础上，引入政府购买服务、居民免费享受的第三方物业服务；也可以通过协商成立自管会、订立居民公约的形式，建立居民自主自治管理模式。

处理好三者间的关系。在统一规划过程中，处理好政府、规划设计者、居民三者间的关系。政府主导和统筹调控具体保护工作，专家研讨制订近期和远期规划，引导居民结合自身利益参与规划制订。政策支持和公众参与是规划得以实施的重要因素。要严格依据规划进行管理，建立健全完善的保护法规，如补偿方法、补助金制度等，通过政策支持来确保历史文化街区不受开发建设干扰、破坏。在统一规划时，物质层面应重点考虑自然地理环境、建筑及其空间形态，精神层面应重点考虑历史、经济、宗教信仰、民俗等。在强化保护政策中，应将历史文化街区保护政策作为基础性工作纳入到文化发展的宏观政策中，加强政策制定和执行，营造提升生活环境文化，培育维持区域特色文化，科学规划管理，推进城市文化大发展大繁荣。

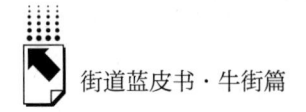

3. 突出居民参与，探索就地安置、自下而上模式

注重居民参与。应着眼于区域的整体发展和居住环境品质，着眼于居民的居住和发展需求，让文保区居民通过各种协商途径和民情平台，参与到街区保护的规划、设计、建设、管理、服务等全过程中来，构建有利于民意征集、民情反馈、参与决策、参与监督的长效机制，有效解决居民需求，提高街区人居环境水平。

顺应城市肌理有机更新。在整体规划设计指导下，小规模自上而下地规划控制和自下而上地改造实施，循序渐进地开发、重建、改建和调整，使传统街区有机更新、保持活力、可持续发展。

调整布局增加现代设施。按照现在的使用要求，进行功能性改造与更新，在改造中保护历史遗存的原貌，保持历史信息的真实载体，体现当时的建筑风格，既可进行内部加固，也可改变内部结构。

调整居住结构，拓展面积。适当减少四合院民居户数，拆除自建小房屋和构筑物，迁出部分居民，保证居民的居住面积，保持传统外貌和规整有序的居住格局。对于不愿意搬迁离开的老居民，可以经过街坊、居委会、街道同意，得到城建、规划等部门批准后，通过贴息贷款，由居民自己出钱改造老宅。在政策允许且不影响市政管线的情况下，采取地上住宅整体不变，压低建筑体量的构思，局部采用地下层，将住宅空间适当向地下延伸，增加住宅使用面积，改善居民的居住条件、生活环境。

引进符合建筑特色的业态。针对街区的多元化更新、可持续发展，发挥多元民间力量，特别是居民的参与意识，通过对部分较集中居民区的住宅内部或公共空间的更新，结合街区传统文化，建立较为聚集的城市文化展示活动中心等，提高城市生活多样性，使市民有丰富的精神文化生活。

4. 引入市场与社会力量，解决资源整合、持续发展问题

建立资金统筹安排机构。历史文化街区的保护规划需要细致深入地贯彻落实，应整合资源、综合性开发、广开渠道、多方位筹集保护资金。加大政府的资金补贴力度，引入市场机制，动员社会各界积极参与，鼓励成熟的社会资本进入，有效降低保护更新的社会成本和交易费用，建立持续投入的保

护更新方式，促进资源优化配置。政府负责历史文化街区保护与改造的规划，街区管理机构负责规划的实施与操作，采用"政府出一点、开发商出一点、私人捐一点"的方式筹集保护资金，将政府出资的部分作为启动资金，主要用于修缮街区内重要历史建筑的外观，改造市政基础设施和整治街区外部环境。企业、个人的资金主要根据产权性质用于改造建筑结构和内部使用功能，同时配合不同的政策调动民间资金。

鼓励公众参与筹集资金。政府主要承担基础设施配套、环境综合整治的相应投资，居民主要承担民居日常保护、维修或依据规划要求改造的费用。居民可以提出申请贷款并从政府基金中获得补贴，也可以通过与有大量资金的投资人合作，及时弥补资金匮乏的缺陷，使居民住宅维修得到保障。

调控收益、引导资金流向。鼓励房地产综合开发企业对历史文化街区进行保护和维修，对改建项目划出专项费用在其他地区开发中给予补偿；尽可能发挥土地的级差效益，迁移部分住户，降低人口密度；就地平衡改造资金等开辟街区保护与建设资金来源的新渠道。

充分吸纳更多社会资金。本着"谁投资，谁受益""谁受益，谁出资"的原则，推动街区改造中优势项目的资金聚集。积极开展环境整治和街区保护维修的资金筹集工作，除扩大宣传、募集社会捐款外，还可采取房屋产权单位出资改造自有房屋、设施附属功能经营使用权有偿出让等方式。

参考文献

《留下居民，旧里弄田子坊成了世界级社区复兴项目》，http：//shzw.eastday.com/shzw/G/20160123/u1ai9192134.html，2016年1月23日。

陈敏：《城市更新中的历史文化街区动态保护研究》，郑州大学硕士学位论文，2008年6月。

陈青长：《浅谈田子坊的再生模式》，《中外建筑》2012年第3期。

宫殷婷：《长春市新民大街历史文化街区环境保护研究》，东北林业大学硕士学位论文，2012。

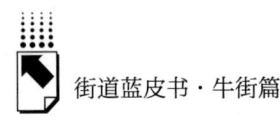

秦毅：《历史文化街区保护应突出"人"的作用》，《中国文化报》2011年12月23日。

王莉：《平遥古城旅游发展战略规划研究》，西安建筑科技大学硕士学位论文，2009。

王蔚：《北京市历史文化街区保护与发展策略研究——以什刹海历史文化街区为例》，首都经济贸易大学硕士学位论文，2015年5月。

杨新海：《历史文化街区的基本特性及其保护原则》，《人文地理》2005年第5期。

朱自煊：《保护整治 继承创新——谈历史文化街区的保护》，《中国文化报》2011年12月14日。

邹陆：《成都宽窄巷子古街风貌与商业环境的景观设计与评价》，四川农业大学硕士学位论文，2012。

B.5
从西城区牛街街道看全国实验区社区治理体制改革的重点与实践路径

摘　要： 本文在牛街街道社区治理体制改革现状的基础上，系统分析了民政部批复确认的83个全国社区治理和服务创新实验区的改革经验，并得出当前我国社区体制改革的重点，并以此为研究方向对牛街进一步推进社区体制改革提出建议。

关键词： 牛街街道　治理体系　社区治理　服务创新

一　社区治理体制改革是推动社区治理体系和治理能力现代化的重要抓手

推动社区治理体制改革的根本目的是理顺社区体制机制，整合治理资源，提高社区治理水平和治理效能，进而提升社区服务能力，破解社区困境，推进城市管理现代化。党和国家历来重视社区建设的问题，从1986年民政部提出开展"社区服务"的要求，首次使用"社区"这一概念，出台了一系列文件不断完善社区治理体制。2013年，党的十八届三中全会提出"推进国家治理体系和治理能力现代化"。社区治理是国家治理体系的关键一环，推动社区治理体制改革有利于推进基层权力和资源再分配、理顺社区组织责任、推动各主体有效动员和实际参与，对于贯彻落实党和国家大政方针、保障人民群众切身利益、维护城乡基层和谐稳定具有重要意义。

表1　关于加强和完善社区治理的系列文件

时间	文件	内容	发文机构
1999年	《全国社区建设试验区工作实施方案》	改革城市基层管理体制,培育和建立与社会主义市场经济体制相适应的社区建设管理体制和运行机制	民政部
2000年	《民政部关于在全国推进城市社区建设的意见》	明确了社区建设的指导思想、基本原则、主要目标和工作内容等	民政部
2008年	《全国和谐社区建设示范单位指导标准(试行)》	以推进基层民主政治建设、健全基层社会管理体制、完善社区服务体系为重点,繁荣社区文化,加强社区治安,美化社区环境,创建一批先进典型,充分发挥示范带头作用	民政部
2009年	《关于进一步推进和谐社区建设工作的意见》	健全以基层群众自治为基础的新型社区管理体制机制,不断提高基层治理水平	民政部
2010年	《关于加强和改进城市社区居民委员会建设工作的意见》	规范社区居民委员会建设	中共中央办公厅、国务院办公厅
2015年	《关于加强城乡社区协商的意见》	首次就城乡社区协商工作做出系统性部署,明确城乡社区协商的重要地位。到2020年,基本形成协商主体广泛、内容丰富、形式多样、程序科学、制度健全、成效显著的城乡社区协商新局面	中共中央办公厅、国务院办公厅
2015年	《关于进一步开展社区减负工作的通知》	从工作事项、考核评比、社区工作机构和牌子、社区会议和台账及社区印章管理、社区信息网络和社区服务能力等七个方面对开展社区减负工作提出明确要求。	民政部、中共中央组织部
2017年	《关于加强和完善城乡社区治理的意见》	健全完善城乡社区治理体系,不断提升城乡社区治理水平,着力补齐城乡社区治理短板	中共中央、国务院

(一)社区治理体制改革推动基层权力和资源的有效再分配

改革开放以前,对于基层的治理主要依靠"单位制"和街居的组织形式进行治理,随着体制结构的不断变化,社区治理体系也在不断变化。在传统的"单位制"和街居之外,出现了许多其他类型的组织,社区利益相关群体(组织)不断出现、分化和难以预计的增长,给传统的"单位制"社区治理方式带来极大的冲击和压力，依靠单位和街居来维持社区的秩序变得越来越复杂，在推动社区的发展上难有作为。为适应"单位制"解体带来的利益多元化、资源配置的复杂化，我国基层治理结构不断进行调整。社会组织和个人越来越多地参与到社区建设当中，从当前社区治理主体的构成上看，主要包括两个方面：一是政府方面的治理主体，主要包括街道、社区党组织和居委会，二是社区组织、社会组织、居民。受"大政府"和"单位制"的影响，两类主体发现十分不平衡，社区组织、社会组织和居民在社区治理结构中处于弱势地位，表现为话语权弱、资源配置权小；街道、社区党组织和居委会在社区治理的实际运作中处于绝对的主导地位，表现为控制着人物财等各种资源的大部分管理权。两类治理主体的权力和资源不对等，导致在社区治理过程中，社区组织、社会组织、居民的意识和能力不能有效发挥，不能形成多主体推动社区建设的有效互动和协调。迫切需要通过社区体制改革或街道体制改革，重新对权力和资源进行再分配，从而更好地发挥各类主体的能力和作用。

（二）社区治理体制改革推动有效动员和实际参与的再完善

社区居民和驻区单位人员是社区治理的主要参与者，但是，由于目前我国社区发育的程度相对来说还不是特别完善，相关法律体系建设还不完善，社区治理更多地还是需要政府运用行政的手段进行推动，很多社区居民和驻区单位工作人员参与社区治理的功利性十分明显，不是由公共意识而是由利益意识驱动的，往往是希望通过参与社区治理获取自身需要的奖励、利益。为使更多人能自觉地参与到社区治理当中，需要对社区治理体制进行改革，让社区居民、驻区单位和驻区单位工作人员认识到社区治理是"家务事"，提高社区居民、驻区单位和驻区单位工作人员参与社区治理的意识，以法律体系的不断完善推动民主参与的议事机制规则建立，理清个主体在社区治理当中的责任权利，让法律引导社区居民、驻区单位和驻区单位工作人员参与到社区治理当中来，推动社会治理的有效动员和实际参与。

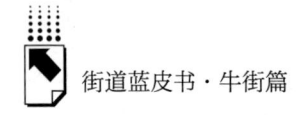

（三）社区治理体制改革推动社会治理现代化的基层再优化

随着城市化的快速推进，城市管理特别是城市基层治理在社会治理体系中的地位越来越重要，随着社会治理体系和社会治理现代化越来越受关注，传统的社区治理方式已不符合社会治理的要求，这就需要改革社区治理体制，完善社区治理结构，创新基层党建，更好地发挥出基层党组织的领导带动作用，从而激发广大人民群众和各类组织参与到社区建设当中。将社会主义核心价值体系渗透到具有实践性的社区文化活动是塑造社区精神、提升社区的自我服务能力、优化社会治理现代化在基层的创新实践。

二 牛街社区治理体制改革的基本现状

2015年，民政部将北京市西城区确认为第三批"全国社区治理和服务创新实验区"。作为区政府的派出机构，街道是推进社区体制改革的直接指导者和最重要的力量。牛街街道借助西城区"全国社区治理和服务创新实验区"的契机，从治理主体、治理模式、治理重点和区域特色出发，大力推进社区治理体制改革，在扩大社区民主建设格局、培育发展社区社会组织、提高社工队伍专业化水平等方面取得了一定成效。

（一）构建了以区域化党建为引领的新格局

牛街街道工委围绕"共同需求、共同目标、共同利益"，坚持加强统筹、拓宽领域、强化功能，创新服务的工作理念，不断巩固和加强党的基层组织建设，扩大覆盖面、增强生机活力，构建了区域化党建的新格局。加强"两级统筹"，发挥党组织的领导作用，着力形成街道、社区上下两级统筹的合力。在街道层面，成立了社会工作党委，发挥方向指引、统筹管理、桥梁纽带、发展孵化的作用。在社区层面，成立社区大党委，发挥参与决策、协调互助的作用，强化资源整合。发挥"两力驱动"，以共驻共建为职责，以服务活动为抓手，以资源共享为保障，积极发挥直管党组织和辖区单位党组织的重要作用，有效地推动了党的建设与社会服务创新。

（二）形成了以多元共治模式为依托的社区民主建设格局

持续完善社区运行机制，建立社区综合受理、全科服务、预约办理工作模式，组织引导社区居民完善社区公共服务体系，形成了"参与型协商"工作模式。将社区"参与型协商"工作进展及经验分享列入社区主任例会议程，对社区重大事项协商进行定点跟踪。开展居民代表分组履职工作，以牛街西里二区为试点，将社区所有居民代表按照居委会七大委员会进行分组。各工作委员会分管主任作为组长，引导该组居民代表就涉及本委员会的相关事项建言献策，并以小组形式向居民代表大会提案。实施社区"三组工作模式"，把社区居委会和服务站人员按照业务模块分为三个小组，即综合治理组、人口计生组、福利保障组。社区所有民主自治和行政事务工作按照性质相近、高效处理的原则纳入三个小组工作范围，形成主任、组长、组员三级网络，小组之间互有分工、小组内部资源共享。实施老旧小区停车自治管理，以白广路二条四号院为试点，成立停车自治管理委员会，成员包括居委会人员、居民志愿者、专职停车管理员。制定并通过《停车自治管理公约》，建立院内停车管理台账，对车辆编号并统一印制停车证，登记临时来访车辆，定时巡查车辆停放情况，解决老旧小区停车资源紧张、停车无序、停车难的问题。

（三）以"三社联动"为载体创新社区治理模式

牛街街道积极推动社区、社会组织和社会工作者互动，以"三社联动"为载体提高社区治理精细化水平，构建富有活力的社区治理新格局。扶持培育社会组织发展，成立北京市西城区牛街街道社区公共服务协会、牛街社区社会组织公益服务发展园区、社工工作者协会，搭建社区社会组织发展平台，完善社会组织的准入机制和参与活力。同时，也不断增强社区社会组织的综合服务能力，借助专业机构力量成立心理健康咨询服务中心，帮助居民解决健康、事业、人际关系等各种心理问题，提升居民的生活质量。并组织优秀社区社会组织参加市区品牌活动，进一步提升社会组织的整体水平和社会影响力。

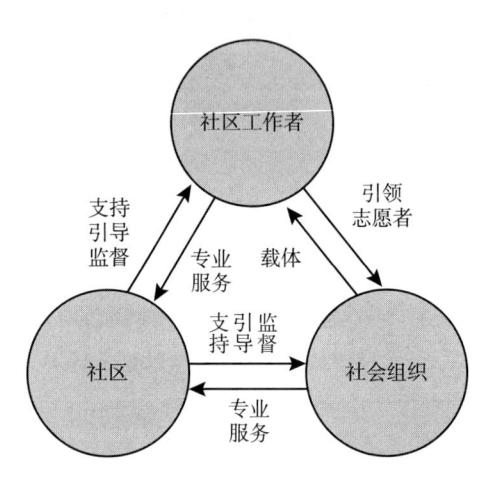

图1 "三社联动"机制

（四）以社区养老为重点提升社区服务品质

牛街街道构建了以家庭为基础、社区为依托、政策保障为主导、社会化运作为方向的居家养老服务体系，以此来提升社区服务品质，提高辖区老年人的社会福利水平和生活质量，促进和谐社会建设。坚持以人为本，从老年人、残疾人最关心的现实问题和最迫切的服务需求出发，为老年人和残疾人提供方便、快捷、多样化的服务，帮助老年人、残疾人解决居家生活困难；坚持统筹兼顾，立足街道发展实际，把居家养老服务工作纳入街道经济社会发展规划中统筹安排，调动各方面力量、整合各方面资源、协调各方面关系、兼顾各方面利益，整体规划、分步实施、突出重点、稳步推进，促进养老服务事业全面、协调、可持续发展；坚持服务社会化，将政府主导与社会参与相结合，通过政策扶持、优化环境、加强服务等措施，积极鼓励社会力量参与发展居家养老助残事业。

（五）以文化融合为核心增进社区共识

街道整合辖区资源，构建有效的公共文化服务机制，定期召开社区文化工作会，为驻区单位、企业搭建沟通交流的平台，实现共促共享。提升牛街街道民族品牌文化，街道通过成立形式多样的演出团队，吸引社区群众的广泛参与，使各族群众在有组织的活动中建立深厚友谊，在活动中感受文化的有趣，以文化增进和谐；规范社区文化队伍建设，牛街街道因势利导，建章立制，努力提升团队的表演水平，以社区居民的需求为导向，抓群众文化团队建设，培养、锻炼一批业余文化人才，开展社区与辖区内大型企业文化的共建活动，推动企业文化与社区文化相融合。把多元化的文化建设延伸到楼道里，以社会公德、传统文化、民族团结、法律知识等内容丰富楼门文化，以楼门文化促进邻里关系和谐。

（六）以人才队伍建设为动力提高社工专业化水平

面向全体社工实施社工人才储备计划，按照培养社区正职和社区副职岗位的相关要求，聘请西城区教育考试中心专业人员，采用内外结合、综合考评的方式，竞争性选拔一批优秀社工纳入人才储备库管理，实行动态管理，逐步建立出库、入库、人才培养、岗位推荐制度，有目的、有重点地发现和培养优秀社工人才，对因提拔、调动、离职等原因出现岗位空缺的，择优推荐储备人才。加强社区班子梯队建设和社工轮岗机制，落实《牛街街道关于社区工作者选派锻炼管理办法（试行）》，形成社区工作者到机关科室选派锻炼长效机制，按照人岗相适、新老结合、男女搭配、性格互补的原则，参考社工本人意见后于社区换届前夕统一安排轮岗，多方位锤炼社工综合能力。推行社工执业资格制度，对获得助理社工师、社工师的人员进行登记，鼓励参加社工师考试，为首次报考人员提供考前辅导，帮助其在扎实掌握相关职业技能的同时顺利取得社工师执业资格。开展社工培训，组织社工参加街道与中国社会科学院合作开办的"创新社会治理与民族团结研修班"，采用理论及案例相结合的教学方式，帮助社工

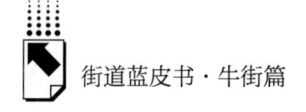

拓宽工作视野、创新工作理念，提升社区工作人员的发现问题、分析问题和解决问题的能力。

三 我国社区治理和服务创新的重点领域及地方经验模式

社区是城市社会治理的最小单元，加强社区的治理工作，不仅可以提升社会治理水平，还能够增强社会凝聚力。不同的区域根据自身的实际情况探索出了社区建设的一些经验，但也存在一定的问题。因此，需要进一步深化社区治理体制机制改革，提升社区治理水平。2011~2015年，民政部先后批复确认三批共83个全国社区治理和服务创新实验区（见表2）。83个实验区围绕各自主题，就社区治理水平、社区自治功能、社区服务能力和社区党建工作四个重要的领域进行尝试创新，不断推进社区综合体制改革、创新居民自治形式、培育孵化社会组织、提高社区服务精细化水平、扩大社区信息化建设覆盖等，不断探索破解社区治理体制机制难题，增强社区自治和服务功能，引领社区建设的发展方向，为深化社区治理创新和基层社会体制改革提供鲜活样板。

表2　83个全国社区治理和服务创新实验区

批次	地区
第一批（12个）	河北省承德市双桥区、辽宁省沈阳市沈河区、辽阳市白塔区、黑龙江省哈尔滨市道里区、江苏省南京市秦淮区、无锡市、浙江省杭州市、安徽省铜陵市铜官山区、福建省厦门市海沧区、山东省日照市、河南省焦作市解放区、四川省成都市锦江区
第二批（31个）	北京市东城区、北京市朝阳区、天津市和平区、河北省承德市双滦区、内蒙古自治区包头市青山区、内蒙古自治区二连浩特市、辽宁省大连市沙河口区、黑龙江省哈尔滨市南岗区、上海市徐汇区、上海市杨浦区、上海市浦东新区、江苏省南京市玄武区、江苏省南京市雨花台区、江苏省常州市天宁区、江苏省苏州工业园区、浙江省嘉兴市秀洲区新塍镇、福建省厦门市、山东省青岛市经济技术开发区、湖北省武汉市武昌区、湖北省黄石市、湖南省长沙市开福区、湖南省长沙市雨花区、广东省广州市越秀区、广东省广州市南沙区、广东省深圳市罗湖区、广东省深圳市坪山新区、广东省佛山市南海区、重庆市渝中区、四川省成都市成华区、云南省昆明市盘龙区、新疆生产建设兵团石河子市

续表

批次	地区
第二批(40个)	北京市西城区、北京市海淀区、天津市河西区、河北省廊坊市广阳区、山西省阳泉市城区、内蒙古自治区包头市昆都仑区、内蒙古自治区赤峰市红山区、辽宁省大连市西岗区、辽宁省鞍山市铁东区、吉林省长春市宽城区、吉林省长春市朝阳区、黑龙江省齐齐哈尔市龙沙区、黑龙江省牡丹江市西安区、上海市静安区、江苏省南京市建邺区、江苏省南京市鼓楼区、江苏省南京市栖霞区、江苏省徐州市云龙区、江苏省苏州市姑苏区、浙江省杭州市上城区、浙江省杭州市下城区、浙江省湖州市德清县、安徽省芜湖市、福建省福州市鼓楼区、山东省济南市历下区、山东省青岛市市北区、山东省泰安市泰山区、河南省洛阳市涧西区、湖北省枝江市、湖南省岳阳市岳阳楼区、广东省珠海市香洲区、重庆市南岸区、四川省成都市武侯区、四川省成都市青羊区、贵州省安顺市西秀区、云南省曲靖市麒麟区、陕西省西安市碑林区、陕西省宝鸡市金台区、青海省西宁市城东区、新疆维吾尔自治区克拉玛依市克拉玛依区

资料来源：根据民政部网站相关信息整理。

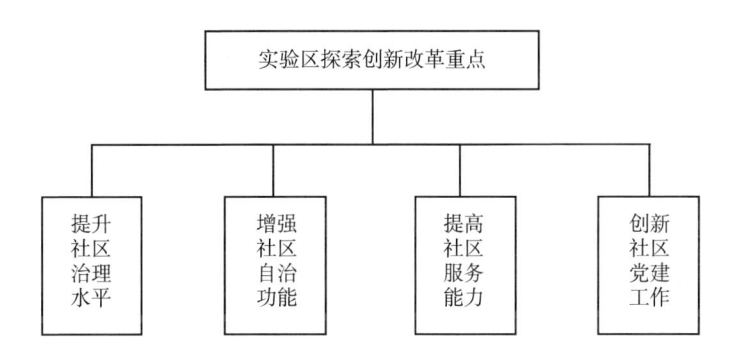

图2　实验区探索创新的重点内容

（一）改革重点：提升社区治理水平

1. 以建立社区治理制度解决问题

（1）在推进社区治理进程中，如何实现社区服务和治理的精细化，把社区建设成为管理有序、服务完善、邻里和谐、环境优美、文明祥和的生活共同体？

广东省广州市越秀区探索政府、社会与居民三元互动、良性运作的体

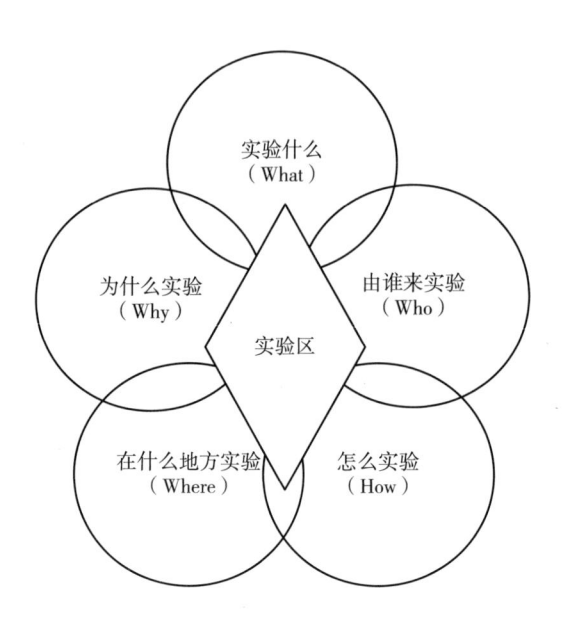

图3 实验区需要解决的主问题

制机制，不断完善社会治理机构，培育多元主体，建立社区大服务供给体系。

（2）如何建立多元主体良性互动的现代化社区治理格局？

广东省广州市南沙区构建了一个城乡社区均衡发展的公平制度平台，并将基础要素、质量评估和技术平台一体化，以智慧化、均等化和市场化为理念，逐步形成城乡社区服务"政府、市场、社会、公众"多元主体良性发展的城乡社区服务一体化治理体系。

（3）如何解决社区行政事务多、权责不清晰的问题，切实推进社区减负增效？

云南省昆明市盘龙区建立事务准入制度，厘清社区"两委两站"工作关系，建立统一的工作标准体系和评估制度。岳阳市岳阳楼区制定社区（村）公共事务项目清理审核工作方案，推行社区（村）行政事务准入制度，对未进入目录的内容及未经审批的事项，一概不予执行。

（4）在居民的诉求中，如何解决涉及面广、靠单个部门难以解决的问题？如何解决一些责任主体不清甚至消失而形成管理空白的问题？

辽宁省大连市西岗区以"365市民大楼"为核心构建了"365工作体系",建立的联席协调机制综合受理、统一协调、快速解决居民诉求,解决过去经常被各个部门"踢皮球",经年累月得不到解决的问题。

(5) 如何优化和创新民生工作机制,提升民生服务能力,加大工作落实力度？

湖北省武汉市武昌区优化和创新民生工作体制,实施区、街、社区民生工作体系综合配套改革,组建民生委,整合人力资源、基础设施、资金投入、信息平台、民生服务等,统筹民生资源。建立清单制定责、项目化运作、双向式考核等民生工作机制,进一步完善社区治理工作的管理和评价制度体系。建立厅、区以及校、区、街联席会议制度,实现工作信息互通、阵地共建、资源共享、任务共担。

2. 以推进基层政府职能转变解决问题

(1) 基层政府如何创新社区治理模式,如何归并行政职能、下沉服务重心,提升社区治理水平？

江苏省南京市秦淮区构建"中心制—耦合型"的社区治理新模式,撤销传统的科室设置,建立"四部一中心"(经济发展部、社会管理部、城市管理部、党政综合部、市民服务中心)的组织架构,在纵向上压缩管理层次、厘清工作关系,在横向上归并业务、整合人员,实现了多层级服务向扁平化服务的转变,提升街道工作效率。

(2) 社区居委会和公共服务站的职责边界逐渐模糊,社区行政化、社工机关化、服务任务化日益明显,如何从根本上改变行政化、机关化倾向,实现从"只对上负责"到"专对下服务"的转变,促进过去习惯于对社会事务"大包大揽"的管理型政府向服务型政府转变？

江苏省南京市鼓楼区实施"减负自治+居站分离+流程再造"运行模式,厘清政府和社区在基层治理中的角色定位,并试行"居站分设",将社区公共服务站从居站一体机制中分离出来,承担各部门下沉的行政性工作,社区居委会依法开展社区居民自治,反映社情民意,紧密对接居民需求,逐

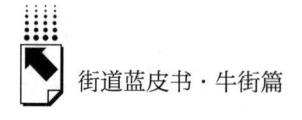

步向服务型政府转变。

3. 以实现人力物力财力向社区下沉解决问题

（1）在推进社区治理体制创新中，如何促使公共资源向社区聚集、公共财政向社区倾斜、公共服务向社区延伸？

内蒙古自治区包头市青山区通过精简街道机构、分流工作人员、下沉服务职能、划分网格管理、运行一站式服务等措施，将更多的人、财、物等资源投入到社区建设，构建街道党工委统一领导、街道办事处协调指导的社区"一委一站一居"（社区党委、社区管理服务站、社区居委会）三方联动、统一协调的社区工作格局，实现了以基层社会治理创新促进基层党建、公共服务和社区自治等工作的创新。

（2）资金保障是社区治理的重要条件之一，如何解决好资金问题，推进和谐宜居社区建设？

浙江省嘉兴市新塍镇成立了"社区发展基金会"，以多种方式整合社会资源，例如政府资助、社会募集、接受捐赠等，解决了"钱从哪里来"的问题。同时，探索社会组织帮扶企业的"商会互助基金会"新模式，为会员企业提供续贷资金服务，这些服务费直接用于公益事业或者基金会的高达70%，这不仅解决了资金周转的问题又使得公益金有了保障。

（3）如何保障社区对人、财、物的自主管理？

河北省承德市双桥区完善社区居民自治管理机制，赋予社区事务初审权、重大事项决策权、依法协管权，社区可以腾出更多的时间来为居民提供服务，增进社会和谐。同时也引导广大居民积极对社区工作进行监督，不断提升社区自治水平。

4. 以完善社区治理结构解决问题

（1）在基层社会治理实际中，如何厘清政府与居委会之间的关系？

安徽省铜陵市铜官山区把社区居委会的角色定位为"议事"机构，而非具体的事务"执行"机构。明确社区党工委、居委会、公共服务中心和社会组织的职责职能，建立议行分离治理结构，并召开居民论（听）证会，听取居民的建议和诉求，接受群众的监督。

（2）在"党委领导、政府负责、社会协同、公众参与、法制保障"的社会治理格局下，如何促进不同主体广泛参与社区事务，推进多元主体、多元服务的多元共治社区治理体系？

河南省焦作市解放区开创了社区治理和服务的新方式，将治理和服务的触角延伸至楼院，构建"334"楼院协商治理模式，即三个层面发力，坚持党政主导、突出居民主体、强化社会协同，推动协商主体多元化；"三上三下"机制创新，把居民意见收集上来，把初步方案公布下去，把方案建议收集上来，把最终方案公布下去，把反馈意见收集上来，把整改情况公布下去，推动协商程序规范化；"四好"目标共享，共推自治管理好，共筑平安法治好，共享环境卫生好，共创文明和谐好，推动协商成果实效化，形成多元共治社区治理体系。

（3）在创新基层治理体系中，如何充分发挥政府、社区组织、市场及社会力量的作用，构建多元治理的社区治理格局？

山西省阳泉市培育社区治理多元主体，明确政府的规划制定、政策引导、队伍建设、资金投入、监督管理等职能；培育社会组织的动员组织群众依法理性有序参与社区治理和公共服务的能力；利用市场机制和资本的力量，优化社区资源配置，引导和鼓励市场组织从事社区公共建设；积极引导业主委员会、物业管理机构、驻地单位参与社区治理。发挥政府的主导作用、社区组织的主体作用、市场主体的调节作用和社会力量的协同作用，构建良性互动、多元治理的社区治理体系。

5. 以推进"三社联动"解决问题

如何推动社区、社会组织、社会工作优势互补、协同发展，让"三社联动"的工作模式与形态从理论走向现实？

浙江杭州市上区城建成了社区、社会组织、社会工作三位一体的"三社联动"创新集群中心。按照"三社联动"的要求，社区强化了居民自治和多元参与功能，推进"互联网＋社区公益"，整合社区、社工、社会组织、社会企业、社区基金五种资源，创新社工节活动，打造"上城社工"服务品牌。试行社工级差绩效薪酬制度改革，实现人员效率与工作绩效的最

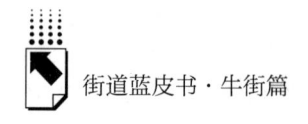

大化，增强社会组织活力，提升社区工作者服务水平。

6. 以建设社区工作者队伍解决问题

（1）社区工作者年龄结构、文化水平、观念素质等与社区工作的实际需求存在一定差异，如何充实社区工作者力量，提升社区工作者的素质和能力？

河北省承德市双桥区面向社会公开招聘大学毕业生充实到社区居委会的"两委"班子中。不断加强"楼宇党支部"、党员联络组、党小组等组织建设。创新"党员＋协会"的社区党员管理模式，发挥党员队伍在社区的作用。推行社区志愿者注册制度，统一建立电子档案，实行动态管理，并整合辖区大学生、机关干部、流动人口等资源，建设志愿者联盟。

（2）在社区建设过程中，如何整合利用高校人才智力资源推进社区基层治理与服务创新？

湖北省武汉市武昌区推动省、区以及区、校、街合作共建，通过与八所高校签订共建协议，在社区基层治理与服务创新、社会组织孵化基地能力建设等方面获得高校的指导和帮助。同时，区、街将高校社会学院、城市社区建设研究中心师资力量纳入武昌区专家智囊库，为高校师生开展政策研究、实务调查、实习挂职等提供实训平台；为高校实施社会项目链接提供资金援助、政策优惠、综合协调等支持；为高校提供社会公益项目创业扶持、就业实习岗位推荐等。

7. 以推进社区社会组织发展解决问题

（1）政府需要采取哪些措施扶持公益型项目发展？

北京市东城区实施社区社会组织孵化培育工程，从居民的需求出发，实施公益创投和公益服务项目，面向全社会进行征集创投项目。组建专家评审委员会，从项目目标、产出、实施效果以及项目创新性等不同的方面对项目进行综合评价，来获取资助项目。北京市东城区民政局制定《北京市东城区公益创投项目管理办法》，规范创投实施。公益创投项目的开展，奠定了社会组织扎根东城的基础，创新了基层社区工作路径。

（2）如何解决非营利组织在社区治理实践中的制度缺失、志愿失灵、资金不足、能力有限、诚信危机等问题？

安徽省铜陵市铜官山区健全社会组织登记、备案、激励、评价机制推进政府购买社会组织服务常态化，优先发展和重点培育公益服务、慈善救助、法律维权等一批行为规范、诚信度高、适应全区经济社会发展要求的社会组织。

云南省昆明市盘龙区制定《盘龙区关于加快社区社会组织培育发展的意见》，降低准入门槛，简化登记程序，实施"先发展、后规范，先备案、后登记，部门联动、分类指导"的办法培育社会组织发展；建立健全购买服务社会组织的各种政策制度，扩大政府购买服务的范围和力度；建立健全社区社会组织诚信自律和分类监管制度，形成民主自律与社会监督相结合的社区社会组织运行模式。

（3）在引导社会参与社区治理过程中，如何实现管理服务"社会化"？

内蒙古自治区二连浩特市政府通过引导社会组织参与并承担一些服务项目，例如扶弱助困、邻里守望、文化教育、权益保护、矛盾调解、社会养老、环境保护等，逐步实现社区管理服务"社会化"。

四川省成都市武侯区为社会组织和专业社工人才搭建"社会化"服务平台，由社会组织、专业社会工作服务机构等承接政府购买服务项目，形成了政府购买引导、社会多元参与、专业组织服务的社区服务供给新格局。

（二）改革重点：增强社区自治功能

1. 以完善社区居民自治管理机制解决问题

（1）如何激发基层活力，推动社区居民、社会力量参与社区自治？

四川省成都市成华区探索"院落+社团"微自治模式，厘清基层政府和自治组织的职责和事权划分，建设"单元化"和"专业化"自治体系、"功能化"社团体系、"枢纽化"群团体系建设、"协同化"政企共治体系，提升社区参与力、院落自管力、分类共治力。形成基层政府行政管理与社区居民自治有效衔接、良性互动的模式。

（2）如何解决小区楼院内居民不参与院落管理、对院落公约不执行等

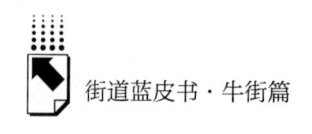

违规现象？

四川省成都市青羊区建立院内公示栏，针对院内少数住户的违规情况进行定时、定期"曝光"，促使其整改，并制订了《小区居民文明公约》，将居民关心的问题规范体现到居民公约中，推进老旧院落自治。

（3）民主选举是社区居民自治的前提和基础，确保居民选举的有效性，推进社区自治？

山西省阳泉市建立居民议事，利用现代社会科学研究方法和技术手段确定议事会成员、制定议事规则，对社区事务进行监督。完善社区民主选举、民主决策、民主管理、民主监督制度。发展院落（楼宇、门栋）自治、业主自治、社团自治等，推进社区自治。

2. 以推进基层民主协商解决问题

（1）在推进基层民主协商时，如何让居民参与到社区建设规划中？

安徽省铜陵市铜官山区召开居民论证会，积极听取居民的要求和建议，对小区的棚户区和室外活动中心等进行改造。并实行网格化管理，把居民满意度与社区工作者的工资紧密结合起来，让群众监督社区的各项工作。

（2）在健全居民自治体系过程中，如何建立参与广泛、公开透明科学实效的协商民主机制，实现协商成果最大化？

山东省青岛市黄岛区不断健全居民自治机制，理顺居委会与业主委员会、物业企业、社会组织等关系，建立业主（代表）大会、小区居民听证会、议事会、民意恳谈会等制度，将社区涉及村（居）民切身利益的事项列入协商范围，形成参与广泛、公开透明、科学实效的协商民主机制。

3. 以强化监督制度解决问题

（1）完善社区党务、财务、居务和服务等信息公开制度，不断健全社区信息公开目录，将社区工作的办事流程、工作进度、执行效果、经费收支等情况透明化。

山东省青岛市黄岛区推进村（居）务公开的发展，出台了青岛市黄岛区《关于建设阳光村（居）务示范社区的实施意见》，对村（居）民公开组织建设、制度建设、政务公开、场所建设、事务公开、财务公开、民主管理、民主协商、民主决策、民主评议和审计监督等十个方面内容。进一步深化村（居）务公开民主管理，保障群众的知情权、决策权、参与权和监督权。

（2）社区需要建立社区居民对物业、服务企业和社会组织服务情况的监督评价机制。

江苏省南京市鼓楼区转变和谐社区考评方式和标准，注重服务效能评估和社会评判。将年度工作考评的权重由60%下调至30%，群众满意度测评由40%上调至70%，推进服务型政府建设。并引入第三方专业评估机构，通过问卷调查、电话访谈、随机暗访等方式按季度对社区工作进行测评，让社区群众在服务需求上有了更多话语权和表达权。

（三）改革重点：提高社区服务能力

1. 以创新综治维稳解决问题

如何创新社区综合救助体系和协调维稳机制，有效地维护社会稳定？

辽宁省沈阳市沈河区搭建了互助银行和爱心超市来帮助贫困群体，构建社区综合的救助体系。做好社区的维稳工作，成立"老百姓身边派出所"，构建社区综合维稳平台。对社区的老旧小区进行改造，实施"暖房子"工程，搭建百姓的安居宜居平台，实现保障型物业全覆盖。

2. 以加强社区文化建设解决问题

在现代化进程中，社区需要采取哪些措施保护并传承区域内的传统文化？

湖北省枝江市实施乡土文化保护工程，建立乡土文化保护数据库（清单），培养乡土文化传承人，开展乡土文化活动，打造乡土文化品牌，使乡土文化成为社区治理与服务的软环境，实现乡土文化与现代文化融合。

3. 以推动基本公共服务覆盖面解决问题

（1）老龄化当今社会面临的一个重要问题，如何全面推行社区居家养老服务，实现社区居家养老服务全覆盖？

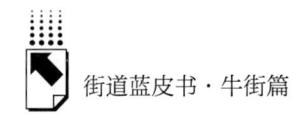

山东省济南市历下区按照"上下联动、试点先行、以点带面、全面铺开"的思路创新养老服务，在各试点社区建立社工服务站、社区社会组织培育发展联络站、社区志愿者服务站和一个居家养老服务站、一个托老所、一个老年大学、一个老年人活动中心，形成"四个一、三个站"工作格局。同时，摸清社区可利用资源等，探索使用"开放空间会议+"技术，准确找到各类群体需求点，完善社区服务设施和服务内容。

（2）创新社区管理，如何解决流动人口服务"均等化"的问题，合理维护流动人口的合法权益？

内蒙古自治区二连浩特市创新社区管理机制，采取一定的措施实现流动人口服务的"均等化"。例如，制定《流动人口居住证管理办法》、实行积分制管理等，还在公共服务和对申请落户条件做出明确的规定。在维护流动人口合法权益方面，实行人来登记、人走注销，采取"以房管人、以证管人、以业管人"的管理办法，做到对流动人口精确掌握、服务管理到位。

4. 以推进综合服务设施建设解决问题

（1）在社区管理体制改革过程中，如何解决社区居民活动场所不足问题？

安徽省铜陵市铜官山区将原街道经济管理、城管执法、司法行政等职能收归区直相关部门，实现分片归口服务。将原街道办事处的一些职能下放到社区，例如审核审批职能，将区直机关和原街道一些人员下沉到社区，将原街道管理成本变为社区服务管理经费，将原来街道工作用房调整改建为居民服务和活动的场所。

（2）在推进社区建设过程中，如何实现社区基础设施标准化建设？

黑龙江省哈尔滨市南岗区通过采取新建、置换、购买、配建、租赁等方式，实现社区基础设施标准化、服务功能配套化建设。

湖南省岳阳市岳阳楼区民政局推进社区服务场所标识系统标准化、规范化建设，对各职能部门在社区设立的工作机构和加挂的各种牌子进行清理规范，实施社区网格化、精细化管理。

（3）如何解决居民小区内停车难及因"抢车位"引发的安全隐患等

问题？

四川省成都市青羊区实施硬件项目建设，为大院安装高清网络监控、照明路灯、粉刷机动车停车线、重新整修了垃圾池及机动车停放智能道闸管理系统等。

5. 以推进便民服务多样化

（1）在探索建立志愿者工作机制中，如何实现志愿者、服务对象和服务项目的对接？

湖北省黄石市推动机关、企事业单位、大中专院校成立志愿服务队进社区，依托社区的服务站点，搭建志愿者、服务对象和服务项目的对接平台。

（2）在推进社区服务体系建设中，如何提升残疾人服务水平，促进残疾人事业发展？

江苏省南京市玄武区拨出专款扶持公益组织，购买"社区残障人士关爱服务"项目，提升居民的社区融入感。

6. 以推进社区信息化建设解决问题

（1）在现代化发展中，如何利用互联网手段创新社区管理模式，提供社区服务效能？

四川省成都市成华区打造社区公共服务信息平台，建立了"证照库"，探索"互联网＋民生服务"新机制，加快实现"进一门、递一窗、全区通办"。并推出"大联动·龙潭家空间社区""关家大院""桃蹊家园""邻里守望""便捷华林""新网 E 家"等社区便民服务系统和手机 APP、微信平台，构建"院落化治理、便捷化服务"体系，推进社区服务信息化建设，实现精准化服务。

7. 以推进社区服务市场化解决问题

（1）在完善社区服务体系中，如何推进社区服务市场化发展道路？

浙江省杭州市不断探索社区服务发展的新途径，走出了一条"以服务养服务，以实业促事业"的市场化发展路子，充分调动了一些服务实体的积极性；改善投入机制，大力扶持公益项目，并对一些福利性项目进行一定的补贴；不断引入市场机制，逐步形成多种所有制形式共同发展的新格局。

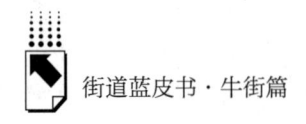

（2）在政府推进购买公共服务过程中，如何实现政府引导、社会多元参与、专业组织服务的社区服务供给格局？

江苏省南京市鼓楼区将社区公共事务、社区服务和社区服务中心分类打包，采取公益创投、政府购买公共服务、服务资源定向推介等方式，交由社会组织承接运作，实现产品服务与居民多样化需求的高效链接、有效衔接和无缝对接，加强社区服务供给体系建设。

8. 以加强环境治理解决问题

（1）在加强社区治理过程中，如何加强老旧小区环境整治，解决老旧小区环境差、乱停车等问题？

陕西省西安市碑林区致力改善老旧小区环境，指导居民自治小区结合院落意见和建议，在66个小区和老旧院落开展路面硬化、绿植补栽、垃圾清运等整治工程，改善社区卫生环境。

（2）在创新社区治理模式中，社区需要采取哪些有效措施增加绿地面积、提升社区环境？

福建省厦门市集美康城小区建立树木认养、绿地认养、楼道认管、公共环境认领等群众参与机制，定期邀请园林专家对相关责任人进行绿化养护知识培训，开展认养认管评议，实行有偿奖励，缔造美丽厦门。

（3）如何打破过去"垃圾分类分在小区，出了小区又合在一起"的低循环运作，调动市民垃圾分类的积极性？

江苏省南京市建邺区江湾社区推广垃圾分类市场化运作引进专业的环保公司开展垃圾分类，通过兑换实物、积分的方式调动市民垃圾分类的积极性。

（四）改革重点：创新社区党建工作

1. 以推进区域化党建解决问题

如何有效推进区域化建设，实现体系内外资源的有效整合？

辽宁省沈阳市沈河区积极推进区域化党建，在区级层面上，建设"七大系统"和"十大体系"，成立区级层面的党建促进会，不断推动辖区单位互动和合作。在街道层面上，以基层党建为指导，形成四级联动党建工作格局。在社区层面上，将涉及服务民生的部门纳入社区大党委管理，逐步深化和完善"1+X"大党委建设。形成社会主体多元参与的社区治理格局。

2. 以推进在职党员管理解决问题

在推进在职党员进社区中，如何实现党员服务的制度化和常态化？

河北省廊坊市广阳区在每个社区都设立在职党员公示榜，标明党员姓名、特长、认领岗位、责任区域、联系方式等详细信息。使在职党员8小时工作在单位，16小时奉献在社区，让在职党员扎根社区服务，真正成为社区建设服务的生力军。

四 牛街深化社区治理体制改革的重点方向

实验是用行动检验新的假设、原理、理论或对已存在的假设、原理、理论的可操作、可落地进行的验证。民政部批复同意设立了83个全国社区治理和服务创新实验区，每个实验区的工作重点和实验方向都有所偏重。综合83个实验区的改革重点，我们认为，牛街进一步推进社区治理体制改革应重点从以下五个方向寻求突破。

（一）以完善社区治理结构为方向提升社区治理水平

在社区治理结构中，有党委、政府、社区党委、社区居委会、社区公共服务工作站、社会组织、辖区单位、社区居民等多元主体，在实际工作中主体参与不足，主体不明、职能不清、定位混乱。社区需要厘清多元主体参与社区治理的职能定位，使其各归其位、各尽其责、相互补充，建立议事决策、服务执行、评议监督、矛盾调处、信息网络平台，拓宽参与渠道，使社区各类事务都有处置的渠道。形成以社区的党组织为核心、自治组织为主导、居民为主体，社区社会组织、志愿服务组织和驻区单位等多元主体共同参与的社区协同治理格局。

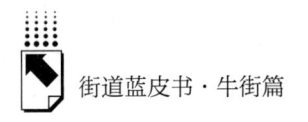

（二）以健全社区治理机制为抓手增强社区自治功能

街道要加强与区政府和民政部门的联系，探索社区治理机制改革实验，为修订城市居民委员会组织法提供鲜活案例，指导社区完善居民自治等居规民约的制定，组织开展社区居委会、工作站选举工作的经验交流。健全居委会会议和居民协商议事制度，完善居民议事厅等对话机制，通过平等对话、相互协商、彼此谈判、规劝疏导等活动完善社区协商。完善街道科室联系社区的制度，指导社区建立和完善民主监督机制。加强对社区居委会书记的民主评议和责任的审计工作机制。推动居委会居务公开，丰富基层民主形式，完善社区各主体的诉求、利益的表达机制和矛盾调处、相关利益保障的机制，增强社区的自治功能。

（三）以丰富社区治理方式为目标提高社区服务能力

和谐社区建设就是要坚持以人为本，满足社区居民日益增长的多样化需求。以往社区服务项目都是由政府制定，政府投入不少，居民却没有得到实惠。因此，要以居民需求为导向，转变服务方式、细分服务人群、做实服务内容，进一步优化服务资源、提高工作效率，推动社区公共服务精准化。加大社区公共服务基础设施的投入，统一社区办公用房和活动场所建筑外观形象，推进社区服务场所、社区标识、办事流程、服务评价的标准化，实现社区公共服务规范化。要立足多元主体参与的治理结构，将政府职能转变、大数据应用、民生服务体系建设相结合，通过构建微治理体系，创新"互联网+社区治理"机制，最大限度推动社区服务治理向小区、院落、楼栋、单元覆盖，向每家每户、每个人延伸，构建"智慧治理"新模式。根据社区居民需求，有针对性地引进相应机构提供专业化服务，探索制定各类服务需求清单，与相关企业或者社会组织进行服务项目对接，促进社区公共服务社会化。把保护和开发民族文化、维护民族文化的多样性、体现民族文化的价值作为社区建设的重要内容，构建文化沟通的桥梁，促进传统文化与现代文化融合、本土文化与外来文化以及多民族文化之间的融合,丰富社区的文化生活。

(四)以推动社区党建创新为理念推进社区治理现代化

街道要树立"党建+"理念,着眼于巩固和提升党在社区的执政基础,把"党建+"与文明社区、保障民生等与社区和居民息息相关的方方面面有机结合,努力把社区活动场所建设成为党员服务群众的红色阵地、社区居民参政议事的平台、驻区党员群众文化娱乐的驿站。探索"社区党组织引路、党员干部带路、服务民生铺路"的方法,以壮大社区服务能力为抓手,深入推进"党建+服务"模式,探索建立"社区党组织+驻区单位""社区党组织+协会""社区党组织+各类人群"等社区党组织服务群众联合体以及"党员+各类困难群体"的帮扶共同体,使党组织成为带动社区建设真正"龙头",使党员成为社区建设的重要生力军,推动驻区单位资源和社区资源的有效对接,推动服务居民的精准化和多样化,进而实现社区治理的现代化。

(五)以提高社区治理法治化水平为引领重构社区治理体系

法治社会是党的十八届三中全会提出的新理念,是建设法治中国的新目标、新要求。法治社会本质上要求确立法治在社会治理中的基础性、规范性和保障性作用。坚持依法治理、加强法制保障,运用法治的思维和方式化解社会矛盾,实现社会治理法治化是推进国家治理体系和治理能力现代化的重要组成部分和重要标准之一,是新时期创新我国社会治理模式、提高社会治理水平的必由之路。街道和社区要以法治的精神和原则作为判断是非曲直的依据,以法治的标准和方式开展社区治理,破除"管控"思维,强化合作共治、民主协商、良法善治的意识,社区治理各主体还要增强程序意识,真正做到懂程序、讲程序,按程序办事,使工作开展更加规范有序和公开透明,构建法治化的社区治理体系。

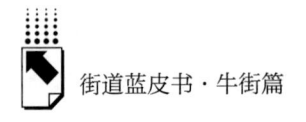

参考文献

中共中央办公厅、国务院办公厅：《民政部关于在全国推进城市社区建设的意见》（中办发〔2000〕23号），2000。

民政部：《民政部关于进一步推进和谐社区建设工作的意见》（民发〔2009〕165号），2009。

中共中央办公厅、国务院办公厅：《关于加强和改进城市社区居民委员会建设工作的意见》（中办发〔2010〕27号），2010。

中共中央办公厅、国务院办公厅：《关于加强城乡社区协商的意见》（中办发〔2015〕41号），2015。

民政部、中央组织部：《关于进一步开展社区减负工作的通知》（民发〔2015〕136号），2015。

王思斌：《社区治理体制改革的基本问题与实践》，《中国机构改革与管理》2015年第6期。

《玄武区全力打造全国社区管理和服务创新实验区》，http：//news. longhoo. net/nj/njxw/content/2013－05/22/content_ 10691282. htm，2013年5月22日。

《完善自治功能创新治理模式——铜陵市铜官山区"全国社区管理和服务创新实验区"建设报告》（上），http：/dckhj. ahjs. gov. cn/DocHtml/1037/2014/2/26/8513105046331. html，2014－2－26。

《推进共建共治 提高社会治理水平——铜陵市铜官山区"全国社区管理和服务创新实验区"建设报告》（下），《安徽日报》2014年2月27日。

《麒麟区扎实推进社区治理和服务》，http：//www. ql. gov. cn/index. php？m＝content&c＝index&a＝show&catid＝241&id＝39532，2016年10月14日。

B.6
牛街街道公共服务事项"一窗通办"的可行性研究

摘　要： 在"互联网+"时代，资源共享、服务便民已成为新的政府构建社会治理新格局。简政放权是"供给侧改革"的重要一环，对于基层政府而言，加快政务服务建设，以需求为导向，以办事群众为中心，能够真正落实服务型政府的治理现代化理念。我国一些地方从人民群众的根本利益和现实需求出发，着眼于办事流程、审批事项的不断优化和完善，探索构建了"一窗通办"综合受理创新模式，进一步确保行政效率的提高和服务水平的提升。牛街街道公共服务大厅在基础建设、业务整合、电子政务建设等方面存在一些不足，如果能够通过探索创新适合街道公共服务大厅的工作体系，构建"一窗通办"政务服务模式，将会进一步提升服务规范化、标准化和数字化水平，推进便民、利民、快捷的公共服务工作，做到精细、精实、精准、科学、高效，提高群众的认可度和满意度。

关键词： 牛街街道　"一窗通办"　政务服务　公共服务中心　制度创新

一　"一窗通办"是"放管服"改革落地的效能革命

（一）"一窗通办"的内涵特点

"一站式"，即一站式服务，是行政办事机构便民的一项措施，指将行

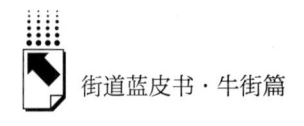

政事务方面的各个机构一揽子集中起来,让群众在一个地方和一个部门办理一件事的所有程序,一次性解决所有问题,不需要跑几个地方和几个部门,节省时间、提高效率,适应现代生活的快节奏、高效率。

"一窗式",即一窗式管理,是将所办事宜集中到统一的窗口,重整了业务流程、优化了管理程序、整合了系统资源,减少了申报资料及数据核算工作。2003年7月,国家税务总局推行了增值税一般纳税人纳税申报一窗式管理,堵塞税收漏洞,优化纳税服务。

"一窗通办",即通过一个窗口解决所办事项,将过去以部门为主体设置的服务窗口进行统一整合,形成综合服务窗口,在所有的综合服务窗口都能进行综合受理,承接对外承诺的所有的业务,统一叫号,统一受理,统一管理,互办业务,信息共享,实现走进大厅,在一个窗口办完自己要办的事。办事群众可以一次性办理本综合窗口集中的所有事项,也可以借助智能审批系统对关联事项实现一次性办理,逐步取缔不必要的、叠加的证明和相关手续的办理流程,以此保障企业和群众办事的方便性、快捷性、科学性和高效性。

"一窗通办"是在完善"一窗式"受理、"一站式"服务、首问责任制、一次性告知等措施的基础上,以办事群众满意为导向,按照前台标准化综合受理,后台智能化并联审批的标准再造审批流程,通过合理设置综合服务窗口,实现从"一站集中"到"一窗通办"的全面升级的政务服务新体系,按照方便办事人的原则,明确权责,注重法治,提高效率,实现在一个窗口办理全部事。

"一窗通办"最大的特点是将前台受理权收归到同一行政服务部门,后台是有审批权的各职能部门把握审批权,有利于避免寻租空间的产生。实行"一窗通办",办事群众只需将要办理的事项材料提交到综合窗口,除能够当场即刻办理事项外,其他事项等待办理就可以,不用自己跑腿。

(二)"一窗通办"的政策基础

2015年5月12日,国务院印发《2015年推进简政放权放管结合转变政府职能工作方案》，为适应改革发展新形势、新任务，统筹推进行政审批等领域的改革，在减少审批事项的前提下，逐步向放权、监管和服务三大方面并重转变；在分头分层级推进的要求下，逐步向纵横联动、协同并进两大路径转变；实现从"给群众端菜"向"让群众点菜"转变。在实施"三证合一""一照一码"的基础上，取消并下放含金量高的行政审批事项。

2015年7月1日，国务院出台《关于积极推进"互联网+"行动的指导意见》，提出坚持以改革创新和市场需求为导向，加快推进经济社会各领域与互联网创新成果的深度融合，将培育新兴业态、激发创新活力、重塑创新体系和创新公共服务模式融合于"互联网+"发展之中，强化公共服务多元发展，促进社会服务更加便捷普惠。

2015年11月30日，国务院办公厅印发《关于简化优化公共服务流程方便基层群众办事创业的通知》，提出以信息公开透明、数据开放共享、办事依法依规和服务便民利民为总体要求，简化优化办事流程，创新服务方式，取缔各项没有必要的证明和烦琐手续，加快适应部门间信息共享和业务协同趋势，扎实推进网上办理和网上咨询业务，加强作风建设，提升服务能力，努力为群众提供优质高效便捷的公共服务，不断提升公共服务水平和群众满意度。

2016年3月5日，国务院《政府工作报告》指出简政放权、放管结合、优化服务是一项巨大工程，要求推动行政审批制度改革向纵深发展。大力推行"互联网+政务服务"，以"简除烦苛，禁察非法"为准则，推行部门间数据共享，努力让居民和企业少跑腿、好办事、不添堵，以期为群众创造更多平等机会和更大发展空间。

2016年4月26日，国务院办公厅转发《推进"互联网+政务服务"开展信息惠民试点实施方案》，提出推进"互联网+政务服务"，构建优质高效、方便快捷的政务服务体系，在实施信息惠民工程的前提下，解决群众办事过程中"办证多、办事难"等问题。同时明确简化优化群众办事流程、畅通政务服务方式渠道和改革创新政务服务模式等三大方面重点任务，推行政务服务事项的"一号申请、一窗受理、一网通办"，实现就近能办、同城

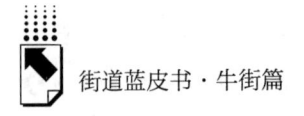

通办、异地可办。

2016年5月23日，国务院印发《2016年推进简政放权放管结合优化服务改革工作要点》，指出优化政府服务，提高办事效率和水平，通过制定政府部门间数据信息共享实施方案，打破"信息孤岛"现象和数据壁垒现状，努力实现数据信息的互联互通。加快推进实体政务大厅向网上办事大厅的延伸，打造政务服务"一张网"和"一口受理"的服务模式，构建快捷高效的服务型政府运作模式。

2016年9月25日，国务院印发《国务院关于加快推进"互联网+政务服务"工作的指导意见》，指出推进实体政务大厅与网上服务平台融合发展。适应"互联网+政务服务"发展需要，进一步提升实体政务大厅服务能力，加快与网上服务平台融合，形成线上线下功能互补、相辅相成的政务服务新模式。推进实体政务大厅向网上延伸，整合业务系统，统筹服务资源，统一服务标准，做到无缝衔接、合一通办。完善配套设施，推动政务服务事项和审批办理职权全部进驻实体政务大厅，实行集中办理、一站式办结，切实解决企业和群众办事在政务大厅与部门之间来回跑的问题。实体政务大厅管理机构要加强对单位进驻、事项办理、流程优化、网上运行的监督管理，推进政务服务阳光规范运行。

2017年4月16日，北京市人民政府办公厅印发《北京市2017年政务公开工作要点》，指出要进一步推进政务服务事项公开，需加快制定"互联网+政务服务"实施方案，编制政务服务事项目录，构建网上政务服务平台，整合政务服务各方资源，优先推进与企业注册登记、项目投资、创业创新及与群众生活密切相关的事项网上办理工作。

（三）"一窗通办"的现实意义

推进政务服务管理水平高效化。随着形势的发展变化，民生政策、社会管理创新举措不断出台，公共服务大厅咨询量、受理量持续剧增，服务内容不断拓展，统一政务服务平台已成为加强和创新社会管理的必然趋势。为贯彻落实国务院印发的《国务院关于加快推进"互联网+政务服务"工作的指导意见》和北京市、西城区的有关要求，深化行政体制改革，创新服务方式，优化服务流程，大幅度提升服务智慧化水平和提高工作效能和质量，街道公共服务大厅实现"全区通办""一窗式""一站式"窗口服务模式。"一窗通办"模式能够将大厅的服务指南和表格等材料一次性告知，简化了办事流程，减少了因材料不齐多次往返、多次排队办理。居民群众在办理相关事项时，可根据自己的需要进行多方面业务咨询，遇到不能当场办理的业务，可直接查询办事进度。窗口前台实现统一受理、共享资源，通过一个窗口掌握的材料，其他窗口能够了解情况，便于服务大厅对相关工作进行数据统计。

推动政务服务供需结构合理化。简政放权是供给侧改革的重要一环，通过供给侧和需求侧两端发力，推进行政服务供给侧结构性改革，在街道公共服务大厅以"互联网＋政务"实现"一窗通办"，梳理办事事项、优化业务流程、精简审批事项、提升服务能力。精心设计服务事项工作流程和办事指南，删繁就简，去重除冗，适当减少服务工作的条件、材料和环节，努力打造政务服务精准供给，实现政务聚焦、"瘦身"，使服务更加便捷、透明、亲和，形成功能完善、分布合理、方便可及的受理服务设施及网络。逐步完善"一窗通办"工作机制，从方便群众办事而不是方便科室部门工作的角度出发，将科室部门的对外服务基础受理项目统一纳入大厅窗口，实现前台一窗受理、后台内部审批的工作机制，在任一窗口就能办各类事，让政务服务充分体现出人民政府为人民的行政宗旨，在群众心目中牢固树立起服务型政府的形象，以此有效助力供给侧改革。"一窗通办"模式的重大改变，符合群众利益、满足群众需求、方便群众办事，能够大大提高公共服务大厅的办事效率。

促进政务服务流程规范化。公共服务大厅规范化建设，能够促进全区政务服务平台的建设。第一，管理服务精细化。精简企业和群众办事流程，加强各部门政务服务平台建设，增强服务的主动性和精准性，落实大厅窗口服务运行更规范、程序更严密、过程更透明、结果更公开和监督更有力的新型管理服务模式。第二，政务服务标准化。积极推进窗口服务办事指南、身份实名、事项清单、审查细则、考评指标和线上线下等六项业务的标准化，让企业和群众享受公开、规范、高效的服务。第三，受理审批协同化。打造线上线下融合、部门联动的政务服务平台体系，调动各部门科室积极性和主动性，破解"信息孤岛"难题，加快推进网上统一身份认证体系、统一电子证照库的建成，积极实现跨部门数据共享和业务协同。第四，群众办事便捷化。着眼于群众和企业办事需求，运用大数据、移动互联网等技术，群众"点餐"与政府"端菜"相结合，提高办事质量，让数据"多跑路"，让群众"少跑腿"。

管理服务精细化　政务服务标准化　受理审批协同化　群众办事便捷化

图1　政务服务"四化"建设目标

二　牛街街道公共服务事项"一窗通办"的可行性因素

（一）有基础

2017年开始，为推进政务服务更加精准、规范和便捷，西城区大力推进"一号咨询、一窗受理、一网通办"的"三个一"行政服务改革，目前，第一批实现业务一窗受理的综合窗口已有残联、商务委、文委、节水办、统计局、市政管委、园林局、卫计委、公安、交通支队等10家，下一阶段将分期分批逐步实现全部事项的一窗受理。

截至2017年底，牛街街道公共服务大厅已经正式运行4年多，按照西城区行政服务标准梳理受办事项，制定《行政服务标准化岗位手册》，共设16个窗口开展业务办理及政策咨询工作（见图2），服务事项达50多项。服务大厅以业务类别划分窗口，采用前台统一受理、后台协同办理的工作模式，实现日常接待和受理的服务。

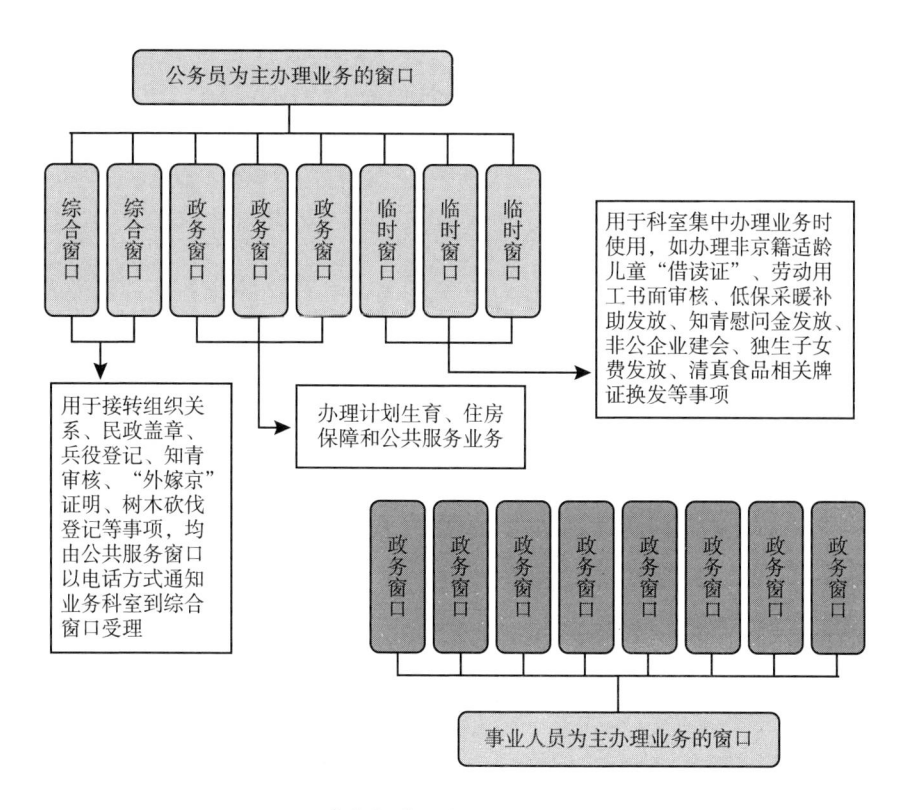

图 2　牛街街道政府服务大厅窗口情况

推进"一窗通办"改革，牛街街道有着良好的基础。街道工委办事处各级领导高度关注服务大厅，无论人、财、物都全力支持保障，在街道中心工作时很少动用大厅的工作人员，创造一切有利条件为大厅营造一流的硬件和软管理环境，推进大厅探索适合牛街特点的管理模式。4 年中，为方便居民办事，公共服务大厅已经完善了两次窗口改造，办事效率和服务水平不断提升，积累了大厅窗口改革的实践经验。窗口工作人员支持通过相关业务整合而减少窗口个数。

（二）有问题

"互联网＋政务服务"技术体系建设工作对基础建设、业务整合、电子政务建设、人力资源管理、政务服务水平提升提出了更高的要求，这种情况下，牛街街道对公共服务大厅开展了系统调研，发现存在诸如受理窗口忙闲不均、办事人员业务不精、办事效率亟待提高、工作人员缺乏热情等问题，迫切需要通过采取措施提高街道公共服务大厅的标准化、规范化、便捷化水平。

受理窗口忙闲不均。有些窗口业务接待量大，如医保卡服务（包括医保卡新办、挂失、补办）和更换定点医院等业务，这些业务办理手续不复杂，但办理和咨询量不少；有些窗口业务平时接待量一般，在固定月份接待量极大，几乎天天在窗口人满为患，如"一老一小"窗口，在每年9～11月集中参保；有些窗口业务不是即办业务，接待量不大但接待用时较长，需要详细解读政策、填写多种表格、手续复杂，如社会救助窗口、灵活就业窗口等；还有的窗口接待量不饱和，如就业窗口。由于窗口业务不同、手续复杂程度不同，还有即办件和待办件之分，造成窗口业务接待量极不平衡，经常出现忙碌与空闲迥然的局面，给办事群众造成了不解和误会，认为窗口设置不当，没有提供高效快捷的办事服务。

办事人员业务不精。办事人员年龄结构不合理，新生力量薄弱；心理素质差，存在畏难、消沉现象；知识结构不协调，大专以上学历在没有社会工作专业学科背景的前提下，知识更新普遍滞后。他们缺少对学习的正确认识，或者是想学却不知从何学起，这些认识上的偏差，造成一些同志对学习没有主动性，不愿学、不想学，从而难以提高整体素质。现在社保所人员结构年龄偏大；有些人员所学专业与从事职业不同，缺少社会学、管理学知识，自身接受培养自学甚至的能力有限，缺少专业机构培训和任职培训经历。同时，由于晋升空间所限，年龄大的出不去，年轻人又留不住，激励机制缺失，活力不足。

办事效率亟待提高。办事群众到大厅后，总是希望一次性快速办结，但由于办事能力有限和各窗口分工不同，当群众知道所办事项和咨询的政策不能够得到解决，要询问具体情况时，窗口人员怕出现后续问题，不敢轻易答复其他窗口的政策，不能给排队咨询人员满意的答复。不同窗口经办事项不同，居民办事需要多次排队，重复提交材料，资料不全、出现差错时还需要居民重新办理，既麻烦又浪费时间，办事群众难以理解，认为是大厅窗口人员在推脱责任不愿为其办事。

工作人员缺乏热情。一些工作人员带着情绪来上班，遇到居民误会和不理解时，不能平静地化解问题，反而激化矛盾使纠纷升级。窗口工作人员之间不和谐、不团结，在日常工作中有推诿扯皮、看工作下菜碟、看人下菜碟的现象。有两名工作人员因工作发生争执，根本没考虑到当时窗口还有办事居民正在等待继续办理业务，更没有考虑政府工作人员的窗口形象，造成极其恶劣的影响。

（三）有想法

针对以上存在的现实问题，牛街街道制定了改进办事大厅的方案，对于如何改进、怎样提高已经确定了自己的想法，明确了实施步骤。

按照牛街街道设想，大厅将分两次完成改革。第一步为政务窗口改革，科室梳理进厅业务，安排培训计划；公共服务科审核进厅业务，制定实施细则；对工作人员进行培训。第二步为社保窗口改革，组织参观兄弟街道大厅学习先进经验；开展大厅全员培训，依托社会组织有意识地渗透变革的思想，为大厅窗口变革工作做好前期准备；撰写《工作方案》，明确职责分工、前后台人员配备、窗口设置等内容，并按《工作方案》完成职责分工、人员配备、窗口设置，并保证此期间大厅内各项社保业务正常办理。公共服务科协助窗口调整网线等事项，提供硬件保障配合。

三　地方政务大厅改革的实践案例

（一）广东省佛山市南海区：一个窗口办理多项业务

2015年广东省佛山市南海区通过简政放权、升级行政审批制度、整合窗口，按照"前台标准化综合受理，后台智能化并联审批"的标准，实现从过去的"一站集中"转变为"一窗通办"，市民在南海区行政服务中心的

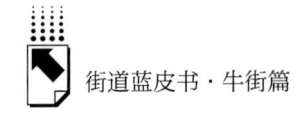

综合服务窗口可以一次性办理相关事项。

1. 明确改革目标，转变服务职能

南海区行政服务中心全面铺开行政审批服务"一窗通办"新模式，将过去以部门为主体设置的服务窗口统一整合为综合服务窗口，市民可在综合窗口一次性办理的事项多达660项，包括了南海全区50%以上的行政审批事项、区级行政服务中心95%以上的审批事项。该项改革于2015年3月起开始筹备，6月底前将按新模式开始办理业务，9月底前将"一窗通办"延伸至民生领域，12月底推广覆盖"一窗通办"并延伸至镇街。实施"一窗通办"，将过去部门式服务向大厅式服务转变，解决了部门在办事中相互推诿的现象，群众从过去办事窗口服务单一、种类繁多的部门名称中解脱出来。

2. 规范审批标准，提升办事效率

南海区行政服务中心将部门窗口调整为34个综合窗口，审批服务事项涵盖企业类329项、工程类195项、不动产类63项、个人及其他类73项。行政服务中心的二楼、三楼、四楼分别受理房产类、企业类、个人类及工程类事项，为更好地引导群众适应新审批模式，审批大楼在每层楼都设立导办员，引导市民办理业务。"一窗通办"改革倒逼部门清除原来收件不规范、审批流程不标准的习惯，对全区1308个涉及办事材料的事项进行全面梳理，减少自由裁量空间，清理没有法律法规依据的申请材料138项，明确界定使用可选材料91项。采用前台标准化收件，后台并联审批的标准，再造行政审批流程，使审批流程更加规范。比如，仅是其中一项审批业务的公司登记变更，过去需要到工商、质监、税务等多部门跑，递交多套材料，走完审批流程最少20天，现在在一个综合服务窗口递交一套材料后，所有程序由后台联机完成，拿到审批结果的效率比以前快了3倍多。从2016年12月起，南海区行政服务中心还对食药监、卫计、海关、经贸、民政、住建等15个部门198个服务事项办理结果实施省内包邮。

3. 实现跨城办理，解决民生事项

南海区行政服务中心推出"智慧办事大厅计划"，该计划包括"市民之

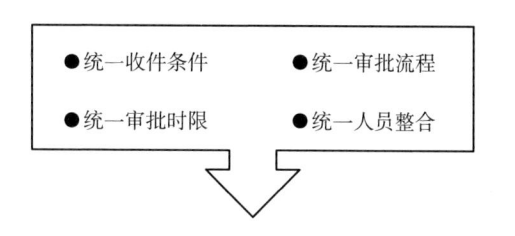

```
┌─────────────────────────────────┐
│  ● 统一收件条件   ● 统一审批流程  │
│                                 │
│  ● 统一审批时限   ● 统一人员整合  │
└─────────────────────────────────┘
              ▼
```

图3 南海区"一窗通办"做到四大统一

窗"自助终端、智能导办终端、电子填表终端,进一步提高行政办事效率。"市民之窗"推出排队取号、办事预约、办事指南查询打印、办事进度查询、现场缴费及个人主页等"一窗通办"自助服务。南海区以市民之窗为平台,开辟一条智能通道,市民可以通过智能通道实现准生证、二胎申请、老年人优待卡等民生热点事项的跨区域自助办理。在实体综合窗口跨城通办方面,南海区借助2014年与广州荔湾区政务办协商合作的契机,梳理两地可通办的行政审批事项362项,通过窗口收件、快递送件、两地互通、限时办结模式,实现在"市民之窗"上审批所有行政事项,佛山与广州市荔湾区两地实现无缝对接跨城办理。

4. 借助微信平台,查询办事进度

在对行政审批服务进行改革的同时,南海区还启动了"南海政务通"微信公众号,打造指尖上的政务服务,通过资源整合向市民提供集办事、缴费、互动等功能于一体的微信服务平台。平台提供了人性化的服务,尤其是预约功能还可以指引市民错峰办事,避免集中办事、排队等候的现象。在实时查询办事进度上也更加便捷,市民只需要账号身份绑定或者输入办理号码,就可以查询获取办事进度。

南海区行政服务中心与数据统筹局对接,开放数据端口,实现各个部门间的数据共享,避免重复交验身份材料,群众提交一次资料就能办理业务。同时,先行试点对关系民生的热点行业,编制行业准入审批标准和行业审批指南,为企业办事提供"一条龙"服务指引。

表1 南海区实施"一窗通办"引发五大变化

	变化目标	变化结果
转变一	"部门式"变为"大厅式"	消除了传统服务窗口职能单一、种类繁多、承办事项和部门名称难以对应等弊端
转变二	"一站集中"变为"一窗通办"	解决了承办部门相互扯皮、信息不畅的弊端,群众只需在一个窗口就能将事情办结
转变三	"多头式"变为"集中式"	过去办事人要面对各个部门,现在办事靠中心内部协调,信息交换由中心来处理,关联的多个事项可以一次性办好
转变四	"事中"变为"事前+事中"	强化事前和事中监督,录入电子监察系统和办结点击不再由部门来掌控,进一步强化电子监察的效果
转变五	"个体效率"变为"整体效率"	进一步提升服务效能

资料来源:木子六一《详解南海"一窗通办":办理多项业务,一个窗口就搞掂!》。

(二)四川省成都市双流区:"一键一窗一网"政务O2O模式

根据国务院办公厅转发的《推进"互联网+政务服务"开展信息惠民试点实施方案》,提出为实现"一号一窗一网"的政务服务新理念新目标,2016年5月31日,双流区行政审批局正式揭牌成立,并加挂成都市双流区人民政府政务服务管理办公室、成都市双流区人民政府政务服务中心牌子,实行"三块牌子、一套人马"的运行模式。双流区行政审批局以"一窗接件、快速受理、内部流转、限时办结、一窗出件"为运行机制,创新政务服务理念、服务方式、服务功能,提升政务服务效率,深化行政审批制度改革。

1. 线上审批服务"一键通"

按照《双流区"一窗式"政务服务改革实施方案》的要求,积极打造行政审批部门审批事项向一个业务科室集中、业务科室整体向区行政审批局集中、审批事项办理向"一键通"网上审批服务监督平台集中等"三集中"的服务模式,努力达到审批事项向区行政审批局进驻、审批权限向窗口授权到位、审批服务在"一键通"网上审批服务监督平台监管到位等"三做到"的服务标准。

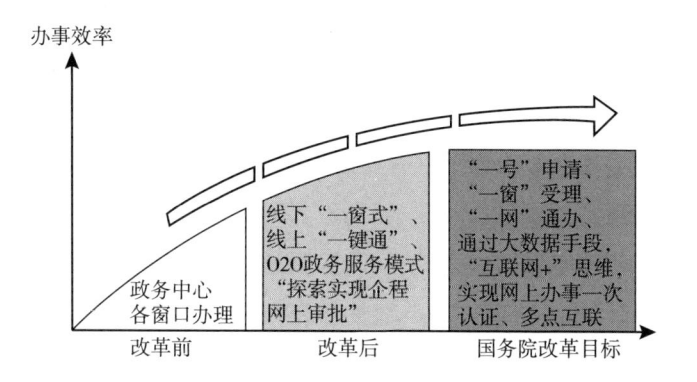

图 4 成都市双流区行政审批服务模式改革前后对比图

资料来源：2016年6月1日《四川日报》。

2015年9月上线运行的"一键通"网上审批服务监督平台，明确梳理出办理各项审批事项所需要的资料、流程、部门、表格下载等信息，其功能已覆盖并具备审批流程一键通、审批要件自动流转、审批进度实时告知、审批环节全程监督等环节。企业和群众只需登录网址搜索"双流政务"就能进入平台中，享受便捷的政务服务，群众只需动动手指完成一键申报，且在审批要件齐备的情况下，最快几分钟就能办结，一定程度上避免了盖章多、跑路多、办事难的弊端，防止了超时办理等异常办件现象和权力寻租等行为的发生。该平台在接件、受理、办结等环节中，可以通过系统短信、登录平台查询等方式追踪进展情况，而对办理速度不满意的，申请人还可以在线投诉。与此同时，依托"一键通"数据库，建设电子证照库，企业和群众只需通过身份证，便能实现"一号申请、一号查询"等功能的办理。通过研发"一键通"线上并联审批服务，推行关联部门间的上传资料信息共享。

2. 线下审批流程"一窗式"

整合优化政务大厅办事窗口，体现为三段式的服务模式，即前台"一窗式"接（出）件、中台协调督办、后台审批，变"群众跑"为"部门跑"，审批程序高效顺畅。群众在审批事项办理前，手持个人身份证件通过自助排号机呼叫系统取号，等待的同时手机会收到告知办事区域和受理流水号的短信通知。根据短信通知到"一窗式"接件窗口完成初审，相关材料立即转至后台办理。在审批事项办结后，后台部门窗口会将办结的证照交至"一窗式"出件窗口，并以电话和短信通知申请人到"一窗式"出件窗口领取证照。整个过程企业或群众只需到接件和出件两个窗口，减少了办事往返次数，真正实现"群众来回跑"为"部门协同办"。

自2015年9月双流"一窗式"政务服务改革启动以来，将政务服务大厅29个进驻部门的办事窗口按类别整合为八大服务区，设立"一窗式"接件、出件两大窗口，并对553项审批服务事项进行时时监控，形成高效运转的审批工作流水线。截止到2016年5月底，共受理审批事项三万多件，按时办结率高达100%。同时，在大厅内部设置"并联审批综合窗口"，建立相应的会审和容缺机制，梳理和优化2个部门以上的审批事项，统一进行接件受理、内部联合审批。

3. 整合优化"一网通"

双流区行政审批局通过开发"市民之家"APP，将实体大厅与网上虚拟大厅相结合，精简服务流程的同时服务水平也得到进一步的提升，公众对服务型政府形象的认识得以提高。严格按照国务院对政府在线服务的相关要求，落实政务服务的O2O模式，提供多渠道办事服务。将政务服务、城市服务和生活缴费等融为一体，打造"一网通"新型政企、政民服务体系，通过PC版和手机版软件实现办事指南查询、预约办件、办件申请、表格下载、进度查询等项目流程，这种依靠移动终端设备的方式打破了固定时间和地点的束缚，工作人员随时随地进行办公，实现"掌上政务"，使部门审批更加便捷。

双流区的便民服务体系建设得到了快速的发展，通过"一窗式"改革和"一键通"系统及政务服务一体机延伸至各镇（街道）和试点村（社区），在便民服务中心和服务站设置"一窗式"便民窗口，能够实现资料上传、网上预审和受理等。

（三）浙江省杭州市：大数据助推"最多跑一次"

2017年5月21日，由浙江省质监局、浙江省编办等部门制定的《政务办事"最多跑一次"工作规范》正式发布实施,实现了政务服务标准化和规范化的有法可依,也是全国首个"最多跑一次"省级地方标准。"最多跑一次"指通过优化办理流程、整合政务资源、融合线上线下、借助新兴手段等方式,办事人可以在申请材料齐全、符合法定受理条件的情况下,实现办理的一次上门或零上门。

1. 梳理清单,办理事项标准化

坚持以用户为导向,按照条条为主、条块结合、以条带块、以上带下要求,全面梳理规范企业和群众到政府办理的"一件事"。按照计算机可识别、部门可追责的原则,实施事项颗粒化改造,分批梳理、上报、确认事项清单,实现权力事项和公共服务事项同一标准、同一名称、同一编码"。按照"一窗收件、按责转办、一窗出件、评价反馈"的业务闭环,完成投资项目审批、商事登记、不动产登记、公积金、市民卡、出入境、交通违法处理、城管违停、医保社保等九大类事务的"一窗受理"。目前,杭州市公布"最多跑一次"的事项共有11354项,其中,市本级1209项,实现比例为88.44%。

2. 流程再造,办理过程简约化

杭州市通过"四个一律取消",即针对烦扰群众的证明和手续,一律取消没有法律依据的手续、能通过个人有效证照来证明的、能采取申请人书面承诺方式解决的、能通过网络核验的。通过"五减",既减事项、减层级、减材料、减环节又减时间。按照"一件事"要求,由事项牵头部门围绕工作目标开展统筹协调、清单梳理、流程再造、数据落地,形成工作闭环。

3. 开通线上线下服务,办理方式多样化

杭州政务办事大厅开通了咨询、网上、现场三大服务。现场服务按功能设置分为前台综合受理区、后台办理区、配套服务区。前台受理负责审查申请材料、查验容缺受理事项、出具材料补齐通知、纸质材料交接签收、电子材料流转、出具受理通知、完成受理承诺等事宜。后台办理为各部门对部门涉及受理材料进行审核,并在规定时间内完成审批、决定、信息录入、加盖印章等事宜。配套服务负责统一出件,即同业务部门进行办理结果交接、群众和企业受理文件的窗口自取、邮寄领取等事宜。总的来说，可分为"三个转变"——把群众办事从找"部门"转变为找"政府"、部门"各自为战"转变为"部门协同作战"、部门行政权力转变为行政责任。

四 牛街街道推进"一窗通办"改革和创新的可行性建议

在推进街道"一窗通办"政务服务改革时，要强化改革主体的能力建设，把"一窗通办"式改革与街道体制改革相结合；要加强服务职能整合转移，把"一窗通办"式改革与为群众服务管理体系相融合；积极推进电子政务发展，把"一窗通办"式改革与固定平台支撑相结合；要提升政务办事人员素质，把"一窗通办"式改革与工作人员队伍素质建设结合。

目前，基于市级、区级层面的"一号一窗一网"还未构建起统一完善的标准体系和政策制度，整合各类政务服务事项信息，短暂时间内仍无法实现跨部门、跨区域、跨行业的互通共享、校验核对，不能构建数据共享交换平台体系，仍无法进行网上网下一体化管理。但是，为增强政务服务的自觉主动性、精准性、便捷性，提高群众办事的满意度，牛街街道公共服务大厅可以改变以往窗口定式，向全区既定方向靠拢，探索新的方式，将业务科室对外工作纳入街道公共服务大厅，通过先行先试，加快大厅功能升级，推动政务服务事项分级进驻，通过采取"前台综合受理、后台分类审批、统一窗口出件"的服务模式，为群众提供尽可能全面周到的服务，从跑多个部门、走多个流程、排多次队简化为在大厅一个窗口即可办理完结，实现"一窗通办"。可以着力抓好以下几方面：

（一）注重资源整合，完善大厅服务功能

业务科室职能把重点放在政策解答和业务指导上，将一些标准化、规范化、程序化可操作性强的对外服务事项委托交给窗口工作人员办理。公共服务科对服务大厅分布不均的窗口进行业务关联，有效提高窗口利用率。

对于直接面对群众服务包括计生、住保在内的50多项事项进行详细编辑流程说明，实行内部限时传递资料的方式解决群众的事宜。大厅全部为综合窗口，初期可划分为政务综合窗口和社保事务综合窗口两块，分阶段进行改革。把工作人员和团队力量进行整合，前台窗口人员数量固定，更多的人参与后台工作，遇到复杂、集中的工作，把后台人员整合起来一起做，有效解决忙闲不均现象。此外，鼓励各业务科室把符合进厅要求的、基础性的受理事项梳理汇集成手册、折页、办事指南等，并整合到大厅综合受理窗口。还可以通过街道网站、社区宣传、互联网平台、微信公众号等提前向群众、企业宣传办事流程及所需材料等，或电话预约办理等，以便节省办事时间。

（二）健全规范制度，提供政务服务保障

对于业务科室进入综合窗口的项目，需经主任办公会批准，由业务科室的部门负责人和公共服务科负责人双方签订《牛街街道全程业务代办委托书》，并对具体窗口代办事项办理移交手续。大厅建立健全首问负责、一次性告知、并联办理、限时办结、印章使用、信息保密、奖惩激励考核等制度，制定《牛街公共服务大厅服务体系服务规范》，统一管理，统一标识，统一技术，明确《大厅工作人员职责》等各种管理制度。提升工作人员技能和业务本领，从根本上保障公共服务大厅的高质高效运行，促进政务服务规范化、标准化、便捷化。

（三）抓实"三个一"环节，实现"一窗通办"

首先，实施一号识别。通过叫号器系统，避免重新取号、重复排队。无论是企业还是个人，均采用一号身份识别。企业以组织机构代码、办事群众以身份证号作为唯一识别。将本次办事信息通过扫描转化成电子文件予以收集存储，建立数据库，进行大数据统计，形成电子证照库和资源目录，下次办事只要携带身份证原件或企业营业执照等原件核对确认后，对已有资料不再重复进行提交，只需对新增加的资料信息进行提交存储。其

次，一窗综合受理。设置综合窗口，居民群众到任何一个窗口都可以进行规定事项的办理，工作人员均为"全科医生"，避免忙闲不均、资源浪费。窗口人员直接面对办事群众和企业，把单一窗口一对一服务变成综合窗口一对多服务。由于重新建立一套数据系统，做到软件开发正常运行，需要花费时间精力，且行政成本高。在后台数据尚未打通共享的情况下，可以通过对外公开承诺的业务、办事程序、时限，除个别简单的即办件直接办理外，对需要审批的事项一律采用接办分离，权责分开。前台负责受理，接收材料，告知承办流程，审核材料是否齐全，以及反馈最终结果等。后台由街道科室选派有审批权的业务骨干负责审批办理，遇街道自身无法审批事项，后台业务科室通过报送区委办局来完成审批办理。最后，统一窗口出件。对于受理后按规定时限审批办理的事项，均统一由固定窗口登记确认、核发。

（四）加强队伍建设，强化业务技能培训

大厅窗口工作人员特点鲜明，具有一定的社会性、群众性和公益性，其所作所为影响着党和政府在人民群众中的形象，所以要提高窗口工作者的思想道德素质、业务能力素质及自身综合素质。可以选择全面精通业务的工作人员两至三名，作为大厅值周长，处理具体办事流程、工作情况，对办事群众进行引导、指导、咨询服务，对窗口工作人员进行督查、协调等工作，遇特殊情况可作为机动人员来临时替补窗口工作人员。对于政务综合窗口工作人员可以从社区中择优选拔社工人员，还可以采用政府购买社会组织形式进行社会招聘，现有相关科室负责人及窗口经办人经验丰富，要全程负责对综合窗口工作人员进行系统培训和业务指导；对于社保事业窗口工作人员，因人员较多，要从现有人员中通过轮岗、公开竞岗、选拔、考核、综合评比，择优选取。为实现窗口工作人员由专一型向全能型转变，制订培训计划，开展"一窗式"流程管理、软件系统操作等培训，每周培训一次，每月业务考核，定期检查各类系统操作水平和业务技能情况，使其全面提高，成为"多面手"，当好牛街地区行政综合服务形象大使。

(五)完善"一网"程序,推进"互联网+政务服务"

街道在探索开展大厅政务服务改革一窗受理的基础上,推进公共服务平台建设。加强服务大厅与业务科室的"快速对接",确保信息的实时传递和工作衔接的紧密性,促进协调联动机制的有效运转,推进各科室信息共享,消除"信息孤岛",建设居民和单位电子证照库,实现一号识别,全事项精细管理,畅通政务服务渠道,逐步挖掘完善"一网"办事流程,资源整合,流程再造,数据共享,业务联动,实现办事预约、掌上办事、资料速递、及时反馈、主动服务、热线服务等网上功能,促进业务数据统一管理,应用平台统一部署,推动决策智能化、服务主动化。并为与区级政务服务系统的网络平台对接奠定基础。

(六)建立监督考评机制,提升服务质量

一方面,强化监督评价。办事群众根据在窗口咨询、受理、办事的服务体验,包括事前、事中、事后工作人员提供的帮助服务和办事满意度,及时对窗口服务过程进行评价,以便促进大厅政务服务和窗口工作人员纠错和优化服务。通过完善监督机制,监控业务办理时间、服务反馈登记等手段,提高大厅为居民服务的效率。另一方面,建立激励机制。奖励机制应与处罚机制并存。前台窗口工作人员代表着大厅的服务,既要有严格的要求,还要有一定的岗位奖励,落实绩效奖励机制。

参考文献

桂良:《南海推"一窗通办"改革》,《信息时报》2015年5月22日。
文昭:《一键一窗一网 引领政务服务全面升级》,《四川日报》2016年6月1日。
国务院:《2015年推进简政放权放管结合转变政府职能工作方案》,http://www.gov.cn/zhengce/content/2015-05/15/content_9764.htm,2015年5月12日。
国务院:《国务院关于加快推进"互联网+政务服务"工作的指导意见》,

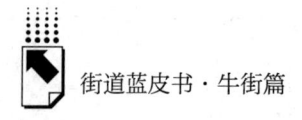

http：//www. gov. cn/zhengce/content/2016 - 09/29/content＿ 5113369. htm，2016 年 9 月 25 日。

北京市人民政府办公厅：《北京市人民政府办公厅关于印发〈北京市 2017 年政务公开工作要点〉的通知》，http：//govfile. beijing. gov. cn/Govfile/ShowNewPageServlet？id = 6496，2017 年 4 月 16 日。

调研报告

Survey Reports

B.7
关于牛街民族工作调研情况的报告

摘　要： 做好民族工作最关键的是搞好民族团结，牛街作为北京最具民族特色的街道，应落实习近平总书记关于民族工作系列讲话精神，站在国家发展、长治久安的战略高度，把民族团结放在一个基础、核心的地位，成为全国的一面旗帜，在首都民族工作中发挥重要的窗口作用。为深入了解当前牛街地区民族工作的情况，课题组通过"实地调研＋座谈"的方式，对牛街街道辖区内的相关社区进行了深入调研。本文按照理论研究与实证调研相结合的方法，总结当前牛街街道民族团结的主要做法，梳理民族工作存在的发展瓶颈，并有针对性地提出建议，为进一步提升牛街地区民族工作水平提供参考。

关键词： 牛街街道　民族工作　民族团结

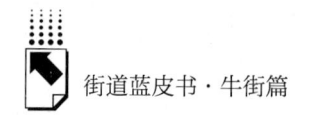

一 调研背景

党的十七大将"维护和发展平等团结互助和谐的社会主义民族关系,……实现各民族共同团结奋斗、共同繁荣发展"写入党章,党的十八大提出"全面贯彻落实党的民族政策,……更好地维护民族团结、社会稳定、国家统一"。这既体现了新时期党和国家对民族工作的高度重视,同时也凸显了民族团结工作在党和国家全局性工作中的重要地位。民族工作关系到国家的长治久安,民族团结是各族人民的生命线,是做好一切工作的前提和保证。习近平总书记在中央民族工作会、中央新疆工作会议、中央统战工作会议、全国两会和到民族地区视察时,都强调民族工作和民族团结的重要性,并提出了新要求。特别是2017年全国两会,习近平总书记参加新疆团审议时就特别提出"像爱护自己的眼睛一样爱护民族团结,像珍视自己的生命一样珍视民族团结,像石榴籽那样紧紧抱在一起"。其实,这并不是习总书记第一次这样形容民族工作。早在2014年9月,中央民族工作会议上,习总书记就在会上强调"民族团结是我国各族人民的生命线""做好民族工作,最关键的是搞好民族团结,最管用的是争取人心"。在更早的2014年4月,习总书记考察新疆时,以"三个离不开"[①]阐述中国各民族休戚与共的血肉联系,强调民族工作的重要性。多年来,牛街街道始终坚持把贯彻和落实好党的民族政策作为事关地区发展稳定的大事。牛街地区具有很强的民族特色,是全国的窗口和标杆,在此情况下,牛街街道在推进民族团结进步和城市发展中面临的一些问题有着独特性,对于地区和谐宜居、稳定发展具有重要的现实意义。

(一)调研目的与意义

城市民族工作是一项综合、复杂的重要工作。对于少数民族聚集区域而

---

① 三个离不开:汉族离不开少数民族,少数民族离不开汉族,各少数民族之间也互相离不开。

言，民族和谐发展是解决一切问题的根本方法。随着基层治理体系和治理能力现代化建设的推进，城市民族工作的内容和形式也将进一步拓展和创新，民族地区未来发展问题成为当下的主要问题。要提升地区的品质，解决发展问题，首先要了解地区民族的发展现状、发展过程中存在的问题。本次调研通过对牛街地区各界人士代表进行座谈，找到牛街目前民族工作中存在的问题及困难，通过整理分析，探索未来地区民族工作问题解决的方法和途径。

（二）调研时间与过程

2017年3月16日上午，课题组与牛街地区各界少数民族的代表人士进行了座谈，参会代表在深入学习习近平总书记系列讲话的同时，结合实际工作，对当前民族工作中存在的问题进行了深度剖析，并对推动地区民族工作提出了自己的想法、认识和建议等。

（三）调研方法与对象

调研方法。本次调研主要采用的调研方法有文献分析法、座谈法等。文献分析法主要是对收集到的国家、北京市、西城区关于民族工作的政策文件，西城区地方志以及关于民族工作的期刊文献等进行研讨和分类整理；座谈法是结合座谈对象谈到的实际问题，提出民族工作的意见和建议。

调研对象。牛街地区各行各业代表人士，本次主要调研对象详见表1。

表1　牛街街道民族工作座谈人员

编码	性别	工作单位
NJMZ1	女	牛街街道办事处
NJMZ2	男	西城区民族宗教办公室
NJMZ3	女	中国伊斯兰教经学院
NJMZ4	男	牛街礼拜寺
NJMZ5	男	礼拜寺寺管会
NJMZ6	女	北京市宣武回民幼儿园
NJMZ7	男	牛街商贸有限责任公司
NJMZ8	女	北京佳诚物业有限公司

续表

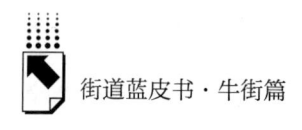

编码	性别	工作单位
NJMZ9	女	社区卫生服务中心
NJMZ10	女	西里一社区
NJMZ11	男	西里二社区
NJMZ12	女	东里社区

注：文中调研对象姓名处均采用表1编码标示。

二 牛街街道民族工作基础情况

牛街街道地处西城区中南部，辖区面积为1.44平方公里，共为10个社区，总人口约5.6万人，有23个民族，除汉族外，有回族、维吾尔族、蒙古族、满族等22个少数民族，少数民族人口约1.7万人，其中回族群众约1.2万人，占辖区总人口的23%，是典型的城市少数民族聚居区，是北京市最具民族特色的街道之一（见表2）。牛街街道辖区内坐落着国家级文物保护单位，有著名的礼拜寺和法源寺，还有中国伊斯兰教协会、中国佛教协会、中国伊斯兰教经学院、中国佛学院等机构，是游客和穆斯林群众参观和礼拜的重要区域。特别是会礼日和穆斯林传统节日，前往牛街参观、游玩、礼拜的人更多，其中甚至包括伊斯兰国家政要、驻华使节。做好牛街民族工作，无论是对服务好辖区居民、游客，还是落实中央民族政策、维护首都各民族安定和谐的局面来说都具有特殊重要意义。

随着大规模城市改造的进行，地区基础设施和便民机构不断完善。北京市及西城区两级政府投资建设了牛街清真超市、清真牛羊肉市场、清真小吃城等设施，充分满足少数民族群众特殊需求。为了让各族群众生活得更加便利，牛街街道充分发挥党委、政府派出机构的职能，从加强社会建设出发，深入调研，不断推进民生工程，逐步建立完善服务体系。利用现有条件和历史文物资源，加大公共服务设施建设力度，先后投资修缮了牛街礼拜寺，修建了回民幼儿园、回民小学，改造了民族敬老院、回民殡葬处等。目前，各民族在语言、文化、服饰、婚姻、居住等民族风俗习惯上相互吸收、兼容并蓄，民族间差异性逐渐缩小，融合性逐渐增强。

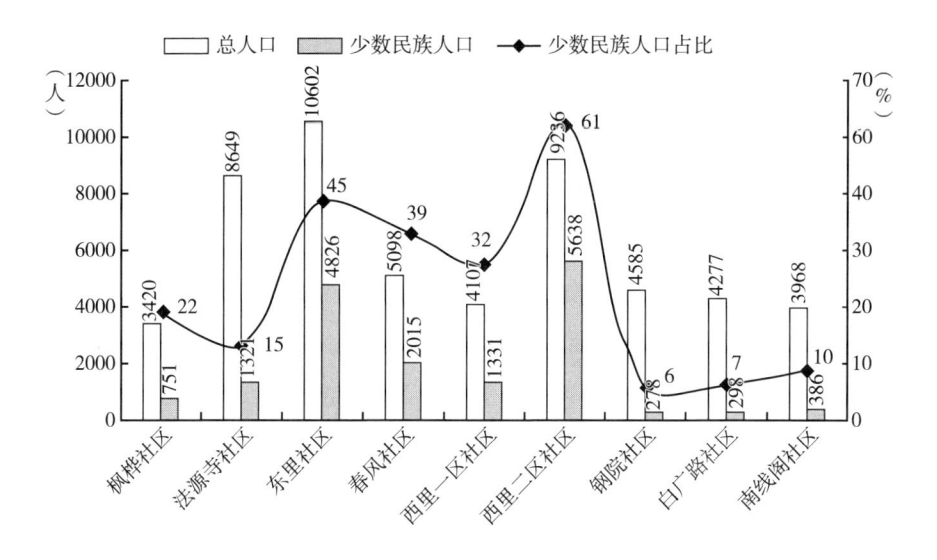

图1 牛街街道各社区少数民族人口情况

数据来源：2017年4月11日牛街街道工委办提供。

三 牛街街道推进民族工作的三大举措

牛街街道认真贯彻落实中央、市、区民族政策和会议精神，紧紧围绕各民族"共同团结进步、共同繁荣发展"的主基调，立足区域发展实际，聚焦服务保障民生，推进和谐社会建设，不断改进和增强党建工作，推动民族工作水平提升，1988年来先后四次荣获"全国民族团结进步模范集体"，五次获得"首都民族团结进步先进集体"，以及"全国未成年人思想道德建设工作先进单位"、全国"五五"普法先进单位等国家级荣誉称号。地区形成了各民族互相尊重、互相学习、互相帮助、互相团结、和睦相处、和衷共济、和谐发展的良好局面。

（一）提高认识水平，准确把握民族工作新思路

1. 把加强党的领导作为做好地区民族工作的有力保障

街道始终坚持发挥党组织的领导核心作用，把促进地区民族团结、和谐稳定作为最根本的任务，把维护好各民族群众切身利益作为重要使命，深入分析研判形势、科学制定工作目标、统筹部署各项工作、广泛凝聚各方力量，全时全程抓紧抓实民族工作。充分发挥社区、企业单位党支部作用，广泛宣传党的民族政策，积极开展形式多样的民族团结活动。不断强化党员干部民族工作意识，营造人人关心民族工作、人人维护民族团结的大好局面，使牛街作为首都民族工作的窗口作用更加凸显。

2. 把做好群众工作作为民族团结创建进步的关键基础

街道的民族工作是最大的群众工作，在工作中牢记群众观点，走好群众路线，是街道领导班子的共识，也是开展工作的基础。群众在哪里，工作重点就在哪里。近年来，街道坚持贴近群众、贴近生活，从解决群众最关心、最直接、最现实的利益问题入手，通过启动一系列为民服务项目，健全完善民族特色服务体系，不断提升群众的民生保障水平。从群众的居住环境到入学养老，从牛羊肉供应价格波动到民族节日的服务保障，街道都积极统筹协调，最大限度地满足群众合理需求，维护各族群众的合法权益。

3. 把培育家园意识作为推动民族和谐稳定的强大力量

街道深入开展党的民族政策的宣传教育，弘扬和践行社会主义核心价值观，牢固树立"三个离不开"思想，积极创造条件推动各族群众交往、交流、交融，着力增强各族群众的"五个认同"。通过各种邻里互助、社区共建活动，拉近居民、政府、辖区单位之间的距离，让大家感觉到邻里情、民族情。牛街各族群众团结互助、和谐相处，营造出和谐稳定的良好局面，培育出共建、共驻、共享的家园意识。正是这种家园意识，让居住和工作在牛街地区的群众更加团结，形成了牛街独特的地域文化和品牌文化。

（二）强化党建统领，不断完善民族工作新体系

1. 构建工委领导、科室推动、部门协作、社会参与的民族工作格局

多年来，牛街街道工委、办事处历任领导班子始终把民族团结进步工作列入重要议事日程，建立了一系列开展民族团结创建活动的工作制度。街道加强区域化党建工作，通过载体创新，实现党建资源整合，深化服务型党组织建设，引领和汇聚各方力量，将服务群众工作落到实处，使每一名党员自觉成为联系群众的桥梁纽带，密切了党群关系。充分发挥民族宗教工作领导小组作用，切实坚持和加强党对民族工作的领导，把民族工作列入重要议事日程，定期分析研究，强化沟通协调，全面统筹落实。制定《民族政策监督员管理办法》《民族政策监督员工作职责》，完善"处带居""科带居""六联系""三必访"等工作制度，充分了解群众意愿，畅通民意表达，积极采取有效措施满足群众的合理诉求。街道还制定了38条《牛街街道关于加强民族工作的意见》，将民族团结进步工作纳入各社区党建工作考核的重要内容。发挥各方积极作用，动员群众积极参与，在地区形成工委领导、科室推动、部门协作、社会参与的民族工作格局。

2. 以社区大党委优化基层组织建设，推进民族工作

"党小组建楼上"已成为了街道各基层党组织强化领导核心作用、服务辖区居民群众的重要工作机制，更好地为基层党组织发挥战斗堡垒作用提供了制度保障。街道工委在全地区机关、社区、非公企业、辖区单位党组织中依靠"互联网＋党建"的工作新模式，充分发挥社区大党委的统筹作用，围绕民生服务，推出"党日活动菜单""爱心储蓄银行""幸福夕阳·快乐生活"敬老为老服务等党建创新项目，发挥党员先锋作用；规范备案社区社会组织队伍80支，打造培育"春雨穆林社区服务队"、小学生托管班等多支品牌队伍，提升便民服务；设立辖区50余家企业单位参与的"民族团结就业援助中心"，解决企业招工难，社区人员就业难问题。各社区党委结合民需，充分利用党组织服务群众经费，相继实施了白广路社区旧楼环境改造、西二社区老旧楼楼梯扶手安装、钢院社区绿化靓美、西一社区民族文化

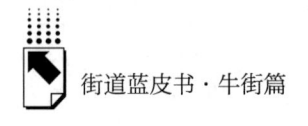

传播室组建等重点项目，均得到了各族群众的欢迎与认可，促进了地区的民族团结进步事业的发展。

3. 把少数民族干部人才培养和选拔作为队伍建设的重中之重

街道将党的民族政策理论学习作为政治内容长抓不懈，研究把握新时代做好民族工作的特点和规律，不断提升领导班子民族工作的能力和水平，在推动发展中发挥好引领示范作用。坚持树立"大人才观"，加强干部队伍建设。把少数民族干部人才培养和选拔作为重中之重来抓，落实干部教育培训五年规划，提升民族工作骨干的综合素质。坚持街道干部配备"三个三分之一"的比例（见图2），在实践中考察和识别干部，为地区稳定和发展提供坚强保障。街道把抓基层、打基础作为维护区域稳定的长远之计，加强街道—社区—民族工作骨干"三级"网络建设。结合区域特点，以社区"两委"换届为契机，提升社区工作者的民族比重和本地化比重，目前社区党委、居委会委员中少数民族占总数的42.9%。整合社区党委统战工作职能与居委会民族团结进步工作委员会职能，夯实社区民族工作的组织基础。建立社区工作者人才库，选拔储备优秀人才。注重阿訇、乡老、社区积极分子队伍建设和作用发挥。近年来，社区少数民族骨干队伍数量稳中有增，结构趋于合理，素质能力不断提升，更好地服务于美丽牛街的建设。

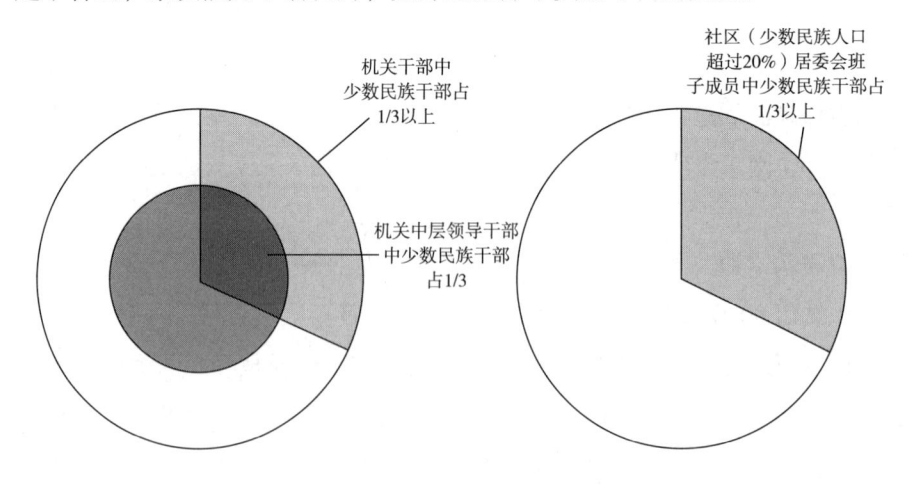

图2 街道少数民族干部配备比重

（三）切实服务群众，全面实施民族工作新战略

1. 推进环境和治安建设，打造美好宜居家园

立足群众实际需求，加大环境整治力度，完成法源寺西里老旧小区3、4、5号楼，白广路二条胡同，南线阁精品大街和登莱胡同边角地环境整治工程，持续改善街巷环境面貌。以治理"城市病"为切入点，持续推进七大战役，即拆违、灭脏、清障、治污、治乱、撤市、缓堵，集中全街道力量拆除违法建设8000余平方米，取缔无证无照"七小"46户，为疏解非首都功能打好基础。深入开展生态文明建设，倡导"低碳、绿色、环保"的生产生活理念，深入实施城市绿化美化工程，新增、改造绿化面积5000平方米。完善社会治安防控体系，依托科技手段夯实基础，持续加大人防、物防、技防投入，遏制可预防性案件的发生。落实人口调控各项措施，健全"以房管人，以业控人，以证管人"模式，疏解流动人口3100人。加强群租房屋监管力度，集中力量查处。加强对少数民族流动人口的管理与服务，建立街道主要领导家访制度，定期对重点家庭家访，听取意见，解决问题。

2. 大力传承和弘扬民族文化

开展牛街地区历史与文化资源挖掘、整理和保护工作。对少数民族机构场所、名人专家、少数民族群众进行走访，搜集整理历史资料。为更好地让北京甚至世界了解牛街，牛街街道牵手北京电视台，分别以牛街的历史、牛街的文化和牛街的和谐为主题拍摄了三集专题片"这里是牛街"。保护民族非物质文化遗产，结合节庆日举办牛街掷子、奶酪魏等非遗项目的展示和体验。成功举办"牛街记忆"文化沙龙和"牛街往事"主题征集活动，利用微博、微信等新媒体资源广泛宣传弘扬牛街历史文化精神内涵。开展"百位老人口述牛街"采集工作，形成有价值的影音资料。建成牛街历史文化展陈室，全面介绍牛街地区历史文化风貌，展示历史文化挖掘的阶段性成果。

充分发挥地区民族团结创建活动的示范作用，巩固民族团结创建工作成果。牛街民族团结进步表彰活动自1988年启动以来，连续召开十三届，表

彰了679个先进单位、586个楼门院、945名先进个人和300个和谐家庭，品牌示范作用已深入人心。以民族团结杯为统领，持续开展"民族团结月"文艺会演、"民族团结杯"健身操舞大赛、"我要上春晚"等特色活动，促进民族优秀传统文化的传承，有效扩大了地区民族工作的影响力和凝聚力。牛街作为北京城区最大的清真食品生产和消费的地区之一，街道在打造清真餐饮示范街的基础上，指导成立了牛街清真食品商会，进一步整合地区清真餐饮资源，提升行业整体服务水平，促进清真特色餐饮文化的传承和发展，将牛街的品牌效应推上一个新台阶。

3. 打造民生工程，满足群众多元化需求

积极落实低保低收入、保障福利、养老等惠民政策。近两年，街道发放低保慰问金778万余元、办理入住各类保障性住房413户；建立街道0~3岁儿童早期发展指导中心，为地区婴幼儿家庭提供专业、高效的育儿指导服务，累计举办活动2000多场，提供服务13000余人次。探索建立主动救助模式，打造集临时救助、慈善救助、特困供养协调配合于一体的综合救助体系，救助地区弱势群体110户，拨付资金81.6万余元。抓好就业创业工作，发挥就业援助中心平台作用，提供各类岗位600余个。打造为老服务新品牌，建立牛街民族养老驿站，搭建综合养老服务平台，推进"医养结合型"养老服务模式，依托地区43家服务商，为老年人提供送餐、医疗保健等服务。坚持民需导向、问题导向，加强对社区居民、信教群众、困难群体的走访，有针对性地开展关爱服务、亲情服务。两年来，组织走访慰问3000余人次，覆盖了信教群众、困难家庭、民族工作骨干、积极分子等不同群体。

4. 强化社会服务，健全公共服务体系

探索建立民意立项机制，广泛动员群众参与，问计于民，通过充分征求居民意见，切实解决居民提出的社区环境、市政基础设施等热点难点问题275件。深入开展"访民情、听民意、解民难"工作，探索建立居民参与社区管理和议事的新途径，以西里二社区为试点，建立"社区议事厅"，健全社情民意信息收集机制、志愿服务参与机制、议事协调机制，创新推进

"参与式协商"民主自治模式。建设街道民族文体活动中心,在各社区设立文化广场,结合群众的兴趣点,培育民族文体队伍和各类社会组织80余支,参与群众数达万人。牛街民族艺术团、牛街民族棋牌协会等特色社团相继成立,发挥了文化引领作用。以社区为依托,坚持每年举办社区艺术节和体育节,开展"五月鲜花献给党""开斋节文艺表演""中国式摔跤"等活动,定期组织"民族团结杯"棋类、舞蹈等比赛,做到月月有活动、长年不断线,丰富了各族群众的精神文化生活。

四 牛街街道民族工作面临的挑战

在科学谋划区域民族工作中,牛街街道创新提升民族工作规范化、社会化水平,积极响应群众需求,改善民生,增进民族团结,探索出一些行之有效的创新性工作模式,取得一定的成效。但宗教信仰、风俗习惯、价值理念、语言特征以及思维方式不同的多民族生活在同一个区域,必然会出现区域文化多元并存、相互交织、相互影响的局面,差异性因素的存在使牛街街道民族工作开展面临一定的挑战。

(一)人口流动性增加,服务管理难度大

随着经济的快速发展、城镇化的快速推进,作为特大城市少数民族聚集区域,牛街街道对全国各地少数民族特别是穆斯林民族的吸引力非常大,进入牛街街道的少数民族同胞不断增加。人员的流动性给街道的管理和服务带来两方面的问题:一方面,人员在流入的同时也会将思想、文化一并带入街道,不同的思想、文化一部分会与本地思想、文化融合;另一方面,因为来京的少数民族居住分散,一些初次进京的人员缺乏主动向街道相关部门报到的意识,这就导致街道和社区不能更好地掌握这些人的信息,以及及时为这些人员服务。多数来京的少数民族互相传递的信息不仅仅限于经济信息,还有包括民族关系在内的各种信息,对子女上学、社会保障等方面也存在较多问题,给城市民族工作带来新的挑战。

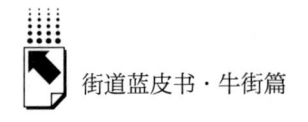

（二）对民族风俗习惯尊重有待进一步提高

文化是一个民族赖以生存的根基，是一个民族区分于其他民族的重要符号，是一个民族的灵魂与血脉。由于各民族在生活习俗、语言文化、心理素质上存在一定的差异，所以，尊重少数民族的风俗习惯，不仅关系到民族团结，还关系到国家的稳定与发展。牛街街道是北京市域内为数不多的少数民族群众主要聚居区，不同的民族的宗教信仰是不尽相同的，需要其他民族群众理解和尊重其民族文化。但当前在牛街街道还存在不尊重不同民族风俗习惯的现象，有待改进。

（三）学前入园难，教育资源不足

由于西城区适龄儿童人数的不断增加，西城学位存在严重不足的现象，特别是优质的学前教育资源不足和家长对学前教育的重视，致使城市儿童入园难的问题成为热点和焦点。然而，牛街地区是少数民族聚集最集中的区域，现有的少数民族学前教育资源严重不足，如回民幼儿园仅有学位260余个，无法满足该区域儿童的入学问题。正如NJMZ6说，"每年一到招生季节，幼儿园供给学位和百姓入园需求严重不匹配，学位只有100多个，有时候报名人数能达到五六百个，这么严重的缺口，没办法满足，就会造成地区百姓一些情绪上的问题。现在二胎政策放开了，人口又增多了。解决这个问题最难的地方是想再扩充学位，没有资源，没有地方，牛街地区的事需要多方共同努力，才能缓解入园难的问题。"

（四）标准缺失，清真食品不清真

在我国，有10个民族具有清真饮食习惯，总人数超过2300万人，对清真食品生产、运输、销售的监管应该引起各级政府，特别是民族聚集区政府的高度重视。在牛街存在"清真食品泛化"、清真品牌多而不强等现象。在北京乃至全国范围内没有统一的生产标准，在街道层面缺乏相应的产业发展导则，各职能部门在清真食品安全与管理工作中的职能和主要任务不明确，没有建立清真食品的监督管理工作机制。清真食品行业协会没能更好地发挥出应有的作用，还未能形成全行业的有效监管，未能实现清真食品行业有序、健康发展。在牛街，很多外地游客慕名而来购买东西，需求特别大，但是质量达不到人们真正的要求。正如NJMZ12谈道："今天这儿排大队，明天那儿排大队，别形成皇帝的女儿不愁嫁，在牛街这个地方，有极个别商家顾及数量，不抓质量，致使有些本土牛街人吃不到地道的正宗食品，也不常在这儿吃了，因为追求高质量。比如说人们依赖的清真超市，要能够保持清真的品牌，从正规渠道进货，保证食品安全，真正能够让人们吃到放心、称心的食品。"

五　牛街街道提升民族工作水平的对策建议

（一）提升和细化牛街民族团结工作

牛街在民族工作方面已经成为北京乃至全国的一面旗帜，有着风向标的作用，其所做的民生服务非常有影响。牛街需要在精细化、网格化上多做一些工作。精细化是指服务和管理方面的精细化，因为社会工作很多都是管理服务，更多的是要把管理融入服务当中，解决好停车难、楼道内老旧物品堆放等问题。要完善硬件设施配备，进行科学规划，需要有一个长期的、有效的措施。例如，可以联合企业在一些边角地建设立体停车场，缓解停车难的现象。对楼道乱堆物现象开展集中大整治，建立长效管理机制，转变老人堆放杂物的观念，规定时间集中清理垃圾。通过网格管理和服务民族工作，真正让网格员发挥作用，宣传好政策，发现问题后及时地反馈、解决问题。

（二）加强清真食品品牌管理和食品安全监管

牛街以牛羊肉而闻名，是人气聚集的地方，形成了美食一条街。牛街的清真食品非常有名，是很多居民和来京人员购买清真食品的首选地，所以，街道在维护好品牌的同时更要做好食品安全的监管。一方面，要加强对"牛街清真食品"品牌的利用，通过市区媒体和网络媒体广泛宣传"牛街清真食品"品牌，同时加强对"泛清真食品化"等现象的检查，加大对制售假冒伪劣清真食品的处罚力度，建立"泛清真食品化"举报通道，充分发挥"西城大妈"的作用，凡举报必查，综合运用行政、法律等措施维护好"牛街清真食品"品牌；另一方面，加强对食品安全的监管，特别是对一些老字号、知名店面的食品安全监管，定期组织相关部门对食品进行抽样检查，保证清真食品安全。充分发挥行业协会的作用，实现行业自律。

（三）提高对流动人口的管理水平

在管理流动人口方面，利用"互联网+"和大数据技术，建立基础网络，做好流动人口的监测系统，与公安部门信息共享，及时了解外来人口的相关情况。充分发挥辖区派出所、协管部门的作用，加强对流动出租屋、小宾馆、小旅店的监察监管，严格登记制度；充分发挥驻区单位、"西城大妈"的作用，加强重点盯防。加强对少数民族、流动人口的管理和服务，做好文明素质、政策思想、团结氛围等的宣传，为他们提供一些优质的服务，包括办一些证，提供一些生活上的方便。

（四）提升民生服务空间和教育资源分配

牛街地处首都核心功能区的西城区，作为首善之区，做民族工作，要坚持首善标准，更好地服务群众。如利用"互联网+"技术做电商服务平台，包括宗教服务、殡葬服务、周年活动直播服务等。采取多种形式，制定和落实发展规划，补充学前教育资源，提供覆盖面广的学前教育公共服务。鼓励优质幼儿园举办分园或合作办园，增加教育集团和第二学区，解决西城区学位不足的问题。积极扶持和资助民办幼儿园，给家长提供多样化选择，确保地区适龄儿童享有公平的学前教育机会，"有园上"且"上得起"。

（五）加强民族宣传和民族干部队伍建设

民族团结的前提是民族之间的互相尊重，要进一步加强各民族的交流、交往和交融，使各民族之间拉近距离、走近彼此、更加了解、团结一心。利用传统方式和新媒体方式进行宣传和教育。在尊重和理解各民族人民的基础上，了解社区人员的思想动态并化解各种矛盾纠纷，做好社区居民的教育工作，团结各民族共同进步、共同繁荣和共同发展；另一方面，利用微信、微博等新媒体及时推送民族知识和普法宣传等，同时也在社区设立一些宣传橱窗、报刊专栏等，以座谈、讲座、报告会或者咨询服务的方式加大对民族活动、民族文化和民族工作的宣传，在社区营造出民族团结的大好氛围。少数民族干部的培养和培训也要作为一项先导性、基础性和战略性的工程来抓，采取多种方式、多种渠道，提高少数民族干部在政治工作、业务水平等方面的水平。

参考文献

翟俊：《城市多民族社区政治参与研究》，云南大学硕士学位论文，2012。
《做好新形势下贵州民族工作的几点思考》，《贵州政协报》2014年10月31日。
《西城牛街第一个"集体商标"正式公布知识产权》，中国商务新闻网，2015。

B.8
关于牛街清真食品商会调研情况的报告

摘　要： 民以食为天，食以安为先。食品安全关系人的健康和幸福，更关系国家的稳定与富强。牛街作为北京清真餐饮大本营，清真食品商会的建立带动了地区清真餐饮示范街的建设，保护了清真食品品牌。为深入了解当前牛街清真食品商会的详细情况，北京市社会发展研究中心牛街研究基地课题组，通过"座谈+访谈"的方式，对牛街清真食品商会进行了深入调查研究。本文按照理论研究与实证调研相结合的方法，总结当前牛街清真食品商会的主要做法，梳理商会工作中存在的问题，并有针对性地提出建议，以期为进一步做好牛街清真食品商会工作提供决策参考。

关键词： 牛街街道　牛街清真食品商会　清真餐饮

一　调研背景

商会具有统战性、经济性、民间性的特点，是中国共产党领导下的具有统一战线性质的人民团体和民间组织。习近平总书记在中央统战工作会议上强调"充分发挥统战工作向商会组织的有效覆盖，发挥工商联对商会组织的指导、引导、服务职能，确保商会发展的正确方向"。牛街清真食品商会作为联系和团结牛街地区清真饮食企业的重要组织，肩负着提升牛街清真食品整体品牌、传播牛街清真饮食文化、推动牛街地区清真饮食类企业发展的重要责任。截至目前，牛街清真食品商会成立已经超过两年，第一届理事会运行时间已经超过2/3，商会运行得怎么样？是否实现成立组织的初衷？带着这些问题，我们对西城区民政局、西城区工商分局、西城区工商联、牛街清真食品商会以及西城工商分局牛街工商所进行了调研,结合走访会员单位,了解商会的运行状态。

(一)调查目的与意义

本次调查通过对牛街清真食品商会顾问进行访谈,在了解商会推动区域经济社会发展中的实践举措、创新做法的同时,找到清真食品商会在整合品牌资源和发挥品牌优势效应等方面需要改进的问题,通过整理分析,探索解决其未来发展问题的方法和途径。

(二)调查时间与过程

5月25日上午9:30,课题组对牛街清真食品商会的顾问和秘书长进行了深度访谈,以"牛街清真食品商会创新发展思路"为主题,就牛街清真食品商会特色工作经验,包括成立背景、创新点、具体做法、企业文化、商标注册以及发展存在的问题、未来的发展理念和发展方向等进行了详细采访。

5月26日至5月30日,课题组分5次对牛街清真食品商会的5个会员单位进行了实地走访,通过观察会员单位的企业运行情况、随机访问消费者,了解成员单位在加入牛街清真食品商会后的变化。

(三)调查方法与对象

调查方法:本次调查主要采用的调查方法为深度访谈法、实地走访、观察法。主要分析和研究了牛街清真食品商会的发展思路、商会的组织架构、运作机制等内容。

调查对象:本次调查主要访谈对象详见表1。

表1 牛街清真食品商会调研访谈对象

编码	性别	所在单位	职务
NJSH1	男	牛街清真食品商会	顾问
NJSH2	女	牛街清真食品商会	副秘书长

注:文中访谈者姓名处均采用表1编码标示。

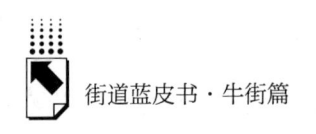

二 牛街清真食品商会基本情况

（一）商会的成立背景及组织架构

作为我国著名的回族聚居区，牛街地区众多回族特色的清真食品被北京乃至全国人民广泛认知，并得到人民的广泛欢迎，但是牛街地区清真食品经营者缺乏对品牌的保护意识，牛街地区整体品牌没能得到有效整合利用，很多清真企业不会追究冒用牛街清真品牌的行为。通过2014年对牛街地区清真食品商标注册情况的调研发现，5份被收回的调查问卷中，仅有36%的企业完成了商标注册或正在注册。商家的不重视，就导致常常有不法分子打着牛街地区经过几百年几代人经营，进而在市民中享有良好口碑的品牌进行非法经营，不仅给牛街清真品牌的形象带来很大的负面影响，也增加了牛街地区清真食品企业经营者与不法分子之间的纠纷。

为更好地引导牛街地区清真餐饮企业参与"牛街清真餐饮一条街"示范街创建，捍卫百姓舌尖上的安全，尽快实现地区餐饮产业升级，保护牛街清真食品品牌，整合区域品牌资源，放大品牌的效应，2013年，牛街工商所在对牛街地区食品店进行系统调研走访的基础上，完成了针对清真食品商标战略管理的调查报告，并提出了品牌建设与保护的若干建议。

2015年8月，根据西城区工商部门的意见和建议，结合区域内企业的要求，北京市西城区牛街清真食品商会正式成立。由13人组成了第一届理事会、由3人组成了第一届监事会，会员单位34家。理事会有会长1人、副会长4人、秘书长1人、理事7人；监事会有监事长1人、监事2人。商会制定了有关章程和八条会员公约（见图1），三年一届，每年召开一次会员会，每三个月到半年召开一次理事会。

（二）商会具有五大职能

牛街清真食品商会由在街道辖区内登记注册的清真食品企业自愿联合发

```
┌─────────────────────────────────────────────┐
│          牛街清真食品商会会员自律公约           │
│                                             │
│   自觉遵纪守法    信守社会公德    促进区域经济增长  │
│   提倡先进文化    摒弃颓废庸俗    促进区域先进文明  │
│   提倡守法诚信    摒弃偷工减料    促进企业信誉建设  │
│   提倡公平竞争    摒弃恶意中伤    促进企业互利共赢  │
│   提倡相互尊重    摒弃蛊惑造谣    促进企业和睦共处  │
│   提倡互助友爱    摒弃见利忘义    促进企业资源共享  │
│   提倡开拓创新    摒弃小富即安    促进企业健康发展  │
│   提倡奉献关爱    摒弃事不关己    促进民族和谐团结  │
└─────────────────────────────────────────────┘
```

图1 牛街清真食品商会会员自律公约

起成立，本着互惠互利、共同发展的原则，促使企业良性循环、有序竞争、持续发展。商会具有五大职能。一是提升牛街地区整体清真食品经营企业的水平。通过商会组织民族政策法律法规宣传、专业技能培训、业务参观交流等方式，引导企业加强自身建设。二是完成牛街地区清真食品的产业调整。帮助清真餐饮企业进行升级、改造，实现由个体商户、小门店向公司管理体制的转变，真正实现地区业态升级。三是建立企业自律机制，确保牛街清真食品商会会员能够自觉维护食品安全和民族政策。四是加强保护牛街清真食品品牌。牛街回族的清真小吃闻名京城，除了牛街本地清真商户经营清真小吃外，很多外城区也打出了牛街清真小吃的牌子，所涉及的食品安全问题不容忽视。五是进行清真传统小吃技艺的保护与整理。通过举办清真食品美食评优竞赛，交流技能经验，展示传统清真食品文化精髓；开展清真食品、清真餐饮，尤其是清真传统小吃技艺的非物质文化遗产传承与保护工作。

（三）商会特点突出

在推动商会发展的过程中，牛街清真食品商会特别注重组织发展的创新，不断壮大会员队伍，扩大商会的影响，截止到2017年5月底，牛街清真食品商会会员单位由成立之初的34家发展到41家。这些会员单位有三大特点：会员单位的经营类型比较集中，经营方式类似率高，主要有餐饮服务（餐馆）、食品流通（清真食品超市、清真食品店）、食品经营（生牛羊肉）三大类（见图2）；会员单位区域分布较广、成立时间差距较大，大部分企业总部在牛街街道，也有少数其他地区、街道经营清真食品的企业，既有传承百年的老字号，也有2003年牛街开街之后到牛街注册的企业；会员单位经营的食品类型多，不仅有牛羊肉，还有特色糕点，风格不仅有京味儿的，还有西北风味的。

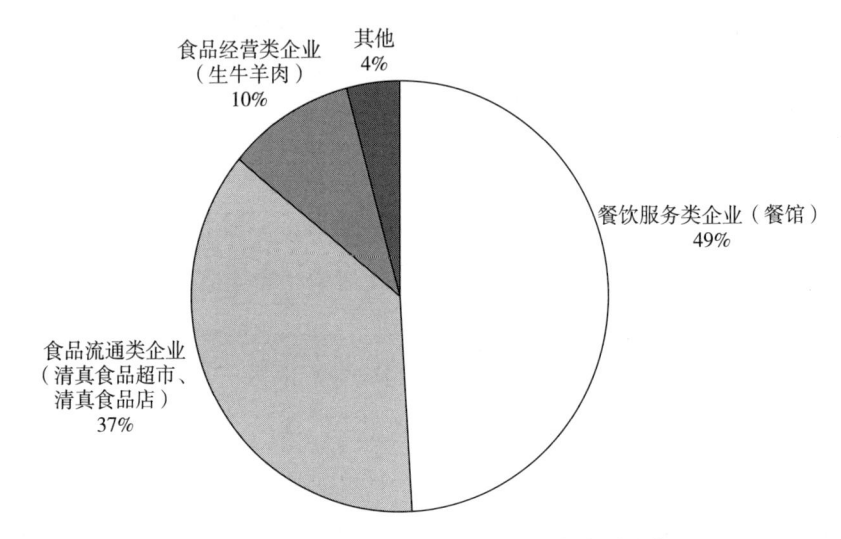

图2 牛街清真食品商会会员单位经营类型分布

三 牛街清真食品商会引领企业创新发展举措

建立牛街清真食品商会的目的主要有两方面：一是发挥好政府和企业间的纽带作用，更加有效地服务会员单位，维护企业权益，助力企业树立良好的社会形象，打造民族品牌；二是坚持互惠互利、共同发展，推进街道乃至西城区非公企业健康发展，为区域经济建设和社会进步做出积极贡献。街道和牛街清真食品商会创新发展举措，内外兼修，共同发力，采取一系列措施推动两个方面目的的实现。

（一）活动牵引，发挥好桥梁纽带作用

商会是会员企业的业务指导单位，是政府管理非公有制经济的助手，对企业起着团结、帮助、引导、教育的作用。为了促进辖区社会进步和经济建设，促进辖区繁荣发展和团结稳定，3·15国际消费者权益日前，牛街清真食品商会与工商所、牛街商会、区私个协、区消协联合发起"树立牛街清真品牌，营造无忧消费环境"主题倡议，在牛街街道办事处门前举办企业诚信签字活动，参加的会员企业代表全部在承诺书上签字，表示携手维护消费者利益，营造公平竞争、诚信经营的商业氛围。商会和食药所一起举办类似活动，保证销售的食品符合国家法律规定。

（二）品牌凝聚，利用好资源产业优势

为了更好地保护牛街的清真食品，在注册商会的同时，也开展了牛街清真集体商标注册的工作，2015年完成了"牛街清真食品"商标标识的注册，牛街清真食品商会会员正式拥有了属于自己的集体商标。这一商标作为牛街街道正宗清真食品的统一标识，只有商会会员可以使用，主要包括面食糕点、肉食制品、副食调料和鲜活畜禽产品四大类，商标可以用在商品包装、字号以及店堂广告中。注册商标的使用较为复杂，涉及餐饮、食品、包装袋等，目前商会正积极探索实施商标保护和发展战略，针对保护商标、不使商标受到侵权、商标使用等与有关政府职能部门进行协商，征求有关部门的意见，制订相应的规章制度。通过商会统一商标，不断整合辖区资源向品牌优势转变，在现有的基础上对清真食品进行提质增效和二次创产，带动牛街区域经济的飞速发展，同时也更好地推动和服务牛街地区清真食品企业的发展。

（三）资源共享，组织好内部业务学习

针对商会内部分企业品牌意识不强等问题，商会充分利用内部在品牌塑造方面做得较好的成员单位为其他单位授课，帮助商会内部单位认识品牌价

值，提高品牌意识。建立现代企业制度是牛街的清真企业做大、做强的必由之路，现代企业的建立需要形成自己独特的企业文化。根据这种需求，商会邀请成功的企业家、北京和合谷餐饮管理有限公司总经理进行专题讲座，促使会员企业学习、借鉴、提升。

（四）宣传强化，把握好对外交流交融

牛街清真食品商会积极开展对外交流，提高清真食品的知名度。清真食品商会跟西单商会联系，抓住商机，把牛街的清真食品打到繁华的西单商圈；商会去外省参加多个展销会、博览会，例如参观考察陕西、宁夏、青海、新疆四个省份的多个城市，参加国际博览会和当地的清真博览会，扩大企业影响力。目前，商会已参加两届青海省祁连县每年7月份组织的美食飘香清真美食节，分别获得了一等奖和二等奖的荣誉。这既是对牛街小吃的一种认定，也说明牛街小吃声名远扬，受群众欢迎。商会积极推广牛街餐饮品牌，通过竞猜等活动，结合中医阴阳平衡养生，宣传牛街饮食文化，使其透着浓浓的京味文化风情，成为名副其实的京味美食文化代表。为了塑造清真食品品牌，商会寻找合适的切入点，为会员提供所需要的服务。例如，参加北京牛街回民小学社会实践课，把清真美食送进校园，与学校共同举办清真美食进校园的活动，既做到宣传企业、传承清真小吃，又让孩子亲手制作、知道粒粒皆辛苦的深刻含义。商会还请吐鲁番餐馆的一位特级厨师在社区里举行厨艺展示，请武警战士品尝牛街的美食。通过举办厨艺比赛、餐饮养生知识竞猜，组织会员企业参观熟食生产企业、牛羊肉生产屠宰加工基地等丰富的活动，提升企业品牌知名度。

四 牛街清真食品商会面临的困难与问题

（一）商会运作非专职化，影响功能有效发挥

牛街清真食品商会的筹建得到了西城区工商联的支持，并且成为商会与

政府部门沟通联系的唯一制度渠道，商会会长、副会长在商会成立之前就已经基本确定，要么是政府相关部门领导，要么是行业精英，对政府和精英的依赖度较强，很多成员对候选人的能力和经历并不熟悉，甚至根本就不认识，选举过程基本上是走形式。商会的会长、副会长、理事会成员、监事会成员以及会员一般没有商会的运作经验，不仅是非专业化，还是非专职化，很多成员都有自己的主营业务，更多精力都在其主营业务上，很少有精力顾及商会的长远发展，参与商会也是为了享受荣誉感。这些问题不是牛街清真食品商会的独有问题，而是中国大部分社会团体的通病。

（二）商会资金来源单一，影响服务保障水平

从商会的资金收入考虑，国家明文规定，行政单位和社团脱钩，商会不能让行政部门实施拨款，只能采取政府购买服务的方式。目前，商会的资金来源主要依托会费，有限的会费一部分用于服务企业的活动经费，一部分用于商会运行开支。对此，NJSH1说："现在只能说解决基本温饱问题，略有盈余都很困难，对于每年三千余元聘请律师的费用还比较难支出。"目前，运作经费制约商会服务项目，商会做不到让所有的会员都满意，比如举办餐饮比赛，餐饮企业热情高涨，效果很好。但是食品企业、牛羊肉企业也提出要求举办比赛，企业都交了会费，商会达不到这种服务水平，就会影响对商会价值的发掘，降低期望值，影响会员企业缴费积极性。

（三）商会行规刚性不足，影响社会公信权威

虽然牛街清真食品商会创建了牛街品牌的统一标识，并允许商会成员单位利用牛街品牌，但由于行业标准的缺失，不同成员单位的同类产品在规格、口感等方面也不尽相同，会在一定程度上出现成员单位的无序竞争，也会出现以次充好、以假乱真、"清真不清真"的现象，这就导致消费者对牛街品牌的认识产生模糊感，影响商会的社会公信力和社会信誉。

世界各国的商会一般都在经济中发挥着重要的作用，但是，目前我国商会的发展还存在一定的瓶颈：一是缺乏话语权，特别是在社会事务中影响力

不够；二是组织教育培训和宣传教育不够，对所属的公有制经济人士没有引导作用；三是沟通合作不够，特别是在为会员进行融资、维权、信息等方面的服务效果不明显。

（四）商会互动机制欠缺，影响商会正常运转

商会对成员单位的服务方式、方法较为固定，基本上是以活动和固定的会员大会聚集成员单位，缺乏与政府的沟通渠道和互动机制；另外，在成员单位方面，成员单位往往在有问题的时候才找商会，没有问题甚至不开会员大会，这在一定程度上给商会的正常运转带来负面影响。

五 牛街清真食品商会引领地区经济社会发展的路径

（一）培植挖潜资源是商会长远发展之策

牛街清真食品商会通过加强科学管理、强化价值认同、注重领导班子和吸收优秀人才，不断壮大会员队伍，加强自身建设。商会要保持长远目光，将内部发展与外部环境相结合，善于利用可挖掘的资源。商会在与街道及有关行政部门的交流合作中寻找良好商机，在政府的宏观调控下，发现更多政府支持、扶持的商业渠道。要灵活利用媒体的宣传力度和推广效果，充分宣传商会及会员业务品牌，更大范围地提高商会的发展理念。要用好法律武器，多与司法部门交流沟通，学法、懂法、用法，维护自身利益不受侵害，确保会员单位利益不受侵害。多与外界团体交流，与关联企业建立合作机制，获取更多的最新信息，创建更全面的信息服务平台，为会员企业提供更加丰富的服务，真正成为政府靠得上、会员信得过的组织。

（二）创建会办企业是商会经济保障之道

商会要持久稳固发展，必须不断提高自身服务能力，才能提供更多的需求服务。2015年6月30日《中共中央办公厅、国务院办公厅关于印发〈行业协会

商会与行政机关脱钩总体方案〉的通知》（中办发〔2015〕39号）正式下发后，北京市也制定了《北京市行业协会商会与行政机关脱钩工作方案》，通过政府购买服务的方式支持行业协会的发展，牛街清真食品商会要抓住这一机遇得到政府的扶持，加强与政府各方面的沟通，提高自身的发展水平。更多的会员提供所需的服务，需要有足够的资金作为保障。目前，仅靠会员企业支付的会费，只能够勉强维持商会的生存。商会的发展壮大还需要依靠自身收入来支撑，可以抓住现有条件，用商会的账号、国税、地税等完整手续，注册会办企业，建立实体，以商养会。只有具备特色服务、购买服务、公共服务能力，商会才能获得更好的生存空间。访谈者NJSH1说："商会如果有自己的会办企业，资金宽裕，可以更加丰富会务活动，促进商会更好地发展。"

（三）健全企业机制是商会运行稳定之本

商会是调节社会、企业和政府三者关系的组织载体，作为自治组织，商会以创新服务为载体，不断丰富服务内涵，提升服务能力，增强向心力和凝聚力，及时为企业会员提供相关信息、服务，满足会员企业的需求。加强社会资源的配置能力，以更大的参与空间和广泛的覆盖范围确保公共资源配置实现最优。牛街清真食品商会要规范自身的服务行为，发挥引导、约束和权益维护的作用，推进清真食品企业诚信体系建设工作，使其形成良好的商业美德和商业文化。引导企业健全激励约束机制，尤其是引导人员流动大的餐饮等会员企业，结合员工实际需求，制定适当分配制度，编制绩效考核体系和奖惩手册，在月度、季度、年度企业目标实现时，以利益激励为核心，不断加强对员工的激励和指导，调动他们的积极性、主动性和创造性。引导企业把企业文化和企业精神渗透到员工心中，增强企业凝聚力，树立员工的主人翁思想，提高员工的忠诚度和努力度，让员工真心留下来，为企业创造更大的财富。

（四）打造四个基地是商会创新发展之路

商会的发展程度能够反映和衡量一个地区市场主体的成熟度。牛街清真

食品商会的发展，聚合了牛街清真食品的企业力量，充分发挥了整体品牌的优势效应，走上了一条独具特色的商会发展道路。要以商会为平台，团结带领全体会员发展，注重传统企业星火相接，注重创新发展理念和发展战略，着力打造四个基地：清真餐饮精品展示基地、弘扬宣传基地、传承创新基地和传人培养基地。思发展、谋发展、抓发展，积极推进地区食品企业健康发展，帮助食品企业履行社会责任、加强品牌责任建设，助力会员提升品牌定位、提档升级，实现商会和会员的共同发展，推动地区精神文明建设开展，促进本地经济社会和谐发展。

参考文献

中共中央办公厅、国务院办公厅印发《行业协会商会与行政机关脱钩总体方案》，http://www.caam.org，2015-07-09。

《北京市行业协会商会与行政机关脱钩工作方案》，《北京日报》2016年7月29日。

B.9
关于牛街推进社区自治与协商民主调研情况的报告

摘　要： 党的十八大报告中提出"在城乡社区治理、基层公共事务和公益事业中实行群众自我管理、自我服务、自我教育、自我监督"的要求。牛街街道按照中央部署要求，积极推进社区自治与协商民主，探索出许多有效经验，为化解社会矛盾、密切党群关系发挥了重要作用，但还存在一些问题需要破解。课题组通过"实地调研+座谈+访谈"的方式，对牛街街道开展社区自治与协商民主的情况进行了深入调研。本报告按照理论研究与实证调研相结合的方法，总结当前牛街街道推进社区自治与协商民主工作的主要做法，梳理相关问题，并有针对性地提出意见建议，以期为牛街街道推进社区自治与协商民主工作提供决策参考。

关键词： 牛街街道　社区自治　协商民主　社区治理

一　调研背景

党的十八大报告中提出"在城乡社区治理、基层公共事务和公益事业中实行群众自我管理、自我服务、自我教育、自我监督"。2015年，中共中央办公厅、国务院办公厅出台的《关于加强城乡社区协商的意见》中进一步明确加强城乡社区协商的重要性，要求实现"到2020年，基本形成协商主体广泛、内容丰富、形式多样、程序科学、制度健全、成效显著的城乡社区协商新局面"的总体目标。牛街地处首都核心区又是城市少数民族聚居区，在10个社区中建立了"社区议事厅"民主议事平台，并作为社区议事协商会议召开的固定场所，这对于研究和探索如何推进和加强社区自治与协商民主具有重要现实意义。

（一）调研目的与意义

推进社区自治与民主协商是促进政府转变职能、健全社区治理格局的重要举措，也是激发社区活力、提高社区治理水平的有效途径。加强社区自治和协商民主，有利于解决群众的困难、化解矛盾，维护社会和谐稳定。本课题组对牛街西里二区和白广路社区分别进行了调研，了解两个社区在推进社区自治和协商民主过程中存在的问题，通过整理分析，探索其实现社区自治的路径。

（二）调研时间与过程

2017年6月29日~8月1日期间，课题组先后对牛街街道白广路社区负责人、牛街西里二区社区党组织负责人进行了深度访谈，访谈主题为如何推进社区自治与民主协商，并就街道社区自治工作中的重点、发展中存在的问题、下一步工作思考、社会治理等进行了讨论。

（三）调研方法与对象

调研方法。本次调查主要采用的调查方法有文献法和访谈法。

调研对象。本次调查主要访谈对象详见表1。

表1 牛街街道社区自治与协商民主访谈对象

编码	性别	所在社区	访谈对象
NJSQZZ1	男	西里二区	社区党委书记
NJSQZZ2	女	西里二区	社区居委会主任
NJSQZZ3	女	白广路社区	社区党委副书记
NJSQZZ4	女	白广路社区	社区服务站副站长

注：文中访谈者姓名处均采用表1编码标示。

二 牛街街道四大举措推进社区自治与协商民主

（一）牛街街道社区基本情况

1. 西里二区社区：回族聚居区

西里二区社区是民族重点社区，面积约0.14平方公里，是一个由9个民族组成的多民族社区，社区居民9286人，3048户，其中少数民族人口5570人，占总人口的60%。楼门院长15人，居民小组25个，居民代表53人，其中少数民族居民代表34人。社区有楼宇骨干志愿者队、治安巡逻队、巾帼志愿者服务队、城管志愿者服务队、党员"一助一"关爱服务队、民族之声合唱队、社区舞蹈队、社区太极拳队、社区柔力球队、葫芦丝队、社区乒乓球队、象棋队、手工制作班、残疾人协会、计生协会、文体协会、老年协会等17个社会组织并常年坚持开展服务和活动。

2. 白广路社区：混合型社区

白广路社区占地面积约0.62平方公里，有19个楼门院和3片平房，居民1564户，4200人，流动人口1900人，少数民族人口270人。社区有居民代表39人，其中少数民族居民代表8人，楼门院长34名、居民小组12个。白广路社区属于典型的商品楼、老旧楼和平房的混合型社区。辖区内既有水利部、民政部、国务院台湾事务办公室等中央单位，又有区审计局、区体育局、广安体育馆等区属单位，还有非公企业、五小门店数百家。

（二）主要做法

牛街街道为推进社区自治，在深入开展"访民情、听民意、解民难"的基础上，结合街道"全响应"网格化社会服务管理工作，搭建参与型协商治理平台，建立"社区议事厅"，组织居民共同参与、发现、分析、解决问题，切实提高社区治理能力。

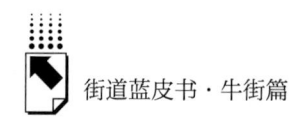

1. 党建引领：完善辖区单位参与机制

加强组织统筹领导。坚持社区大党委制度，并通过定期召开社区大党委会和社区党建联席会，加强对地区党建、精神文明建设及社区重大事项的研究，对社区建设情况进行及时沟通。为培养辖区单位的社区主人翁意识，组建单位共建联络员队伍，并与其中16家单位签订共建协议，以进一步增强辖区单位与社区之间的对接与联系。

突出在职党员作用。社区开展在职党员回社区报到服务群众工作，通过合理设岗、主动认岗，开展了环境治理、为老服务、志愿帮扶、文化体育等多项志愿服务，充分发挥了在职党员的先锋模范作用，不断加强社区各项工作的深度与广度。

开展多种共建活动。围绕社区建设和创建文明城区的目标要求，社区党委针对各个时期工作任务的不同，结合社区居民在文化、健康、安全、救助等多方面的需求，制定明确的活动日主题，并开展丰富多样且具有实际意义和影响力的活动，从而吸引更多的辖区单位、党员和人民群众参与到共建活动中来。

表2　社区开展主题活动一览

序号	活动主题	活动内容
1	春风送暖关怀日	西城区审计局的党员走进社区，和社区党支部委员、党小组长一同先后慰问了社区空巢、残疾、少数民族、特困等弱势家庭十余户
2	学雷锋奉献日	社区党委与北京市第六十六中学开展了民族敬老志愿服务活动，社区党员、学生共青团员走进牛街民族敬老院，帮助清扫落叶、消除火灾隐患及汛期清理重点隐患活动
3	民俗文化传承日	多家辖区单位负责人参加了"话端午"座谈会，西城区体育局、天缘市场、云天酒店、建设银行等单位更是组队参加了社区的红五月歌会和民俗趣味运动会
4	爱国教育日	在整治一新的社区院内开展"国旗在我心中"升旗仪式，武警班的战士们护送并升起国旗

2. 自主决策：建立议事协商会制度

社区议事协商会是社区自治的抓手，是解决事关居民切身利益的有效途径。社区议事协商让居民有了实实在在的协商议事权和决策权，为逐步形成共同治理社区、推动社区民主自治建设奠定了基础。牛街街道采取"小事易事随时听、大事难事集中听""小事易事随时议、大事难事集中议"的灵活协商形式开展社区议事协商会，切实推进了社区自治。

创新社区自治工作机制。探索居民代表常务会制度，以牛街西里二区为试点，将社区所有居民代表按照居委会七大委员会进行分组，各工作委员会分管主任为组长，引导该组居民代表就涉及本委员会的相关事项建言献策，并以小组形式向居民代表大会提案。这种社区"小人大"工作机制，是民主集中制在社区的实践，提高了居民代表履职能力和参与社区事务的主人翁意识。

扎实推进惠民实事工程。议事协商会是为民办实事的重要议事途径。以更换电梯方便居民出行为例。牛街西里二区是回迁社区，楼内电梯的运行经常出现问题，物业的服务配套设施跟不上，电梯的维修问题一直没有彻底解决。2015年9月10日，为落实为民办实事工程，由西城区政府出资为老旧小区更新电梯。为此，社区召开议事协商会，与社区物业沟通，请来专业的电梯工程师和物业的负责人，召集居民代表和楼管会成员，就社区内更换电梯的相关事宜进行沟通协商，最后顺利完成了电梯的更新，让老百姓真正享受了政府惠民工程带来的福利。

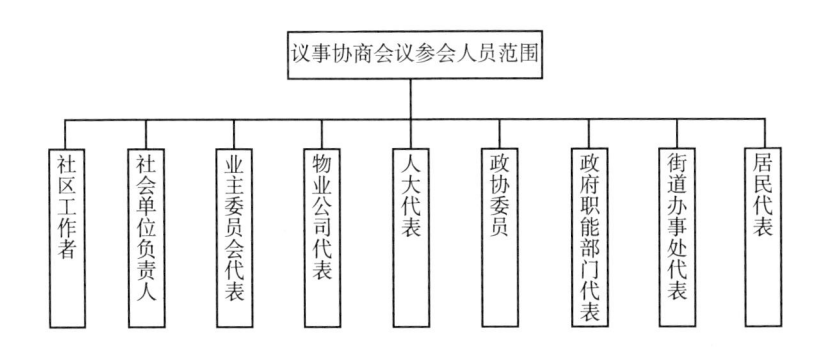

图1 议事协商会议人员组成

满足居民文化生活需求。2016年3月，西里二区社区关闭了辖区内部分地下空间的出租房，腾退出近千米的地下空间。如何利用腾退出地下空间是一个问题，西里二区社区专门组织召开专题议事协商会议，请来街道相关领导、社区物业的负责人和居民代表就如何利用腾退的地下空间进行了热烈的讨论，根据社区的提议大家一致认为文体活动中心的建成能够受到社区居民的欢迎。达成共识后，由街道办事处出资建成牛街西里二区社区文体活动中心，为社区广大居民群众提供文化生活方面的服务，促进了社区团结和谐稳定。

3. 自我管理：成立居民自治组织

白广路二条四号院由于无物业管理，硬件设施不足，带来了停车管理无序、环境治安杂乱、单位居民意见不断等一系列问题。为此，白广路社区积极动员四号院全体居民参与社区建设，探索居民协商自治管理模式，不但解决了居民生活实际困难，还培养了一批居民骨干力量，从而增强了广大居民对社区的归属感。

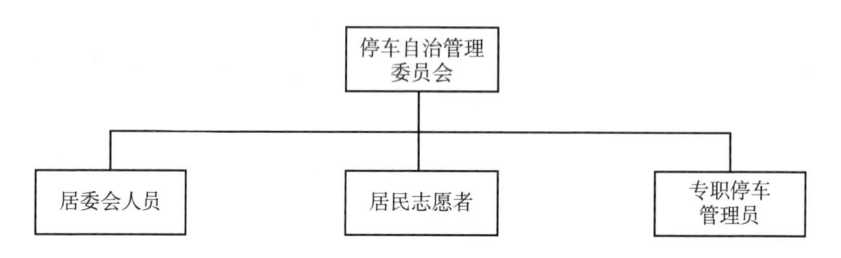

图 2 停车自治管理委员会人员组成

第一是关注民意，对接需求。社区工作者通过张贴公告、下发需求问卷、走访楼门长、党员骨干等方式，对居民停车需求进行了广泛调研，提出了"小区停车自治管理"项目。第二是征求意见，争取支持。社区工作者通过广泛发放《致白广路二条四号院居民的一封信》，阐述解决院内停车问题的具体方案，加大宣传力度，以在协议书上签字确认的形式，争取居民群众的支持。第三是抓住契机，划定车位。紧紧抓住小区环境改造的有利契机，在保证绿化面积的基础上，根据实际需求扩充停车区域、增加停车位，规范停车标识并设专人负责管理进出车辆。第四是成立组织，协商自治。由社区居民提名，选任四号院 9 名居民组成停车自治管理委员会（以下简称

"自管会"），委员会设主任1人，副主任3人，自管会成员名单在院内公示。在自管会委员的第一次会议上，制定出台《停车自治管理公约》。自管会建立停车管理台账，对车辆进行逐一编号，为居民印制并办理统一的停车证。第五是规范管理，完善机制。在小区门口显著位置竖立铜牌标识，本院车辆可凭统一印制的停车证自由进出小区。同时由传达室负责人有效监管，负责对外来走访亲属或朋友的机动车进行登记，发放临时停车证并留存联系方式，方便挪车。此外，由自管会委员们进行日常疏导、巡视，发现外单位车辆或无证车辆及时了解情况，对车主进行停车安全宣传，降低院内发生盗窃事件的可能性。

4.服务保障：加强社区志愿服务队伍建设

加强社区宣传阵地建设及培育壮大志愿服务文明队伍，是推进社区建设、构建和谐社区的重要内容，也是加强精神文明建设、强化社区管理、完善社区自治的重要保证。为此，牛街街道通过挖掘居民人才、积极培育和发展百姓宣讲团，成立了"民声"志愿者协会，开展社区妇女手工编织等活动，助推社区志愿者服务队伍的建设。同时，为积极培育和践行社会主义核心价值观，充分发挥道德模范在公民道德建设中的示范引领作用，社区深入开展典型推举树立工作。

三 牛街街道开展社区自治与民主协商进程中存在的问题

（一）行政干预过多

社区管理体制改革缓慢。受传统体制的影响，社区居委会自成立以来，就成了政府的跑腿机构，社区居委会行政化倾向严重，民主选举不能及时有效实施。社区居委会委员本应是由民主选举产生的，而在实际选举中，候选人大多由街道办事处提名，再由居民直接选举产生社区居委会工作人员，导致居委会在工作中更注重对上负责。协商民主未能有效开展。在实施协商民主中，议题本应该是群众所想、居民所提，但是实际中很多议题是由基层政府来提的。当政府和社区议事协商会产生矛盾时，社区居委会只能听从行政意愿，民主管理未能有效进行。受条块关系影响，居委会承担着大量行政事务，真正实施社区自治事务的时间精力有限。在实际工作中居委会对于社区居民的诉求，只能传达不能决定。

（二）权利与责任不对等

在实际工作中，居委会需要花费大半的精力去完成上级交办、协办的各种工作任务和创建活动，每年分到社区的考核任务多达数十项，实际将工作细化下来超过百项，甚至是有些行政执法任务也被摊派下来，但又不会被赋予相应的权力和资源，这导致居委会正常治理工作无法开展。另外，居委会在组织社区居民自治过程中也缺乏相应的管理权力，只能居中协调和劝导。在制定居民公约时，只能靠居民自觉遵守，对于不遵守公约的居民没有相应的处罚权。

（三）社会对居委会认识不足

居委会作为自治组织，对组织内的居民实施教育、管理、服务的职责，但由于居委会工作的自主性与独立性不强，仍然被认为是地方政府的延伸。过去政府在推进社区建设中对所有的社区事务实行"大包大揽"，使得一些居民过分依赖政府。在现实生活中大到解决住房、小到厕所堵塞，居民都会找社区居委会解决，这在无形中又增加了社区居委会的负担，亟须政府来明确并宣传社区居委会的职能定位，减轻社区居委会的负担。

（四）居民参与度不高

社区自治需要居民的参与，共同维护社区居民利益，但在实际社区事务参与过程中，参与人员以妇女和离退休人员为主，内容主要包括普法宣传、文体娱乐、健康咨询活动等，其他社区居民，尤其是年轻群体，对社区活动和事务不太关心，对社区建设意识不强。地区内流动人口对社区的概念模糊，从不参与社区自治与协商。另外，辖区内单位较多，居委会又没有力量组织协调所在辖区的机关、企事业单位参与社区建设和各项活动，因此辖区单位的参与度也不够。

（五）制度和程序不规范

尽管牛街在各社区中建立了社区议事协商会制度，但该制度仍处于初级阶段，很多规章制度和程序还需进一步深化和完善。首先，需要有一个完整的会议流程，会议主题、讨论形式等都会影响协商效果。其次，需要建立完善的法律保障机制。目前除了1989年颁布的《中华人民共和国城市居民委员会组织法》（以下简称《居民委员会组织法》）外，还没有其他法律条文对社区自治做出规定。随着我国社会的不断发展和进步，该法律里的一些条文规定已不适用于当下的社区治理，社区依法自治还需要与时俱进的法律来保障。

（六）民主监督制度缺乏

在我国各地区如火如荼推进社区自治和协商民主进程中，民主监督一直是薄弱环节，牛街街道也不例外。整个协商过程中没有中立的第三方监督机构，也没有第三方的协调人员，难免会有失偏颇，出现不公平现象。若利益双方各执己见无法协商出结果，那么议题就会停滞，阻碍社区建设。协商过程和结果也没有跟踪报道，导致未参会居民无法了解协商过程，进而无法行使监督权利。在协商决策形成后，关于决策是否执行以及执行效果也缺乏监督制度。

四 牛街街道加强社区自治与协商民主的对策

（一）促进社区居民参与

培养公民参与意识，推进社区自治。首先，要加大政策宣传力度，让居民有参与社区建设的意识和责任感。其次，要强化居民和社区之间的利益关系，让居民真正感受到社区的发展与自身的利益息息相关，进而行使其对社区事务的监督权。再次，要充分挖掘辖区内各类社区资源，扩大社区服务范围，满足居民需求，促进公共利益形成。同时，还要为地区流动人口提供良好的生存和生活环境，调动其积极性和主动性。第四，尊重少数民族的生活习惯，为少数民族居民定制个性化服务体系，满足他们的生活需求，同时，开展一系列有利于他们的公益性活动，促进居民参与，进而调动少数民族居民参与社区自治的积极性。最后，结合牛街的传统文化、民族文化等，开展并逐步加强健康文明和丰富多彩的文娱活动，以满足辖区居民精神层面的需求和向往，从而吸引更多居民参与和关心社区的建设发展。

（二）规范协商会议程序

城市社区协商民主的构建一定要完善协商讨论程序，包括协商议题、参会人员、协商流程、协商结果、决策执行和反馈建议都要有明确规定。首先，协商的主题应该是社区居民普遍关注的问题。可以通过社区信息化建设和社情民意的网络征集渠道，广泛征集居民意见，并结合社区工作特点和居民需求确定协商议题。其次，要制定协商会议流程规则，并在会议之前向参会主体和居民通报协商内容和相关信息，在社区公共事务协商过程中，要充分听取各方的意见建议，确保公平、公正，以便达成共识。会后要有协商成果的采纳、落实和反馈机制。最后，要建立信息公开制度，将协商结果的落实情况及时公之于众，接受群众的监督，确保协商结果公开透明。

（三）合理选定协商代表

社区协商应该由多元主体参与，但由于空间、时间限制，并不是每个居民都能参与到社区议事协商会中，因此应由居民代表来参加会议，保障社区协商民主的平等与公平，所以协商民主的代表选择尤为重要。首先，必须具有代表性，要代表部分群体的利益，同时还要有较高的参与意识、沟通能力和表达能力。其次，必须具有广泛性，要涵盖各种领域、各种职业、各种群体，让协商代表多元化。最后，要明确代表的产生方式，不能由上级直接委派，应该由居民选举产生，同时要保证候选人基本信息、选举程序、选举办法和选举结果的公开与透明。

（四）建立监督评价机制

仅仅规范协商民主程序是不够的，只有建立健全监督机制，才能保证居民的合法权益得到维护。首先，设立中立的第三方监督者，其可以由非社区居民、非居委会成员组成，也可以是专门的监督机构。他们既能对整个协商民主过程进行监督，也能及时向居委会反馈执行情况。其次，要发挥媒体的监督作用，利用社区网络平台、报刊等及时发布相关信息，让社区居民知情，行使监督权，同时，媒体也可以对协商过程进行跟踪报道，加大社会监督力度。最后，完善评价机制。社区协商不仅仅要接受公众的监督，还要接受公众评价，通过评价反馈平台，让政府和社区居委会了解到社区群众对最终决策结果和执行情况是否满意。

参考文献

牛街街道办事处：《牛街街道2016年工作总结》，2016。
牛街街道办事处：《西里二区议事协商会纪实》，2016。
牛街街道办事处：《白广路社区：居民自治共创文明　单位助力区域发展》，2016。
贺国英：《我国城市社区协商民主的实践困境及解决对策》，东北大学硕士学位论文，2014。
张晓君：《城市社区自治中居民参与问题研究》，长安大学硕士学位论文，2015。
《中共中央办公厅、国务院办公厅关于加强城乡社区协商的意见》，http：//news.xinhuanet.com/2015-07/22/c_1116010168.htm，2015年7月22日。

B.10 关于"牛街一绝"掷子文化非遗保护调研情况的报告

摘　要： 保护非物质文化遗产，其核心是使传承项目不失传、不间断，能够永远流传下去。被称为"牛街一绝"的回族民间传统体育项目掷子，是西城区非物质文化遗产。掷子文化传播室的落成，形成身心双修的特色教育基地，打造了社区独有的民族历史文化品牌。为深入了解掷子文化的保护传承，课题组通过"实地调研＋专访"的方式，走进牛街西里一社区，对掷子文化进行了深入调研。本报告按照理论研究与实证调研相结合的方法，总结掷子文化保护传承的主要做法，梳理作为非遗项目保护传承中存在的问题，并提出一些建议，以期让更多人熟悉民族体育掷子文化，认识、接触和了解非遗，让非遗文化既充满生命力又富有公众影响力。牛街西里一区社区掷子文化的传承为推动地区非遗项目保护发展提供了一个很好的样本。

关键词： 牛街街道　非物质文化遗产　民族体育　掷子文化

一　调研背景

随着全球化、现代化进程的加快以及外来文化的传播和冲击，一些本土的非物质文化正逐步发生变异甚至濒临消失，非遗的保护和传承成为各级政府及其主管部门的重要任务。掷子是具有丰富文化内涵的民族传统体育项目，被称为"牛街一绝"。在牛街街道工委、办事处支持下，在牛街西里一社区的帮助下，在掷子传承人李宽的带领下，作为牛街的一张名片，原宣武区首批非物质文化遗产项目，不仅得到了保护和传承，而且逐渐受到各方关注。掷子文化的挖掘提升、发展现状和存在问题具有普遍性和特殊性，对于城市社区非遗保护和传承的研究具有一定的借鉴和参考作用。

（一）调研目的与意义

非物质文化遗产是人类文明和社会进步的宝贵结晶和财富，是人类社会得以发展和延续的文化命脉，非遗文化保护与传承的核心是使项目不失传、不间断，彰显坚持传统、保护文化、敬意精神，能够永远流传下去。保护和传承非遗不仅是群众的事、个体的事，还是政府的事、社会的事，要使非遗文化得以延续，必须了解非遗文化的发展现状、存在困境。本次调查通过参观掷子文化传播室，对传承者、习练人员代表进行访谈，通过整理分析，提出解决掷子文化发展中问题的对策，探索非遗文化保护传承的方法和思路。

（二）调研时间与过程

2017年5月25日上午，6月15日和6月20日的早晨，课题组分三次进行详细调研，参观掷子文化传播室，听讲解、观看视频及展示板；专访掷子队队长李宽，了解掷子文化三部曲——掷子来历、大内秘籍、文化内涵；观看掷子队员训练，"肉碰铁"的真功夫，对身心双修的牛街掷子文化有了较深刻的了解。

（三）调研方法与对象

调研方法。本次调查主要采用访谈法、观察法、文献分析法等。访谈法是对地区了解掷子文化情况的有关人员以及掷子队成员进行实地访谈。观察法既包括对习练者现场演练活动的直接观察，又包括通过影像视频及宣传展示资料的间接观察。文献分析法是对收集到的非物质文化遗产保护传承的相关政策文件和期刊文献进行研读整理。

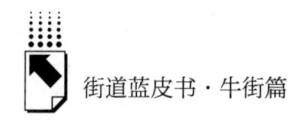

调研对象。主要访谈对象为牛街掷子文化传播人员和掷子运动习练者，详见表1。

表1 牛街掷子文化访谈对象

编码	性别	访谈对象
NJZZ1	女	退休教师
NJZZ2	男	退休干部、掷子队队长
NJZZ3	男	掷子队队员

注：文中访谈者姓名均采用表1中的编码标示。

二 非遗传承发展是一项复杂的系统工程

（一）非遗是民族精神与情感延续的体现

非物质文化遗产是指各种以非物质形态存在的与群众生活密切相关、世代相承的传统文化表现形式。2003年10月，联合国教科文组织在第32届大会上通过了《保护非物质文化遗产公约》，把非物质文化遗产划分为五个方面，包括口头传说和表述、表演艺术、社会风俗和礼仪节庆、有关自然界与宇宙的知识和实践、传统的手工艺技能。2011年2月25日，全国人大常务委员会第十九次会议通过《中华人民共和国非物质文化遗产保护法》，使得非遗的保护传承与创新发展受到人们越来越多的关注和重视。非遗具有三大特性：其一，老祖宗留下来的，具备传承性、口头性和重塑性；其二，濒临失传的；其三，无形性，范畴多属"技艺和习俗"。正因为如此，非物质文化遗产作为以人为本的活态文化遗产，强调技艺、经验与精神，蕴含着许多的传统美德，承载着丰富的民族精神情感。

（二）传统体育非遗是社会文化的重要组成部分

少数民族传统体育文化活动是本民族的文化符号和标志，代表了其繁衍

表2 国内对非物质文化遗产保护对象的五个认定标准

标准一	珍贵性：具有历史、艺术、科学等价值
标准二	独特性：具有民族、群体文化特征
标准三	依存性：依附并现存于特定民族、群体、区域或个体生活中
标准四	稀缺性：面临濒危状况，需要抢救和保护
标准五	正向性：符合人性、顺应发展、促进民族团结和社会进步

资料来源：根据邓国戈《非物质文化遗产的概念、认定标准及保护》整理。

过程中的记忆根源，在文化、竞技、健身和娱乐等方面的价值越来越受到关注。我国少数民族传统体育非物质文化遗产是指以身体活动为主要表现形式以及所形成的知识与意义体系。体育非遗是"身体活动"，更依赖传承主体的"口传身授"。由于传承人的短缺，许多少数民族传统体育项目不断濒临灭绝和消亡。作为民族个性、民族"活"文化的延续，人的传承在非物质文化遗产传承中显得尤为重要。在非遗项目申报及申报成功后续工作中，政府和相关管理部门的支持和帮助对非遗的保护和传承作用极大。因此，应把握发展现状与存在的问题，建立传承人团队管理模式，形成科学合理的传承人梯队，制定长远的发展规划和管理制度，在保护和传承的基础上促进发展，确保民族体育非遗得到传承发展。

表3 西城区传统体育、游艺与杂技类非物质文化遗产名录

序号	项目名称	项目等级	序号	项目名称	项目等级
1	抖空竹	国家级	12	天桥摔跤（2）	西城区级
2	天桥中幡	国家级	13	北京赛活驴	西城区级
3	天桥摔跤	国家级	14	天桥穆派戏法	西城区级
4	口技	国家级	15	牛街掷子	西城区级
5	八卦掌	国家级	16	三皇炮捶拳	西城区级
6	牛街白猿通背拳	国家级	17	陈式太极拳	西城区级
7	祁家通背拳	国家级	18	踢花健	西城区级
8	六合拳	北京市级	19	天桥盘杠	西城区级
9	孙式太极拳	北京市级	20	七巧板	西城区级
10	北京鬃人	北京市级	21	古彩戏法（杨小亭）	西城区级
11	梅花桩拳（小架）	北京市级	22	形意拳	西城区级

续表

序号	项目名称	项目等级	序号	项目名称	项目等级
23	少林八法拳	西城区级	28	大悲拳	西城区级
24	耍花坛	西城区级	29	清拳	西城区级
25	爬杆	西城区级	30	善扑营掼跤功夫	西城区级
26	陈式太极拳	西城区级	31	踢冰核儿（冰蹴球）	西城区级
27	戳脚翻子拳	西城区级	32	天桥杂耍	西城区级

资料来源：西城区文化委员会非物质文化遗产科。

（三）社区是推进非遗传承发展的新载体

传承人是非遗文化传承的承担者，社区是非遗文化传承的土壤。非遗是不可再生资源，很多优秀的非遗因后继无人、没有得到很好传承保护而灭绝。社区有着一定地域范围、人口数量和文化特征，具有地缘优势和近距离服务群众满足需求的职能，在承载城市管理、计生安全及公共服务、民生保障等方面工作中，既是"家门口"的生活圈，又是"面对面"的组织平台。社区通过组织自治服务，应对专业需求，提供公益服务性项目，提升社区文化建设能力，形成共治共建的社会生活共同体。在社区非遗传承与发展的新时期，非遗项目传承是匠艺传承的职业，传承人在传承上一辈传人精湛传统技艺水平的同时，作为社区文化的持有者、传播者和知情者，要提高民族传统的认知和文化水平，拓宽传承保护非遗文化可持续发展的视野。

（四）非遗的保护传承面临挑战

随着社会生产方式的变迁，非物质文化遗产的传承面临老龄化、断代化以及文化流变等诸多问题，北京市蜡果、绢人等许多熟知的文化密码已经无法解开，多项非遗项目已濒危，传承人已不在世，或仅存一人，非遗不可避免地流失。有数据显示，西城区的非物质文化遗产总量占北京市的1/3，其中拥有36项国家级非遗保护项目，67项市级非遗保护项目，162项区级非遗保护项目。西城区非遗文化传承人目前有200余人，平均年龄约为65岁，由于历史原因和部分传承人年事已高，部分项目已失传，政府部门通过面向社会公开招徒和拍摄影像资料等形式,来抢救部分濒危项目,延续非遗文化基因。2013年,西城区成立非物质文化遗产保护中心,推出一系列保护措施。《北京市非物质文化遗产保护条例》立项立法工作的推进,必将有效传播非遗文化,使非遗得到更好的传承和保护。

三 "牛街一绝"掷子非遗文化传承发展模式

(一)掷子运动的基本情况

1. 发展历史

掷子,源于明而兴于清,流传至今已有几百年,扔掷子多活动于满族和回族之中。最早的掷子,其实是当时满族人的打猎工具。满族的勇士骑着骏马,一只手中挥舞着一端系有石质投掷物的长绳,追赶猎物,看准时机便奋力一掷,击倒猎物。这就是掷子的雏形。

公元1636年,满族人建立清王朝,自清朝成立"善扑营",跤手们就开始练掷子。据史料记载,清初顺治皇帝早亡,临终立辅政四大臣辅弼幼主康熙,但辅政大臣鳌拜思想顽固守旧,专横跋扈,相当霸道。康熙皇帝不满已久,终于在康熙八年,秘密传召索额图进宫谋划除掉鳌拜良策,最终决定,以陪伴自己玩耍的名义,命令从八旗子弟中精心挑选10余个身体强健的十岁左右的孩子进宫,每天健身并表演角斗和摔跤。自那时起,"扔掷子"被视为一门武功,并作为角斗和摔跤的一种特殊的糙手方法,后逐渐成为一项深宫秘技,并为皇家大内所特有,秘而不宣,普通习武者并不所知。

清朝灭亡后,扔掷子技法便随"善扑营"的解散而流入民间,据传大内高手刘海亭和阎玉舒就是当时扔掷子的高手,也正是他们把扔掷子功夫在牛街地区广泛传播,就这样一代接一代传承至今,到如今的牛街掷子队队长李宽已经是第四代了(见表4)。掷子功夫成为现在的牛街一绝,是广大练习者们强身健体的一种很好的运动方式。

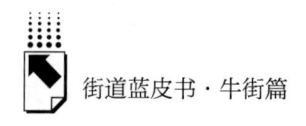

表4 牛街最近六代掷子传承谱系

代系	传承人	注说
第一代	阎玉舒	大内掷子高手
第二代传人	佘瑞	跤坛前辈
第三代传人	李亮	掷子高手
第四代传人	李宽	掷子队队长,73岁,身心双修大师
第五代传人	李崇波、杨大仁、沙崇智等	掷子队成员
第六代传人	李畅	在校大学生

资料来源：根据牛街掷子队队长李宽口述整理。

2. 工艺类别

掷子，也叫石锁，青石打制，上端悬一手柄，状似古铜锁。通常为石质、铁质、铝质等，以石质为上乘。掷子对石材有非常高的要求，要既坚硬又不能发脆，大理石、花岗岩等脆性石料都不宜作为掷子用材。据掷子前辈们讲，用废弃的磨油料的大青石磨打制的掷子性能最佳，行话叫"肉透儿"。掷子的规格分28斤、15斤、7斤半等几种，打制成类似古代铜锁的器型。掷子和石锁事实上不一样，练习力量的是石锁，练习技巧的是掷子。

3. 技法特点

扔掷子是一种体育活动，一招一式后面都有个故事。掷子技艺通常不以个人展示绝招，而以团队来展示。投接掷子有很多技法，不同人数、不同重量的掷子，投、接难度区别很大。扔掷子有单人、双人和多人等三种练习较为方式，以双人和多人练习较为常见。掷子的练法不同于一般的石锁，所传技法完全依靠口传心授，对学员悟性要求极高。练法上有撒高和扔荷叶两种。撒高是把掷子向上扔去，要求下落时掷子平稳，越平稳要求接掷子者技术越高，有支梁、扇梁子等手法。扔荷叶是将掷子向空中抛去，掷子的八个角在旋转，八个角全转到为一个荷叶，两个荷叶为转十六个角，以此类推。

通过掏、攥、扦、勺、簸、堵、圈、挡、撕、拉、枕、粘、软、棉、随等技法将掷子稳稳接住，要求手眼身法步整体的协调配合能力，突出净、顺、随等要义。以静心壮胆，做到净化思想、排除杂念，敢于出手；以贯通劲道，做到周身每个部位协调、不存节制、舒畅自然。扔掷子时角度合适，方便对方接住；以腰动带动手动，做到接掷子一方随腰不随手，保持身形不散、形体优美。一接一扔，举重若轻，产生美感。

（二）掷子传承在传统中创新

1. 成立一个牛街掷子队

牛街地区自古就有尚武的风气，曾盛行扔掷子等传统体育项目，岁月流转，很多传统风俗习惯逐步发生变化。20世纪末，牛街拆迁，掷子传人外迁各地，失去集中性，这些绝活开始被人们淡忘，面临失传的危险。2002年，街道办事处出于对民族体育项目传承发展的考虑，找到掷子传承人李宽和他的儿子李崇波等人，在牛街西里一区成立了牛街掷子队。李宽父子俩将平生所学倾囊相授，耐心地教每一位学员。"传，分文不取地传下去，不能把掷子绝活给绝了。"经过十余年的发展，在队长李宽的带领下，牛街掷子队坚定对民族传统文化和技艺的传承意志，秉承"以强身健体为主，不分民族，不分老少，切磋武艺，相互劝勉，共同提高，传递友谊"的宗旨，从三四个人发展壮大到几十人。掷子文化有了传承，掷子功夫有了传人。

2. 创新一套演练技艺

近年来，掷子高手在保留原有功力训练的同时，又发展了一些新的动作，还增加了观赏性和娱乐性。李宽注重基本功，在教练过程中，与掷子队里的习练者们分享一些好的想法，并把一些创新技艺添加到掷子训练中，逐步提高队员演练时对自身的要求，提高传承习练者的文化素养和技艺能力，探索传统体育技艺和文化融入现代生活的方法。掷子习练讲求"手、步、眼、心、气、胆"六诀，即手快、步稳、眼尖、心平、气沉、胆大，做到"手、眼、身、法、步"结合，关节要顺，思想要静、意志要坚强。队员们融"六诀"强身心，通过冬练三九、夏练三伏，每天坚持不懈地训练，身体和精神各方面都有了很大的改善。

3. 修建一块习练场地

学习扔掷子需要专门的教导和训练，其需要一定的场地。街道、社区非常重视掷子的传承发展，2004年，牛街西里一区社区居委会还专门在社区为掷子队安排了一块固定的训练场地，并由街道出资修建了一个两百多平方米的民族运动场，将社区办公用房作为掷子队日常活动基地，创造便利的场地条件，让队员们有了练武之地。NJZZ2在访谈中，多次强调："大会小会，采访专访，我首先就是感谢牛街街道办事处给了我们一块习练场地，给了我们传承的机会。"

4. 追求一种自然境界

扔掷子是一项文化遗产，扔掷子仍保留着老规矩：拿掷子时屈膝垂手，身体稍向前俯，动作很像"打千儿"（满族男子的一种礼节），表示对合练者的尊重。晚辈给长辈递掷子也要弓身，练习时要请年长者先扔。每天清晨，牛街掷子队队员都会在场地练习掷子，通过掏、攥、扦等技法，在一接一扔整个过程中，始终保持身形不散，保持掷子不落地。被称为"牛街一绝"的民间传统体育项目掷子，在传承人的传授下，已经有数十人基本掌握了这门功夫。在扔掷子时，抬头看身，低头看把。用于做人处事，就是"抬头看路，低头做人"，保持谦虚谨慎，实现快乐人生，对自己、家庭、社会都有好处。NJZZ2说："什么叫幸福，强身健体幸福，家庭平安无事，平平淡淡一生最幸福。"掷子功夫经过长期磨炼就会达到"会、好、美、飘"的最高境界，犹如舞者一样自由舒展，让观者感觉练习人很轻松。他们手中的掷子就像一只银白色的蝴蝶在众人间飞舞，永不沾尘，给居民们带来一场视觉盛宴。

（三）树立社区民族历史文化品牌

1. 建设掷子文化传播室

掷子作为牛街地区一项非常有特色的民族体育项目，也是牛街第一批区级非物质文化遗产体育项目。2016年，为了进一步保护非遗项目，弘扬民族体育文化，社区党委根据社区实际情况，经过多方走访研究，深入挖掘掷子文化"身心双修"的精神内涵。在街道的重视支持下,牛街西里一区社区拿出党组织服务群众经费,将掷子队活动室翻建为掷子文化传播室,以期弘扬掷子文化,宣传掷子精神。传播室内展陈架上形象逼真的泥塑小像,表现出不同的掷子习练动作。墙壁上挂着掷子的历史、技法等介绍。掷子文化传播室更好地向辖区居民普及掷子运动,传播着掷子所承载的文化内涵和精神。

2. 传播掷子文化精神内涵

一个民族的文化得以代代相传的前提和动力必须是人们对本民族的文化认同和文化自信。作为传统文化的传承人,要熟知并认真严谨地坚持传统文化,并结合当下发展创新。扔掷子不再是一种看似简单的体育运动,里面蕴含着更丰富的文化内涵和民族文化。应结合现代人的审美需求,融入现代生活元素,从观众的视觉体验,展现出掷子文化的丰富内涵。习练掷子不仅是强身健体、学会练功、传承技艺,更重要的是历练高尚情操,学会做人。一是礼貌性极强。访谈对象 NJZZ1 说:"在练的过程中绝不追究别人,如掷子投过来后,接掷子的没接着,肯定先说'我的',投掷子的也说'我的',都在抢着表示是自己的错——我没投好,我没接好,是我的技能不巧——谁都说'我的'。'我的'这两个字的内涵在现代来说就是内敛,自我批评精神、责任担当意识和包容他人、身心双修"。扔投掷子过程中出现失误,扔掷子的说一句"我的",没接住的也说"我的",体现着担当责任意识、自我批评精神。二是做人要低调。习练中抬头看身,低头看把,实际上传递的是"抬头看路,低头做人"的道理,练习掷子已经 50 多年的李宽队长坚持的内在动力正是源于这一文化理念。三是做事要有度。NJZZ2 说:"'走路防跌,吃饭防噎''宁走十步远,不走一步险。'学会举一反三,做事情用脑子、掌握度,不会忙中出错。"四是练意志练品质。春夏秋冬三百六十五天,不畏下雨刮风都在习练,修炼了好身心,队员更加孝敬父母。

3. 夯实非遗传承发展基石

传承非遗文化,普及民族运动,把牛街特色绝活掷子传承发展,潜移默化地教育一代又一代。经过几代人的传承,掷子文化内容更加丰富。掷子绝活成为一项强身健体、寓练于乐的民间文体活动,社会影响力凸显,给宣南的民俗文化增添了浓厚的色彩,在每年的地区体育节、开斋节,以及市、区组织的各项文体活动中都成了最受欢迎的节目之一,掷子表演获得各界好评和众多体育奖项(详见表5)。掷子文化传播室成为社区非遗文化传承的平台,成为传播民族体育文化、传承做人要身心双修的一个很好的特色教育基地,积极弘扬社区正能量,成为牛街西里一区社区独有的文化品牌,为营造和谐团结、睦邻友善的社区文化氛围奠定了坚实的基础。

表5 牛街掷子队的大事与殊荣

时间	参加的重大活动、获奖情况
2003~2005年	荣获牛街街道工委办事处颁发的"民族团结进步集体奖"
2006年	参加天安门国际马拉松比赛的开幕式表演,得到市领导的好评
2006年	荣获北京市第七届民族运动会表演第一名
2008年	在"东岳杯"北京市民间花会大赛中荣获"优秀表演奖"
2012年	获得地坛花会表演活动优秀奖
2014年	获得牛街街道工委办事处颁发的"先进集体奖"
2000~2017年	参加市、区组织的各项文体活动和开斋节表演,并获得各界好评
2002~2017年	多次在电视台、电台、报纸、杂志等媒体向广大市民展示

资料来源:牛街掷子文化传播室。

四 掷子文化传承发展中存在的问题

牛街掷子于2016年申报非遗,成为西城区第四批区级非物质文化遗产项目。牛街掷子由起初分散练习、面临失传的危机,到获得街道社区全力保护,发展较为快速,但在传承发展中还存在着一些较为普遍的问题。

(一)民族传统文化开展中非遗传承宣传工作不到位

非遗的传承和保护工作需要全社会共同关注、全民共同参与,目前的非遗宣传教育缺乏力度，导致人们对非遗还存在一些认识上的误区和观念上的漠视，尤其是对流传于民间的非遗特有的文化属性缺乏认同感。掷子作为一项特殊的民族传统体育，申遗的成功和掷子文化传播室的建设，为传承人探究文化保护与现代传承提供了新思路，加强了对掷子文化内在价值、传承方式的挖掘、整理，但对掷子习练、技艺理论体系、传承现状及可持续发展的研究还有待完善。没有科学合理的传承发展和掷子精神的宣传推广，传统文化在中青年人群中的渗透力还不够强，宣传范围有限。尽管扔掷子有一定危险性，初学者一定要在师傅的辅导下练习，但是作为非遗本身很值得学习。目前，掷子文化、掷子精神还没有走进校园，与校园文化结合，没有把非物质文化传承人与担负未来社会重任的青少年学生们联系在一起。

（二）人员培养困难制约非遗传承发展顺利进行

掷子本身不是一般人能习练的，对幼功要求强。孩子们学习时间紧，且比较贪玩，不易教练；年轻人又受个人发展、家庭环境等影响，结婚成家后，还要照看孩子、工作上班，为生活奔波；退休人员在领悟、反应能力和身体素质等方面又弱于年轻人；再加上对习练者缺少一定的奖励、激励机制，很难真正吸引、聚拢习练者持之以恒地习练掷子，这致使非遗文化掷子传承面临着最大的人员问题。需要通过发布招生广告，面向社会招收一些品行好、热爱掷子文化的人员加入习练传承人员队伍，避免失传的危机。

（三）运行资金缺失影响非遗传承和品牌提升

掷子文化作为非物质文化遗产，要想得到传承发展，习练者必须坚持长时间的习练，掌握技艺、汲取内涵。但是训练和展示需要服装，尤其是队员们每天训练特别费鞋，队员们靠自己投入，时间长了难免会影响习练掷子的积极性。资金的缺乏在一定程度上影响了非遗的传承和保护。目前，北京市对市级非物质文化遗产保护项目设立了专项资金，但对区级非遗项目没有相

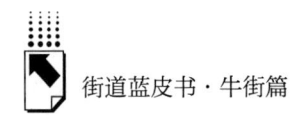

关规定和具体指导性意见，致使非遗保护在政策和资金上有所缺失，影响了传承人和习练者的积极性。相信随着北京市非遗保护立法的推进，非遗传承发展将会进入新的发展阶段。

五 牛街掷子非遗文化传承发展的对策建议

（一）增强政府社会良好的互动性

非遗的保护和传承离不开地方政府的领导和支持，应建立健全非遗保护制度。政府统筹协调、专业社会组织管理和指导、社区服务支持，三者形成合力；政府、社会和民众要强化民族传统文化价值、内外兼修健身价值的意识，增进民族团结和增强民族自信心。加大对非遗传承的专项资金投入，将非遗保护工作所需经费列入政府财政预算；对非遗项目传承人进行专项扶持，对学艺者进行资助。借助各种公共文化服务活动，鼓励和发动社会力量关注非遗、共同参与非遗保护。在展现民族文化特色和多样性的基础上，吸引更多方面关注支持资助非遗项目。为减轻掷子传承习练者的资金压力，在强化掷子文化传播室作用的同时，还可以引入社会组织参与，以此得到一些资助，在服装、鞋具等用品上满足需求，并给予队员们适当奖励，增强掷子队队员荣誉感、增强掷子队凝聚力，激发传承人的积极性。作为区级非物质文化遗产的掷子文化，应从促进社区非遗文化的保护和传承中找准社会文化的培育点，进一步激活社区文化，激发创造与创新，延续地区传统个性，维护文化多样性，无论从技术层面，还是社会层面，均可充分推动社区文化在城市中发展，促进非遗文化的传承保护和地区文化生态环境的可持续发展。

（二）增强特色文化独有的品牌性

维护好传统文化需要结合自身发展和时代要求，充分发挥创造力和想象力，科学搭建非遗传承平台。掷子运动本身所具有的健身性、观赏性、参与性、娱乐性、趣味性和文化内涵，创造出了特有的身心双修品牌效应。应当采取灵活多样的方式宣传推广，借助报刊、电视、广播、网络等媒体，并充分利用市场作用、现代传媒和社会舆论等传播途径，最大限度地传播社区非遗，提高传播效率，增强自身的造血功能，创新民族传统体育文化可持续发展道路。一方面做好非遗文化品牌的挖掘和整理工作，建立档案、汇集资料，通过网络共享，为后人传承、研究非物质文化遗产留下宝贵资料。另一方面，要面向社会招收品德优良、热爱掷子文化的学员特别是青年习练者，加强培训、传授，在掌握掷子文化内涵基础上，培养学习能力和领悟能力，发扬掷子精神，提高非遗传习者对文化遗产保护的认识，增强其保护传承意识。通过经常参与各种表演，在传统节日期间举办一些公益性的演出，并结合民族传统文化，开展一些有益的宣传活动、有特色的校园文化活动，培养学生民族精神，让更多人参加进来，了解掷子文化，了解古老的民俗活动，了解非遗文化，从而有效地促进非遗项目长久发展和传承。

（三）增强文化资源有效的融合性

非物质文化遗产是民族文化传承的重要部分与载体，是具有鲜明民族特色的重要历史文化资源，具有较强的历史性、民间性和传承性。可通过文字、影像等方式建立非遗文化"基因库"，把非遗项目的知识与技巧，传递给对非遗有兴趣的年轻人接触、学习、保护和传承。通过对非遗文化项目建立评估和反馈机制，定期开展相关活动，将非遗文化的保护、传承与项目的利用和发展融合起来，使地区非物质文化遗产发挥出应有的功能与作用。

做好教育普及工作，将掷子文化等民族体育非物质文化遗产纳入教育体系之中。学校是进行民族体育文化教育和传承的最佳场所，在当地各级学校教育传播民族传统体育文化，为青少年学生们提供近距离感受非遗文化技艺和学习掷子精神的机会。活态的文化知识可为学生打开一个活态技艺的新天地，有效保障非遗文化保护和传承。强化区级层面引导，建立传承保障机制，借助各级部门团体优势，组织单位和党员活动，参观掷子文化传播室，

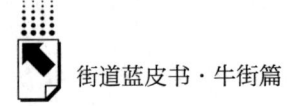

观看掷子习练，学习掷子精神，了解保护非物质文化遗产，促进非遗项目掷子文化传承发展，打造特色教育基地，使中华民族优秀传统文化能够焕发出新的生命力，不断适应现代社会的发展。

参考文献

闫艺：《"非遗"视域下新疆世居少数民族体育文化保护与传承研究》，《吉林体育学院学报》2017年2月第33卷第1期。

王雷：《"非遗"视域下孝感民俗体育传承研究——以云梦"三节龙·跳鼓舞"为例》，《体育研究与教育》2016年2月5日。

尹保权：《非遗传承视野下群众文化开展问题及对策》，《赤子》（上中旬）2015年11月15日。

刘洋：《灞桥区竹篾子灯笼制作工艺的数字化保护》，《学术论文联合比对库》2015年6月17日。

王黔平、李杏丽：《唐山市非物质文化遗产保护、开发与传承中地方高校图书馆的作用》，《河北科技图苑》2012年7月1日。

案例报告
Case Reports

B.11
牛街街道多元化多样化养老服务体系建设实践

摘　要： 牛街街道按照"老有所养、老有所依、老有所乐、老有所安"的目标，对地区老年人群的结构特征和养老服务需求进行分析定位，对辖区内养老服务资源进行统筹协调，增加有效供给，构建多元化的养老服务体系，提供多样化的养老服务，满足了辖区内老年人的需求，并为其他地区如何构建养老服务体系提供了可供借鉴的经验。

关键词： 牛街街道　养老服务　养老产业　老有所养

一　牛街街道构建养老服务体系的背景和基础

（一）养老服务体系的政策导向

2013年9月，国务院在《关于加快发展养老服务业的若干意见》中，就养老服务业明确了发展目标,即"到2020年,全面建成以居家为基础、社区为依托、机构为支撑的,功能完善、规模适度、覆盖城乡的养老服务体系"。2013年10月,北京市政府在《关于加快推进养老服务业发展的意见》中明确,以构建布局合理的养老服务体系为目标,并提出"强化政府主导和引领作用、支持社会力量进入养老服务领域、培养养老服务产业发展、优化养老服务业发展环境"的要求。此后,西城区政府在《进一步加强养老服务工作的实施意见》中提出,"健全完善养老服务政策体系、强化老龄工作机制职能、积极推进居家养老服务、提升完善社区养老服务、大力推进养老机构建设、培育发挥好社会组织参与养老服务、着力解决老年人的突出问题、鼓励老年人参与社会发展、积极营造良好的敬老社会氛围"等任务。2016年12月,《西城区"十三五"时期老龄事业发展规划》再次对健全社会养老服务体系提出了明确要求。

表1 国家、市、区对养老服务业的政策要求

序号	发布时间	相关政策	发布单位	任务要求
1	2013年9月	《关于加快发展养老服务业的若干意见》(国发〔2013〕35号)	国务院	统筹规划发展城市养老服务设施、大力发展居家养老服务网络、大力加强养老机构建设、切实加强农村养老服务、繁荣养老服务消费市场、积极推进医疗卫生与养老服务相结合
2	2015年4月	《关于进一步做好养老服务业发展有关工作的通知》(发改办社会〔2015〕992号)	国家发展改革委办公厅、民政部办公厅、全国老龄办综合部	督促落实养老服务业发展政策、切实加大养老服务体系投入力度、积极谋划"十三五"养老服务体系建设、统筹推进养老服务业综合改革试点、扎实推进健康与养老服务重大工程、积极推动养老服务业创新发展、探索建立多元化投融资模式、有力维护养老服务业发展环境
3	2017年2月	《"十三五"国家老龄事业发展和养老体系建设规划》(国发〔2017〕13号)	国务院	健全完善社会保障体系、健全养老服务体系、健全健康支持体系、繁荣老年消费市场、推进老年宜居环境建设、丰富老年人精神文化生活、扩大老年人社会参与、保障老年人合法权益、强化工作基础和规划实施保障

续表

序号	发布时间	相关政策	发布单位	任务要求
4	2013年10月	《北京市人民政府关于加快推进养老服务业发展的意见》(京政发〔2013〕32号)	北京市人民政府	强化政府主导和引领作用、支持社会力量进入养老服务领域、培养养老服务产业发展、优化养老服务业发展环境
5	2015年1月	《北京市居家养老服务条例》	北京市第十四届人民代表大会第三次会议主席团	对居家养老服务标准、制度保障、人才队伍的职业化和专业化建设、资金保障，政府在居家养老服务中应履行的职责等方面提出了相关要求
6	2016年12月	《北京市"十三五"时期老龄事业发展规划》(京政发〔2016〕59号)	北京市人民政府	建立健全社会养老保障体系、社会养老服务体系、构建老龄社会管理体系、老龄政策体系，实施十项居家养老幸福工程，推进"医养结合""互联网+"养老服务、养老服务队伍建设、养老产业发展
7	2013年10月	《进一步加强养老服务工作的实施意见》(西政发〔2013〕10号)	北京市西城区人民政府	健全完善养老服务政策体系、强化老龄工作机制职能、积极推进居家养老服务、提升完善社区养老服务、大力推进养老机构建设、培育发挥好社会组织参与养老服务、着力解决老年人的突出问题、鼓励老年人参与社会发展、积极营造良好的敬老社会氛围
8	2016年12月	《西城区"十三五"时期老龄事业发展规划》(西政发〔2016〕24号)	北京市西城区人民政府	完善社会养老保障体系、健全社会养老服务体系、构建老龄社会管理体系、创制老龄政策法规体系

资料来源：根据互联网公开资料整理。

（二）西城区养老服务发展存在的问题

随着我国进入人口老龄化阶段，老年人服务需求呈现多层次、多样化特点，这对养老服务的供给提出新要求，对环境设施进行适老化改造也显得尤为迫切。对老龄化严重的西城区而言，尚存在专业养老机构资源缺少、社区日间照料中心数量较少、老旧小区及家庭亟待适老化改造、养老服务软环境建设亟须加强等问题,现有的基础在支撑养老服务业发展方面越来越不堪重负。为此,西城区提出实施养老服务工程,加快构建以居家为基础、社区为依托、机构为补充、专业服务为引领、社会保障制度为支撑的西城特色养老服务体系。

(三)牛街街道养老服务业现状

据牛街街道2015年调查统计,街道户籍人口为18221户、53231人,老年人占总人数的27%,80岁以上老年人占老年人总数的22%。人口老龄化严重,且表现出多民族性、独居、适合居家养老者居多等特征。

1. 牛街街道老年人年龄结构

牛街街道老年人年龄结构中,65岁以下的占25.5%,65岁至74岁占32.4%,75岁至84岁占29.1%,85岁至89岁占8.1%,90岁以上的占1.7%,其他为3.2%。目前世界上已经有许多国家采用了65岁作为老年人的标准。若将老龄人群再细分的话可分为三种情况:

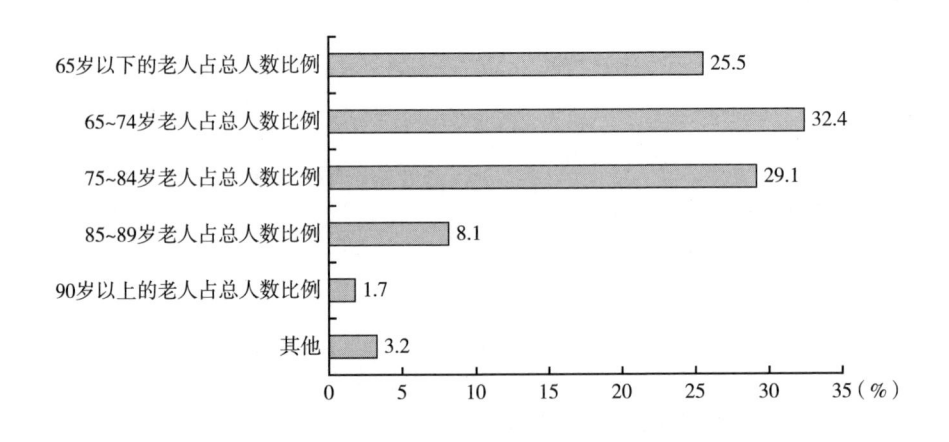

年龄段	比例(%)
65岁以下的老人占总人数比例	25.5
65~74岁老人占总人数比例	32.4
75~84岁老人占总人数比例	29.1
85~89岁老人占总人数比例	8.1
90岁以上的老人占总人数比例	1.7
其他	3.2

图1 牛街老年人年龄分布

资料来源:牛街街道办事处提供。

"年轻的老人",这部分人从60岁到69岁,这一阶段的男人和女人,无论是身体机能还是社会心态,均刚刚开始退化,并未完全丧失工作能力。

大部分人可以继续工作并创造社会财富，这也有益于他们的身心健康。

70岁至80岁的老年人，人体的各器官加速老化，衰老与疾病会使他们渐渐失去生活的自理能力，对家人及社会的依赖会越来越多，也同样会对"421式"的家庭造成很大的负担。

80岁以上的老年人群由于生理及身体各机能严重退化，再加上患病率极高，随时会受到各种疾病的威胁。因此这类老人对医疗及医疗照护的依赖性很高，这就需要偏医疗型的养老机构或护理专业人员提供相应的服务。

2. 老年人群结构特征

表2 老年人群结构特征

单位：%

项目		百分比
性别比例	男	34.9
	女	65.1
民族比例	汉	54.1
	回	37.0
	未填	8.3
	满	0.3
	蒙	0.3
子女数量比例	1个	44.6
	2个	30.0
	3个以上	22.6
	未填	2.1
	无子女	0.7
子女看望频率	每天	60.7
	1次/周	21.8
	2~3次/周	7.7
	1次/月	3.7
	未填	2.9
	2~3次/月	2.0
	不定期	0.6
	1次/年	0.4
	不回	0.2

数据来源：牛街街道办事处提供。

性别特征：女性老年人的比重高于男性老人，主要原因是女性的平均寿命比男性要长，因此牛街地区居住的女性老人要多于男性老人。将来会出现独居老人数量增高、服务对象女性老人偏多的情况，在服务上也要考虑服务人员的男女比例。

民族倾向：调查中发现被调查的回族老人高达37.0%，除汉族外，回族为牛街地区第二大居住民族，由于回族有宗教信仰、习俗、生活习惯等问题，所以在提供养老服务与养老政策上应充分考虑到这一点，制定适合牛街地区民族特性的养老方案。

子女数量：牛街地区家庭存在子女数量少、老龄人口过多的问题。表2显示，独生子女家庭的比例是44.6%，接近一半。这就存在一个孩子需要照顾两个老人的现实问题，负担和生活压力的加重，必然会影响子女的工作与生活。两个子女的家庭比例是30.0%，1：1的照护比例也是非常困难的，同样会影响至少一个子女的工作与生活。再加上牛街地区属于回迁房，多数为老人回迁后居住于此，年轻人在此居住的较少。

3. 服务内容的需求分析

对于养老服务内容而言，在机构养老、居家养老、日间照料中心这三种养老模式中，国家主推居家养老和日间照料中心模式，因此本报告对日间照料中心和居家上门服务的服务需求做了分析（日间照料中心服务内容需求率见图2）。

老年用餐：老年生活的首要需求是饮食，占比接近五成。伴随年龄的增长、身体机能的退化，再加上患病概率的增加，身体不便带来了做饭难的问题。那么老人可以依靠到机构用餐或者机构送餐上门，无论是养老院还是日间照料中心都可以解决老人的饮食问题，尤其是"空巢老人"家庭。但现有的老年餐在餐品种类的丰富程度、营养程度、标准化流程方面有欠缺，所以未能充分得到利用。

老年大学：需求比例为38.4%，位居第二。通过对牛街地区的调查得知，除法源寺社区平房较多外，其他社区均是楼房。一般而言，住楼房的邻里间平日交流很少，人际关系相对生疏淡漠。老人独自在家的时间很长，独居老人常一人独处，没有娱乐及交流的地方，与配偶同住的老人平时除了与

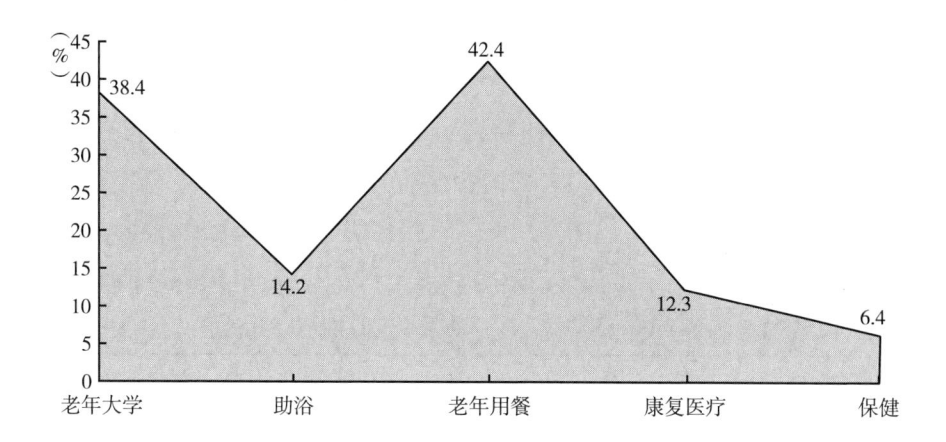

```
  %45
    40  38.4                    42.4
    35
    30
    25
    20
    15       14.2
    10                                 12.3
     5                                       6.4
     0
       老年大学   助浴   老年用餐  康复医疗  保健
```

图2　日间照料中心服务内容需求分析

数据来源：牛街街道办事处提供。

配偶交流外，没有多余的团体活动。特别是有肢体障碍的老人，他们希望与正常人一起参加活动，但没有适合这部分老人的解决方案和相应人员。这就需要社区配置齐全养老资源，通过社区养老服务人员给予老人更多的生活帮助和精神关怀。可以通过娱乐及文体活动提高老年人的生活质量，活跃大脑，防止心理疾病的产生，还可以通过科学的活动手段来提高和防止老人的身体、大脑等各机能的退化（居家上门服务项目需求率见图3）。

饮食：从图2、图3可看出居家上门服务和日间照料中心的首需服务是一样的，第一大需求都是饮食，需要通过上门送餐服务来解决他们的生活困难。

家务和清洁：随着年龄的增长、老年人的身体机能逐渐下降，不方便再做清洁家居等家务劳动，上门清洁的服务是非常必要的。

陪同就医：该项服务为子女工作忙的和独居的老人，提供了很好的单项服务。毕竟"空巢老人"的进程愈演愈烈，十年二十年后，受计划生育影响的"80后"一代人会倍加体会的。

康复训练和助浴：子女工作忙的或者独居的老人对此也有相应的需求。

4. 牛街地区老人及养老特征分析

多民族性的特点。牛街地区少数民族人口较多，而少数民族中以回族为

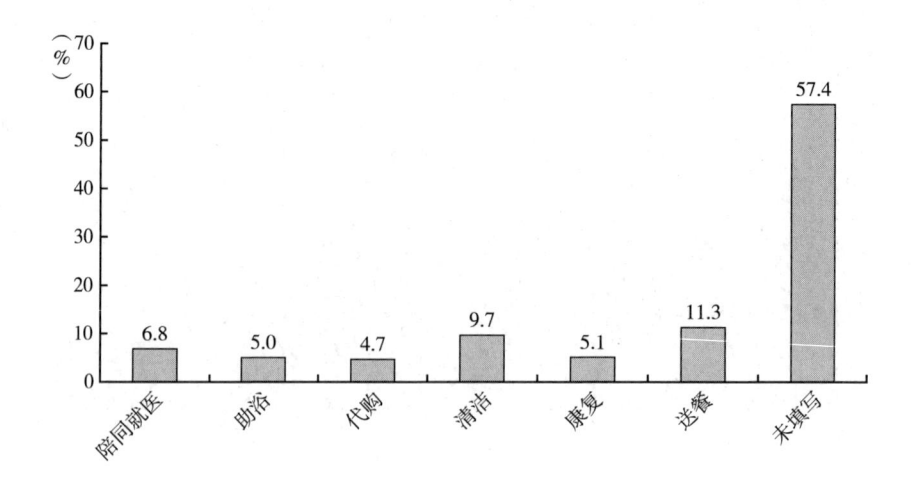

[图表：居家上门服务项目需求比例]
陪同就医 6.8%；助浴 5.0%；代购 4.7%；清洁 9.7%；康复 5.1%；送餐 11.3%；未填写 57.4%

图3　居家上门服务项目需求

数据来源：牛街街道办事处提供。

多数，因此推出的养老服务应该具有针对性。在细节方面，无论是机构还是居家上门服务都应尊重民族信仰与习惯，提供具有民族特色的养老服务。

独生子女比重大。从调查的数据可以看出牛街地区的独生子女比重很大，"421式"家庭在该地区占多数，独生子女面对老人的赡养问题会困难重重。传统子女养老方式已不适用，会对他们的学习、工作、子女的照顾带来影响，那么就需要外部资源来帮助解决这一问题，例如社区服务、公办或民办照料机构、居家服务等。

退休金偏低。经济条件相对较差的家庭多愿选择居家养老。中国的传统观念、牛街地区养老服务机构资源匮乏、普遍养老金偏低等多方面原因致使多数老人趋向于居家养老。

适合居家养老服务者多。在随机调查中，60~74岁的老人占总调查人数的一半，暂时属于"年轻的老人"，各生理机能基本可以维持，除高强度劳动外，基本可以自理。但十年后的需求量是可以预见的。

子女同住家庭少，需要精神关怀。牛街地区的老人多半是夫妻同居和独居老人，具有"空巢老人"的问题，空巢比例颇高，这就需要家庭、政府、社会等全方位的重视与关心。虽然大多数子女能够对父母履行赡养扶助义务，经常去看望父母、孝敬父母，但是仍有许多缺少家人子女照顾的空巢老人，需要在精神上和心理上获得社会更多的温暖关怀。

二 牛街街道八大举措满足多样化养老服务需求

随着人口老龄化压力的增大，老年人特别是高龄老人对政策优待、权益保障和照料服务的需求不断增加，需要依托完善的社会养老服务体系做支撑和保障。牛街街道对地区老年人群的结构特征和养老服务需求进行分析定位，通过资源投向调控，在提升现有公共服务资源利用率的基础上，增加有效供给，为老年人提供精准的服务，促进养老服务供求关系平衡。

（一）全面落实老年人各项优待政策

在落实北京市出台的《北京市市民居家养老助残服务"九养"办法》（在《北京街道发展报告No.1·牛街篇》中已详细介绍）的基础上，街道制定了《牛街街道居家养老帮扶服务补贴实施意见》，进一步加大对特困孤寡、一老一残老年人家庭户的帮扶力度，扎实推进牛街街道居家养老助残服务工作。筹措建立居家养老服务帮扶基金，以购买服务为形式，以60周岁以上孤寡老年人、一老一残老年人家庭为帮扶对象，为每户提供一定金额的无偿送爱心服务。并为地区60岁老人办理老年证、65岁老人办理老年优待卡、90岁及以上高龄老人发放津贴、95岁及以上老人办理医疗补助，为参加2016年城镇居民基本医疗保险的90岁及以上无保障老年人发放补助，协助牛街卫生服务站完成地区65岁及以上老年人免费体检等工作。

（二）为失能老人购买居家上门服务

牛街街道首先开展失能老人评估工作，截至2016年6月，牛街街道共有160名中度、重度失能老人。为了提高失能老人的的生活品质、缓解家庭压力，牛街街道根据失能老人的身体评估结果，通过政府购买服务的方式，委托北京惠众养老服务中心为地区中度、重度失能老人提供助浴、助洁、陪同就医、康复等居家上门服务。同时，为做好辖区内失能老人的审核、推送管理工作，牛街街道建立了失能老人服务需求台账，为失能老人做好服务补贴使用规划，并为符合条件的中度、重度失能老人发放服务手册和温馨提示，加大服务的透明度，确保服务补贴合理使用。同时，牛街街道为每位老人建立居家上门服务档案，进行服务追踪，由客服人员电话或上门回访居家服务情况，并反馈给街道。总体服务结束后为街道出具服务次数、服务类型、服务效果等反馈，并进行分析和总结。另外，街道还为失能老人家庭卫生间进行适老化改造，对失能老人家庭上门进行身体情况评估及居室环境评估，在老人自愿的前提下，根据评估结果确认改造产品和安装条件，开展上门安装、安装后回访等工作。

（三）成立老年协会提升为老服务质量

为进一步整合为老服务资源，增强老龄事业建设，促进街道为老服务事业的发展，牛街街道吸收15家辖区单位、10个社区居委会的老龄积极分子和街道公共服务协会部分骨干，成立了北京市西城区牛街街道老年协会。协会成立以后，不断组织成员学习，以老年人需求为基点，从服务理念上不断创新，组织开展满足老人不同需求的活动，丰富老人生活，如重阳节老年协会组织24位独居老人在儿女的陪伴下参观万嘉轩民族老年公寓并体验生活，让独居老人感受养老生活新方式。同时，协会还组织社会各界力量积极参与其中，通过政府搭台，引导老年协会规范管理、健康发展。街道老年协会多次组织社区老龄专干及各社区老年协会带头人进行老年协会专项工作交流会，介绍社区老年协会在社区文化体育、志愿者服务等方面发挥重要作用的成功工作经验。通过交流活动，协会开阔了工作思路，明确了个人服务定位，可以为今后老年协会健康发展提供有力的保障。

（四）开展便捷高效社区助老服务活动

依托居家养老服务体系，以民需为导向，挖掘服务资源，梳理服务内容，扩大服务范围，为地区居民提供家政、养老餐配送、上门理发、医疗保健等60多项专业服务，并充分发挥志愿服务团队作用，定期进社区为老人提供高效便捷的个性化服务。开展地区养老餐桌服务工作，通过合理规划养老餐桌服务布局，确保每个社区的失能、半失能、高龄等特殊老人在"便民服务圈"范围内能享受送餐上门服务。同时投入经费，配备统一专用保温餐桶，确保冬季送餐质量。

（五）引进社会资源强化专业为老服务力度

牛街街道引进社会资源，强化专业化养老服务力度，提供多样性、个性化、专业化的为老服务。引进南山石健康管理中心为地区60岁及以上老人提供健康管理服务，即通过对老人进行健康体测，依据其不同身体状况制订个性化的健康管理方案，并组织开展每周两次的体能锻炼，提高老人健康生活指数。引进西城区乐爱佳助残养老服务中心开展清真餐食派送入户、礼拜接送、日间照料服务和居家服务等，截止到2016年底签约固定客户30余人，其中残疾人5人，累计服务约2200人次。同时，通过自主服务与对接专业机构提供服务相结合的方式，举办医疗检测服务、健康指导乐养学堂、心理咨询慰藉、法律咨询、书画、剪纸、观看电影、葫芦丝演奏、家庭花卉养殖指导、绿色空间交换、垃圾分类等主题活动。引进康福宁居家养老服务中心为社区开展关于照顾失能、半失能老人居家养老护理知识的培训课程。

（六）综合养老呼叫中心融入服务体系

牛街街道建立综合养老呼叫中心，整合社区及社会优质养老服务资源，规划设计一键呼叫、管家服务、定期巡视、上门介护等便民养老服务项目，打造家庭式养老院，为地区老年人提供系统化、精准化、多样化的养老服务。

（七）建设养老驿站提供老人服务需求

牛街街道在牛街西里二区建立养老服务驿站，建筑面积630平方米，整体定位为日间托管及居家服务两大功能，是集日间生活照料、康复护理、居家服务、精神慰藉、"喘息式"服务、休闲娱乐和房屋适老化设计改造于一体的综合型为老服务中心，作为社区居家上门服务辐射点向居家养老人群提供需求服务。养老驿站整体按照生活、娱乐、交流、保健理念设计，从短期护理、娱乐、保健、洗浴卫生、居家服务和综合服务方面分为六大区域。短期护理区设有16张床位，为因家人外出或术后康复等需要照料的老人提供日间或短期居住，缓解家庭及社会压力。娱乐区满足活跃老人的日常活动、娱乐、用餐需求。保健区针对老人机能退化提供专业援助及支持，延缓并解决衰老带来的一系列身心问题。洗浴卫生区通过专业化设备为老年人提供助浴、洗浴等服务。居家服务站为养老服务驿站周边的社区提供居家养老服务。综合服务区运用远程通信、电子监护等科技手段，实现地区老年人管理和服务的智能化。

（八）采取多种形式弘扬爱老敬老美德

首先，开展"孝星"评比。2016年街道共推荐评选出33名区级孝星、7名市级孝星、一名老有所为先进人物、一个和谐社区和一个敬老单位。通过宣传先进事迹，发挥示范作用，在全社会营造关爱老人、共建和谐的良好氛围。其次，精心打造文化养老载体。通过组织老龄杯乒乓球比赛、棋牌比赛、古北水镇踏青、观看电影、老年人优秀健身项目表演赛、门球赛等活动，进一步丰富养老文化内涵和浓厚氛围。最后，开展敬老爱老月主题活动，同时，举办"幸福晚年在牛街"养老服务推介会，以政府购买服务的方式，特邀军休老干部与牛街居民一同免费体验测量血压血糖、眼部熏蒸及按摩、足浴、全身推拿等养老服务项目；联合西城区军休办党委共同开展"福如东海比南山，军民融合庆重阳"主题生日会，为80岁以上的军休老干部和牛街居民共同庆生。开展第二届"牛街街道孝星与笑星欢度重阳"相声专场，慰问2016年度西城区孝星。组织地方退休人员、优抚对象、老年志愿者及失独老人到广安门电影院观看电影。

三 牛街多元化养老服务体系增进老年人福祉

牛街街道坚持以人为本的原则，促进养老服务事业全面、协调、可持续发展，以家庭生活为出发点，立足于老年人最关心的现实问题和最迫切的服务需求，为老年人提供更加快捷、更加多样化的服务，帮助老年人解决居家生活困难和居家养老问题，促进地区社会和谐，满足老年人多层次的服务需求。

（一）多元化养老服务事业得以推进

街道老年协会整合为老服务资源，发挥老龄事业领域各成员单位的作用，搭建社会组织融合式服务首都老龄事业发展的综合平台，促进了牛街街道老龄工作与各有关单位、社区老年人内外之间的联系，有助于依靠和发挥社会力量建言献策，为推动本地区老龄工作的开展提供咨询和建议，使老龄工作得到进一步的拓展，促进了本地区老龄事业的持续发展。

（二）专业化养老服务能力得以提高

专业化的养老服务组织是社区养老、居家养老的重要支撑。作为西城区首家养老服务驿站，牛街的养老服务驿站把工作扎根到社区，通过托管养老与日间照料相结合，为老人提供护理和康复服务。同时，还为居家养老的老年人提供上门服务。这不仅能够解决生活保障问题，还能让老年人的精神生活得到极大的满足。驿站专业人员走进老人家中，采用居家护理服务的方式，对老人的身体状况和生活环境做出综合评估，制订优化方案和合理的收费政策。比如对房屋改造提供定制服务，为防止老人摔倒，给起居室地面选用防滑地胶，给卫生间安装便利的可移动坡道；为方便家人救助增加空间，对卫生间的门进行改装，由向内推动改为推拉门，并且在墙面安装辅助扶手和可折叠壁凳等。

养老驿站由政府主导建设，政府投资并提供服务，聘请专业化的团队来运作，以免因企业追求盈利而影响到服务质量。该驿站自2016年1月至11月份共接待各种参观团体41次，接待咨询1325人次，发展会员105人，参与老年大学活动2999人次，提供居家上门服务30次，提供用餐服务1775人次，提供助浴服务15次，接收日间托管老人6人。为发挥驿站的辐射服务，街道先行试点失能补贴，为失能老年人家庭购买了400元的居家上门服务和500元的适老化改造服务，签约家庭105户，完成服务356次，服务时长达761小时，驿站的服务得到了居民的广泛认可。

（三）社会化养老服务活动得以发展

老人退休后通常会有失落感和孤独感，群众性、娱乐性活动成为老人排解寂寞、交流感情的重要载体。为此，牛街街道组建了各种以老年人为主体的社区社会组织，通过开展丰富多彩的活动，满足了老年人的精神需求，提高了他们的生活质量。这些活动同时还能增加老年人之间的联系和交流，让老年人更多地接触社会，提高了老年人的社会参与度，既丰富了老年人的精神文化生活，又拓展了他们自身的生命价值，真正实现了"老有所乐"。

四 从牛街经验看如何推进养老服务业的发展

（一）建立多元化的养老服务供给机制

随着我国人口老龄化程度日益加剧，养老压力越来越大，面对严重的老龄化现状，仅仅依靠政府来解决养老问题是不够的，还需要联合社会多元主体的力量，实现政府、社会、家庭、市场之间的互相协作，共同承担养老责任。牛街街道为老年人购买上门服务、成立养老协会、建立养老驿站、引入社会组织为老年人提供专业化的养老服务，构建了多元化的养老服务体系，为老年人提供多样化服务。从牛街经验可以看出，推进养老服务业的发展，政府可以引入社会资源，充分发挥养老服务市场的作用，构建以政府为主导的多元化养老服务供给机制,促进养老服务产业发展。积极整合辖区内企事业单位的资源,将各单位的资源统一纳入社区养老服务中,为街道老年人提供服务设施和场所以及专业的服务,实现街道对辖区养老资源的统筹和协调,提高资源利用率。

(二)提供精准有效的养老服务并开展适老化评估

随着社会发展进程的加快,人们生活水平日益提高,老年人对养老服务的需求也变得多样化和复杂化。只有提供具有针对性和有效性的养老服务,并对家庭设施进行适老化改造,才能满足老年人个性化的需求。我国老龄人口比重呈上升趋势,在需大于供的形式下,提高有效供给显得尤为重要。牛街街道为老年人建立服务档案,进行跟踪服务,并依托综合养老呼叫中心,为地区老年人提供精准化、多样化的养老服务,增加了养老服务的有效供给。养老驿站以老人需求为导向,通过上门服务,对老人的生活环境和身体健康进行综合评估,制订优化方案,专业设计室内环境,加装安全扶手及防滑防摔设备等,为老人提供更舒适、更安全的辅助设施。从牛街经验来看,可以通过多种渠道和方式了解和掌握老年人的动态需求、家庭的适老化发展需求,并进行准确分析和定位,建立需求和服务档案,为老年人提供更加精准有效的服务。

(三)构建智慧养老平台提升服务效率

随着科技的快速发展、智能应用日益普遍,智慧养老将成为养老服务产业未来的一个发展趋势。在老龄人口中,独居老人和空巢老人占据一定的比例,那么应如何保障他们的安全,维护他们的身心健康?通过养老和健康综合服务平台这两个信息化平台,可以将政府、医疗机构、服务商、个人、家庭连接起来,让老年人在意外发生时马上呼叫应急救助平台从而得到及时的救助,并让相关的机构和人员掌握老年人的医疗信息,及时准确地制订救助方案。老年人也可以利用信息化手段随时随地记录健康信息、生活信息、呼叫所需服务等。智慧养老可以让老年人更好地保持健康、掌控生活。智慧养

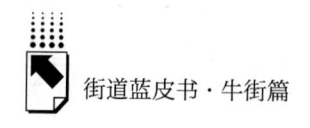

老还可以让养老机构通过软件管理系统优化养老机构管理流程，提升服务和治疗效率。因此，要健全多层次多元化养老服务体系，构建信息化、智能化养老服务平台，为老年人提供日常照顾、精神慰藉、康复护理、紧急救援、家政服务、法律维权和休闲娱乐等综合性的服务项目。

（四）加强养老服务专业人才队伍建设

首先，加强养老服务人员队伍建设。只有高素质、高技能的人才队伍，才能有效提升养老服务的质量，切实维护老年人的利益。一直以来，养老服务专业人员的不足制约着社区养老服务业的发展。因此，必须从满足养老服务需求出发，加强人才队伍建设，为养老服务事业发展提供重要保障。其次，探索养老服务人才引入、培训机制。可以与高校、科研机构加强合作，建立人才培养基地。通过对高校社会工作和护理等专业的毕业生给予岗位补贴、生活津贴等方式吸引专业人员从事养老服务工作，同时，加强对现有从事养老服务工作人员的培训，增强他们的专业知识，培育专职、兼职相结合的养老服务人才队伍。最后，建立资金保障机制。一方面按照地区老龄人口数量，给老龄工作机构配备专门经费，保障用于人才队伍建设的资金。另一方面鼓励社会资本、慈善捐助机构进入养老服务业，多渠道筹集资金，培养人才队伍。

参考文献

李丽京：《牛街地区老年人群体需求调查分析与思考》，牛街街道办事处，2014。
李丽京：《牛街街道居家养老服务现状及对策方案》，牛街街道办事处，2015。
文静、刘辰：《北京西城首家养老驿站启用日间托管上门服务都不落》，《晚晴》2016年6月15日。
国务院：《打造服务亿万老年人"夕阳红"的朝阳产业》，《现代城市》2013年第3期。
班涛：《社区主导、多元主体协同参与：转型期农村居家养老模式的路径探讨与完善对策》,《农村经济》2017 年第 5 期。

《新政突破养老困局 养老服务迎来春天——解读〈国务院关于加快发展养老服务业的若干意见〉》,《社会福利》2013 年第 9 期。

陆展委:《养老服务:误区与纠正》,硕士学位论文,南京大学,2016。

潘屹、隋玉杰、陈社英:《建立中国特色的社区综合养老社会服务体系》,《人口与社会》2017 年第 2 期。

B.12
牛街街道探索学校、社区、家庭"三结合"的未成年人思想道德建设模式

摘　要： 未成年人教育包括学校教育、家庭教育和社会教育三个层面，在社会层面中，社区教育最贴近未成年人的生活。社区未成年人教育作为学校和家庭教育的延续和补充，为家庭教育和学校教育的拓展提供了一个平台。牛街街道将加强未成年人的教育工作作为推动和促进地区社会进步的重要基础性力量，充分发挥社区教育的平台作用，积极构建街道、社区、学校三级互动管理机制，形成了学校、社区、家庭"三结合"的思想道德建设格局，有效提升了辖区内未成年人的文明素养和综合素质。

关键词： 牛街街道　未成年人　青少年发展　社区教育　社区教育网络

根据《中华人民共和国未成年人保护法》相关解释，未成年人是指未满十八周岁的公民。本文的未成年人是指未满十八周岁达到入学年龄的儿童和青少年。未成年人教育包括学校教育、家庭教育和社会教育三个层面，在社会层面中，社区教育最贴近未成年人的生活。社区未成年人教育作为学校和家庭教育的延续和补充，为家庭教育和学校教育的拓展提供了一个平台，可以从深度和广度上促进未成年人教育事业的发展。同时，社区是对未成年人开展素质教育的重要阵地，做好社区未成年人教育工作，

牛街街道探索学校、社区、家庭"三结合"的未成年人思想道德建设模式

对于帮助未成年人树立正确价值观、拓展知识、发展个性、健全人格，具有十分重要的意义。2004年，中共中央、国务院印发的《关于进一步加强和改进未成年人思想道德建设的若干意见》对加强和改进未成年人思想道德建设提出了相关要求；2009年民政部出台的《关于进一步推进和谐社区建设工作的意见》也明确提出要"加强未成年人思想道德建设，利用社区资源为社区内中小学开展素质教育和社会实践活动提供方便，不断优化青少年成长环境"。在这一背景下，鉴于社区未成年人教育的重要性，牛街街道非常重视未成年人社区教育工作，并为此开展了一系列的实践探索。

一 从三个维度看社区未成年人教育的重要性

社区是城市治理的基础，也是未成年人接触社会的重要途径，在城市社区教育不断发展的背景下，城市社区未成年人教育也越来越重要。

（一）社区未成年人教育是社会治理基础重塑的重要内容

改革开放以来，经济发展和社会转型加剧，不可避免地带来了道德失范、价值观扭曲等一系列问题。北京市西城区第十二次人民代表大会政府工作报告中强调要加强公共责任体系建设，提升公民文明素质，指出"诚信体系和公共责任体系构建、公民文明素养提升等社会治理基础重塑任务艰巨，社会治理能力和水平还需要进一步提高"。西城区街道系统2017年度工作会进一步强调，社会治理基础重塑重心在社区，核心是人。而未成年人教育是提升全民文明素养的基础工程，也是社会治理基础重塑的重要内容。发展社区未成年人教育，社区要从全面培养未成年人的角度出发，利用社区自身的综合优势，调动学校、家庭、辖区社会力量和社区未成年人的积极性，整合各种资源，发挥社区对未成年人的教育引导功能，形成一种社区未成年人教育同创共建、多方联建、全社区参与的社区未成年人教育常态化机制。

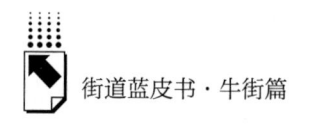

（二）社区是未成年人教育的重要阵地

社区是社会生活的共同体，未成年人生活在这个共同体中，娱乐休闲、社交学习、健康锻炼等活动都与社区息息相关。粗略估算，未成年人每年大约有100个节假日是在社区中度过的，然而在这些节假日中孩子的父母可能会忙于工作无暇顾及孩子的品德教育和素质提升，更是疏于或者缺少机会带着孩子参加各种社会实践活动，因此，这些责任也就在一定程度上落在了社区身上。社区可以为未成年人营造一个轻松愉快的环境，组织和引导孩子参加丰富多样的娱乐活动和社会实践活动，在寓学于乐中，既培养了孩子的兴趣和动手能力，又可以在无形中传递正确的价值观和良好的道德情操，从而有利于全方位提升社区未成年人的素质，为现代化建设提供全面的素质型人才。

（三）社区未成年人教育是思想道德教育和人格塑造的重要载体

加强和改进未成年人思想道德建设是文明城市创建的工作重点。全力构建未成年人思想道德建设体系，净化社会文化环境，培育健康成长沃土，树立社会主义核心价值观，社区教育起着极为重要的作用。未成年人教育是一个社会系统工程，仅仅依靠学校和家庭是远远不够的，而且现在家庭教育和学校教育均不同程度地存在一定问题。在经济快速发展的当今社会，很多家长忙于工作，没有时间教育孩子，或者只重视满足孩子的物质需要，忽视对孩子的品德教育。同时，很多家庭对孩子教育的方式和方法也存在偏差，容易使得孩子变得贪图享乐、自私自利、叛逆、缺乏独立自主意识、耐挫能力弱等，很难塑造孩子健全的人格。而学校则往往只注重升学率，忽视了对学生全方位的培养，长期以来形成的固有教育模式使得学校教育的主要任务变成了单纯的知识传授，且局限于课堂教学，存在所学知识与生活脱节、学生缺乏实践机会等问题。填鸭式的教育方式不能适应时代发展的需要，也很难培养具有综合能力的现代化人才，这就需要由社区教育予以配套和补充。社区既能促进学校教育、家庭教育和社会教育的紧密配合、相互支持，又能弥补家庭教育和学校教育的不足，形成社会化、开放式的未成年人教育格局。

二 牛街街道凝心聚力共同打造未成年人的合格"家长"

牛街街道为深入开展社会主义核心价值观教育，努力培养青少年的社会责任感和自尊、自爱、自强的个人品质，秉持"少年强则国强"的意识与观念，结合地区特点和未成年人成长需要，整合辖区力量，创新未成年人教育模式，推动了街道未成年人思想道德建设工作的开展。

（一）建立社区未成年人教育长效机制

1. 建立三级管理机制

牛街发挥街道社区的桥梁作用，构建了街道、社区、学校三级管理机制。组织各社区、学校共同组建未成年人思想道德建设协调委员会，并在社区建立分会，搭建基础性平台，以社区教育将学校教育和家庭教育贯通起来，构建家庭、学校、社区教育"三位一体"的思想道德建设格局。

2. 建立沟通协调制度

成立牛街街道关心下一代工作委员会，邀请地区知名人士担任顾问，强化组织机制建设。同时，街道关心下一代工作委员会定期召开工作研讨会、经验交流会，社区及时向街道报送社区未成年人教育工作进展情况及存在的问题，并由街道关心下一代工作委员会及时给予相应的解答和指导。

3. 建立专项资金支持制度

牛街街道加大资金支持力度，支持社区未成年人教育发展。为支持民族特色教育，专门制订民族教育资助办法，设立专项教育经费，每年投入一定金额，支持社区、学校共同开展特色教育。

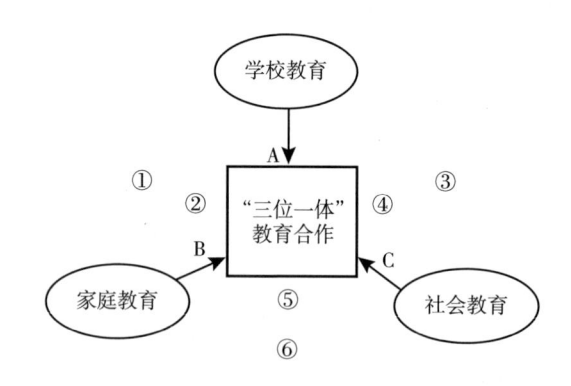

图1 家庭教育、学校教育和社会教育三者关系

说明：A 学校教育进行的共性化培育过程；B 家庭教育培养孩子行为习惯进行的个性化培育过程；C 社会教育的综合化培育过程；①家庭教育决定个体学校教育的起点与水平；②学校教育为家庭教育提供支撑与导向作用；③学校教育对社会教育起着辅助与优化作用；④社会教育对学校教育提出反馈与挑战；⑤社会教育为家庭教育提供环境与条件；⑥家庭教育影响社会教育的基础及其发展。

数据来源：根据杨雄、刘程《关于学校、家庭、社会"三位一体"教育合作的思考》的内容整理。

（二）构建家庭、学校、社区"三结合"教育网络

1. 以家庭为基础，开展"三家"教育项目

牛街街道组织开展了"家规、家教、家风""三家"教育系列主题活动。以"学国学、晒家风、亮家规、说家教"为主要内容，在地区未成年人中开展了形式多样的征集和宣讲活动，从而引导和帮助未成年人形成正确的规则和规范意识，进一步提高他们对中华传统美德和社会主义核心价值观的认知。如，通过母亲节"牛街人家·幸福相伴"家庭成员互赠祝福、父亲节开展"当酷爸遇上萌娃"照片征集、"巧手夏令营"为父母亲手制作小礼物、争当"家庭小孝星"为父母亲手制作肉松等活动，让孩子们学会感恩父母，关爱长辈；同时，以家庭为单位开展风筝彩绘、"成语文化龙门阵"等活动增加家庭成员之间的互动交流，实现亲情教育；组织开展"我的家

风，我的家"好家风微故事主题征文活动；组织地区未成年人"游名人故居，学名人家训"，参观郭沫若、宋庆龄故居，了解家中父辈的家风故事，让孩子从小养成忠孝、诚信、正直、亲和、处世谦恭的好品质与好作风。

2. 以学校为平台，实施知识文化进校园项目

牛街街道借助学校这个平台，向学生宣传传统文化知识和生活常识，丰富学生文化知识储备。牛街清真食品商会联合牛街年记清真熟食店在回民小学开展了"清真美食进校园"活动，让学生体验了老北京美食与"京味"文化。在活动中，牛街清真食品商会的顾问为学生们讲述了北京小吃的发展史和清真美食的由来，年记清真熟食的经理还手把手教孩子们制作艾窝窝。"清真美食进校园"活动既培养了孩子们的动手能力，又让他们在实践活动中感受到中华民族传统文化的魅力，加深了学生们对中华民族传统文化的理解和认知。

街道联合西城消防支队、牛街派出所、回民小学等辖区单位开展了"参与社区消防，建设平安家园"主题活动，通过消防科普宣传车播放消防知识动画片、学习灭火器使用、趣味问答、宣传展板等，向学生宣传消防知识，让学生们在愉悦的氛围下学习到了消防知识，树立了消防安全意识，提高了抵抗火灾的能力。

与此同时，辖区各中小学校聘请了法制副校长，开设了法制教育课。通过组织师生学习《中华人民共和国未成年人保护法》《中华人民共和国预防未成年人犯罪法》等法律法规以及开展消防、交通、安全、法制教育等讲座，不断增强广大师生的法治意识和依法自我保护能力。街道组织面向青少年的法律宣传活动，如"法律进校园""平安校园行"等系列主题教育活动，以及法律知识竞赛和法律知识测试等活动，采取青少年喜闻乐见的形式，以案示法、寓教于乐，调动学生学法、知法、守法、用法的积极性和主动性。

3. 以社区为阵地，整合资源教育服务于未成年人

创办"牛娃印（in）社区"项目。牛街街道充分整合利用学校、家庭和社会的各种教育资源，协调各方力量形成合力，推出了"牛娃印（in）社区"未成年人思想道德建设精品项目。街道以青少年社会实践活动记录

手册——"文明印记"的外在表现形式推行该项目,并向本地区来社区报到的中小学生免费发放,通过盖章集印的方式,全程记录他们的社区成长足迹。"牛娃印(in)社区"项目围绕社会主义核心价值观开展教育,结合"美德少年"评选,充分利用各类传统节日、法定假日、重大历史纪念日等策划主题宣传,开设社会实践课堂,实施"小课堂""小记者""社区文明小大使""义务劳动"等一系列社会实践活动,培养未成年人爱学习、爱劳动、爱祖国的情感,树立热心公益、提升自我的意识,铸就健康向上、乐于奉献的精神,并借此开发了青少年智力,弘扬了中华传统。

表1 2016年牛街街道青少年社会实践活动记录"文明印记"(2016年版)使用说明

序号	项目	内容
1	发放范围	地区回社区报到青少年
2	发放时间	集中在每年寒、暑假
3	涵盖活动	街道、社区组织的寒、暑假青少年实践活动及"我们的节日"、重大历史纪念日期间开展的青少年活动
4	兑奖时间	印章收集截止到每年10月底
5	兑奖标准	每年集齐10枚印章,领取相应实物奖励
6	操作步骤	(1)学生在每年第一次回社区报到的同时,领取青少年社会实践活动记录"文明印记" (2)学生携带此本参加街道、社区组织的青少年社会实践活动 (3)按要求完成相应任务,当场填写活动时间、内容及收获感言 (4)社区根据完成情况,在记录本内页加盖活动印章和星级标准
7	印章说明	"春节":参加社区组织的春节期间文明礼仪、手工制作、慰问走访等活动(社区) "公益劳动":参加社区组织的环境清扫、绿化种植、文艺演出等公益实践类活动(社区) "小课堂":参加社区组织的"百姓宣讲""科普课堂""知识普"等讲座培训类活动 "小记者":参与征文、征图、征歌投稿等摄影写作类活动 "社区文明小使者":街道组织的各类活动 "星级标":根据表现,四星为最高,以此类推 街道宣传部还将根据活动开展情况,陆续设计推出新的印章
8	要求	(1)社区要根据报到学生的实际表现和感言填写情况,合理使用和加盖印章 (2)每项活动加盖一次印章 (3)对未参加活动的学生,不得加盖印章 (4)青少年社会实践活动记录"文明印记"及印章由社区指定专人保管

资料来源:牛街街道办事处提供。

牛街街道探索学校、社区、家庭"三结合"的未成年人思想道德建设模式

成立社区托管班。牛街街道双职工家庭较多,且多数家长工作时间与学校放学时间不一致,很多家长无法准时接孩子回家。针对这一情况,牛街街道进行了细致的走访调查,发现小学生课后托管需求量大,但社区中缺少正规托管班,无法满足群众需求,导致部分小学生课后处于无人管、无人教、无人问的"三无"状态。为此,牛街街道充分发挥社区党组织的协调作用,以"校居共建、党员带头、资源同享、关爱少年"为目标,联手学校开展共建,组织社区退休党员、退休教师、志愿者于2011年共同创办了"红心育苗托管班"。每天派出两名志愿者到校门口将学生接至托管班,辅导学生完成课后作业,同时组织多种课余文化活动,丰富学生知识储备。家长下班后到托管班将孩子接回家中,由此全程确保学生安全。

搭建社区青年汇平台。牛街街道团组织在社区建立联系和服务青少年的终端综合服务平台——"牛友联盟·社区青年汇"。在联系和服务青少年的同时,引导青少年积极参与社会建设,开展公益志愿服务,促进和谐社区建设。"社区青年汇"占地500余平方米,能够开展教育等多项活动,内部空间分为牛友阅读空间、牛友多功能厅、牛友烘焙坊、创新部落等11个功能区,其中创新部落设置了科技创新文化展示区、创新教育课程体验区、创新教育参观学习区三大板块,着力于培养青少年科技创新意识,提升其创新能力。同时,通过讲座、比赛、体验等形式,对青少年开展学习培训、心理辅导、文体科教等活动,满足青少年群体的不同需求。特别针对社区青少年开办"四点半课堂",于其中开设了小学生创意美术课,制作烘焙巧克力饼干、美味pizza,神奇3D打印等课程;此外,还开办暑假夏令营、"小记者培训班"等活动,服务青少年千余人次。

(三)营造未成年人健康成长的良好环境与氛围

1. 净化校园周边环境

牛街街道协调公安、工商、城管和卫生等部门,加大力度联合保障校园周边环境整洁、健康、有序。对校园周边环境开展集中清理检查,对无照摊商、卫生不达标的商户进行集中清理,维护校园周边环境。与环境整治同

步，街道在参与地区边角地改造等建设专项工作、督促相关单位完成拆迁任务的同时，督促企业及时清理拆迁渣土，保持校园周边环境整洁。此外，街道加大网吧管理力度，采用悬挂标语、播放光碟、发放宣传材料等形式进行宣传教育，倡议未成年人遵守《全国青少年网络文明公约》，文明上网。

2.落实监督保障机制

为了让非京籍未成年人与本地未成年人同享教育资源，街道在政务大厅专门设立窗口为其办理借读手续，邀请他们参加街道、社区相关活动。与此同时，街道注重建立特殊群体帮扶制度，关心残疾、困难家庭的未成年人，坚持为他们申请各类助学捐款，并动员地区单位伸出援助之手给予帮助。街道还建立监督管理制度，确保每一笔善款都得到有效使用。

三 牛街街道社区全面提升未成年人教育工作取得的成效

牛街街道结合社区实际情况，充分整合社区资源开展多样化的未成年人教育实践活动，真正做到了贴近实际、贴近生活、贴近未成年人，极大地调动了孩子们参与社区活动的积极性，提升了未成年人的个人品质和地区的整体活力。

（一）帮助未成年人塑造健全的人格

增强了未成年人的家庭归属感、社会责任感，让生活在"蜜罐"中的未成年人懂得用实际行动感恩父母，回馈社会；宣传了优秀家风、优良美德，让尊敬长辈的中华民族传统美德在社区扎根，让良好家风成为社会文明的助推器；搭建了社区未成年人教育平台，将未成年人思想道德教育融入社区家庭建设之中，增进了父母与子女间的亲情，通过宣传优秀家规、家教、家风，帮助青少年树立正确的人生观、价值观和世界观。

（二）创新了未成年人教育的载体

整合社区内资源，包括行政资源、人力资源、场地资源、教育资源、资金支持等,形成以社区为平台,政府、社会、学校、家庭共同推动未成年人教育的良好格局。例如,"牛娃印(in)社区"项目以寒暑期未成年人活动为主,同时将"我们的节日"等传统教育贯穿全年,以"文明印记"青少年社会实践活动记录本为载体,实现了地区青少年教育资源与教育活动的有效整合。通过参加一系列相关活动,把思想道德教育枯燥的理论变成生动活泼、直观可感的体验式教育,让地区未成年人在实践中将传统文化、社会主义核心价值观、生活常识等植入内心世界,青少年的个人素养、知识水平和社会责任意识都得到了大幅度提高,为地区建设带来生机。2016年,街道共开展近百场青少年主题活动,共有700多名青少年积极参与,其中有20%的青少年参加了10场活动。

(三)增强了青少年公民意识和社会责任感

对于一个民族、一个国家而言,公民素质的高低,影响并决定着一个民族精神文明建设水平的高低。通过"文明印记"这种过程性、日常性、动态性的评价方式,积极鼓励青少年履行社会实践活动。系统开展全方位教育以及积极参与相关活动,能够促进地区未成年人全面发展,在为其提供展示自我的平台的同时,也有助于其发现自身的闪光点,提升自信心。此外,这还增强了他们的实践能力,增加他们的社会阅历,提高公民意识和社会责任感,全面提高了他们的综合素质。

四 从牛街经验看如何发挥社区在未成年人教育中的作用

牛街街道坚持以服务好、教育好、培养好社区未成年人为目标,积极加强社区未成年人教育工作,既提高了未成年人的个人素养,又推进了社区治理基础的重塑,同时还满足了辖区居民的需求,为其他地区开展社区未成年人教育提供了经验。

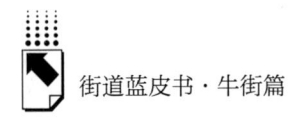

（一）发挥社区组织协调作用，强化未成年人教育工作

未成年人教育是一项系统工程，社区在这个系统工程中具有组织协调作用。因此，社区要充分发挥好职能，做好从上至下的协调统筹工作，形成社区统一领导、各相关部门各负其责、全社会积极参与的未成年人教育格局，实现辖区资源共享，为未成年人提供多角度、深层次的教育资源和方式。同时建立健全未成年人教育工作机制，把这项工作列入政府的重要工作日程，设立专门机构，安排专人管理，做好长期和短期规划，制定一套切实可行的措施。另外，未成年人教育是一项带有公益性质的工作，政府要统筹利用各类资源，在人力、物力、资金、场地等方面加大投入。可以依托专业的社会组织或教育机构提供专业化服务，为未成年人教育工作提供有力保障；同时，把长期性工作目标和阶段性工作目标结合起来，每年做成几件作用大、影响大的好事、实事，让广大未成年人得到实惠。这样必然能调动未成年人参与社区教育的积极性，进而使得未成年人教育工作取得明显的成效。

（二）整合社区教育资源，构建社区教育网络

学校、家庭、社会对未成年人的成长起到不同的作用，它们的作用是相互影响、相辅相成、相互促进的。因此需要加强家庭、学校、社会三者之间的联系，把学校、家庭和社会教育工作融为一体，使三者有机结合，为未成年人营造良好的教育氛围。社区在开展社区教育工作中可以以家庭为基础，以社区内的机构和设施为依托，充分利用辖区内学校的场地、设备、师资等教育资源，构建社区未成年人教育网络体系。

首先，充分整合社区内人力、物力资源。利用社区内的活动场地等教育设施，举办形式多样、内容丰富多彩的孩子们喜欢的主题实践活动，培养多方面的兴趣和特长，促进孩子全面、健康发展。参加社区活动，能满足青少年身心的发展，是学校教育有益的补充。

其次，建立社区与学校互动合作机制。可以建立"实践活动进校园"

以及"教师进社区"制度，形成来源多样、专兼结合的未成年人教育工作队伍。同时，社区可以将未成年人到社区参与各类文化体育以及实践活动的记录存入档案，以此作为未成年人参加社会实践活动的凭据，从而有利于学校开展相关教育工作。总之，学校和社区不应再是过去独立工作、各司其职的局面，而应形成紧密联系、相互开放、共同参与的工作格局。

最后，构建社区与家庭联动的未成年人教育模式。社区要充分发挥家长和家庭教育在未成年人教育中的重要作用，积极组织各类亲子活动，促进孩子与家长的沟通交流，培养孩子的亲情观。同时帮助家长转变自身教育观念，引导家长积极参加学校或者社区未成年人教育活动中心组织的家长学校、经验交流、书面沟通、座谈会、培训课等，避免家长重智育轻德育，让他们认识到家庭教育的重要性，缩小家长教育理念与学校、社区教育理念之间的差距，促进达成教育共识，让家长从自身做起，为孩子做好表率。

（三）开展社区实践活动，培养未成年人自主实践能力

未成年人的人生观和价值观尚未建立，社区应该组织开展各类社区实践活动，让孩子在活动中亲身体验和感悟社区生活，学习社会规范并养成良好的日常行为习惯，增强社会实践能力，以便将来更好地适应社会、融入社会；学习中华民族的优良传统文化和美德，成为一个爱国守法、勤劳节俭、明理诚信的人，树立正确的人生观和价值观；学习日常生活常识，增强未成年人自我服务和为他人服务的能力，增强其公民意识和社会责任感。

参考文献

牛街街道办事处：《牛街街道年未成年人思想道德建设工作总结》，2012、2013、2014。

牛街街道办事处：《好家风助推未成年人思想道德建设》，2015。

牛街街道办事处：《花儿朵朵 快乐成长》，2015。

牛街街道办事处：《牛街街道"牛娃印（in）社区"》，2016。

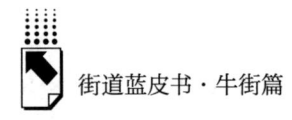

中共中央办公厅、国务院办公厅：《关于进一步加强和改进未成年人思想道德建设的若干意见》（中发〔2004〕8号），2004。

民政部：《民政部关于进一步推进和谐社区建设工作的意见》（民发〔2009〕165号），2009。

杨舟成：《社区未成年人思想道德教育研究》，硕士学位论文，广西师范学院，2012。

梁颖：《新时期未成年人思想道德建设中的政府主导职能研究》，硕士学位论文，湖南师范大学，2014。

B.13
牛街街道社区早教服务优化家庭育儿微环境

摘 要： 0~3岁婴幼儿早期教养的重要性已得到社会的充分认识，作为终身教育体系的重要开端，0~3岁早期教养被提上议事日程。牛街街道为贯彻落实北京市计划生育协会提出的"宝贝计划"及西城区人口计生委提出的"儿童早期发展促进行动——幸福宝贝计划"，结合街道实际，以有效推进区域人口和家庭公共服务体系建设为目标，以促进牛街地区0~3岁婴幼儿早期发展与家庭幸福为核心，建立牛街儿童发展指导中心，充分发挥政府在政策导向、监督管理和社会机构在专业技术支持方面的双边优势，探索和形成服务区域儿童早期发展的可持续模式，优化家庭育儿微环境。

关键词： 牛街街道　早期教养　儿童发展微环境　计划生育工作

一 牛街街道儿童发展指导中心建设背景

（一）落实北京市"宝贝计划"项目

科学研究表明，0~3岁是儿童大脑发育最快最具开发潜力的时期，是儿童成长的关键时期。因此，这个时期要激发孩子的潜能，给他们独立学习和获得经验的机会，培养孩子的创新能力和独立思考能力，使孩子成为自由而全面发展的人。发展婴幼儿教育是我国政府着力提高人口素质的一项重要奠基工程，是我国从人口大国向人才强国转变的重要基础。北京市计划生育协会在调研、考察及论证的基础上，启动了"宝贝计划"，旨在培养婴幼儿的创造性思维、社会心智模式和独立健全的人格素质，全面提高人口素质。"宝贝计划"项目为0~3岁是婴幼儿提供免费亲子活动，提供免费育儿知识讲座，对家长、准家长和监护人进行培训，使他们树立科学的育儿理念。同时，注重培养婴幼儿适应能力、社交能力、创造能力和健康的人格特质，使孩子形成健康的人格和良好的心智模式，构建健康、和谐、幸福家庭。"宝贝计划"工程是北京市计划生育协会六大惠民工程之一，该工程要求各级要坚持"政府部门主导，社会力量支持，个体家庭参与"的原则，立足于社区、服务于社区，为群众提供优质便捷的婴幼儿早期发展教育服务，完善学前教育公共服务体系。

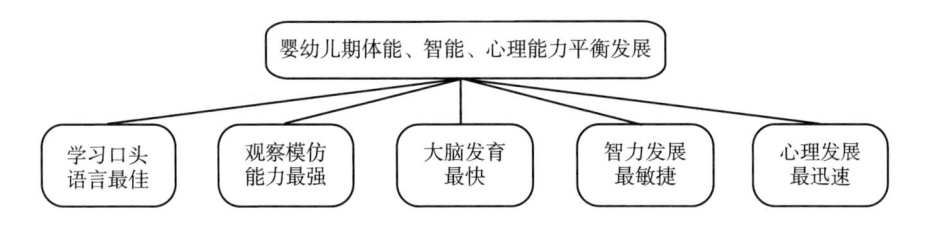

图1　0~3岁早期教育的黄金阶段

（二）启动街道儿童早期发展调研

按照北京市计划生育协会提出的"宝贝计划"，西城区人口计生委制定了"儿童早期发展促进行动——幸福宝贝计划"。牛街街道结合自身实际，将人口和计生工作融于民生工程，把关注儿童早期发展、创建幸福家庭计划纳入保障和改善民生的重要内容。2013年，牛街街道就0~3岁婴幼儿早教需求对社区居民进行了调查和访问。结果显示，0~3岁儿童家长遇到最棘手的问题是缺乏对孩子的日常养护和护理技能，与长辈照顾孩子的方式存在分歧，缺乏科学哺育知识和不会解决紧急问题。大多数家长都是通过手机、杂志或者电视学习相关知识，或者与亲戚朋友探讨，寻求帮助。除了家长对育儿知识的需求外，对婴幼儿个性和智力培养的需求占首位，其次是孩子的智力开发和兴趣爱好培养，最后是孩子语音表达能力和与人交往能力的培养。大多数家长期望通过早教机构获得儿童早期教养知识，开发孩子潜能。由此可以看出，牛街街道0~3岁婴幼儿家长（看护人）对专业早教知识的需求问题亟待解决。

（三）建立街道儿童发展指导中心

为补齐辖区内没有专业的早教机构来满足居民需求这一短板，2013年牛街街道办事处启动了0~3岁婴幼儿早期发展基地建设工作，引进北京幸福泉儿童发展研究中心（以下简称"幸福泉"）为街道提供儿童发展基地建设指导、运营支持和人员培训等多项服务。此举惠及0~3岁婴幼儿及其家长（看护人），实现"从无到有"的突破。此后，2014年7月，"牛油果（寓意牛街有果实）——牛街街道儿童早期发展指导中心"（以下简称指导中心）成立，该中心以"评估—指导—发展"模式为辖区内的百姓服务，不断提高群众的生活质量和生命质量，为全面加强人口和计划生育优质服务工作提供平台，促进牛街地区人口早期发展事业的可持续发展，成为"关爱生命全程，构建和谐幸福家庭"的重要载体。

二 牛街社区儿童早教服务项目的实施情况

2016年是"十三五"开局之年，是计划生育事业改革发展重要时期，"全面两孩"政策开始实施。牛街街道根据西城区人口和计划生育工作重点，按照促进人口健康、保障人口安全及提高出生人口素质的总体要求，根据居民需求，结合区域民族特色，围绕生命、生育、生活三个方面，立足社区，服务家庭，以牛街街道儿童早期发展指导中心为平台，以北京幸福泉儿童发展研究中心为依托，持续推进0~3岁儿童早期发展工作，实施社区早教服务项目。

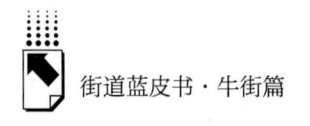

（一）引进社会组织共同优化儿童发展"微环境"

受限于牛街街道0~3岁婴幼儿家庭规模、分布以及牛街场地情况等多方面因素，结合政府公共服务特点和一般性运营需求，街道采用委托管理型合作方式提供儿童早教服务。该方式由政府指定社会专业机构，通过签订委托协议，在指定合作年限内，利用社会专业机构自身技术和经验优势，在政府的监管和指导下，全面负责指导中心的日常运营管理，包括人员、场地、活动的日常管理和实施等。政府负责根据协议约定，逐年向其提供运营资金保障。北京幸福泉儿童发展研究中心作为牛街街道引进的专业早教服务机构，为社区居民提供常规服务和特色服务，与政府共同优化儿童发展"微环境"。

儿童发展的"微环境"是指那些直接作用于儿童并对儿童发展进程产生影响的各种人物、场所和事件的总和，是影响儿童发展的真正"可控要素"。这些要素存在于儿童成长的家庭环境、托幼园、学校等教育机构及社会环境中。微环境可分为物质环境（主要表现为各种功能性的场所）和精神环境（各种人物和事件与儿童产生互动的人际关系以及心理氛围）。牛街街道与幸福泉合作创新建设婴幼儿早期发展儿童指导中心，优化儿童成长微环境，时刻影响着儿童的成长，促进儿童的发展。

（二）指导中心规划设计坚持七大原则

牛街本着"优化儿童早期成长的微环境，促进儿童全面和谐发展"的理念，遵照目标性、游戏性、适宜性、层次性、均衡性、安全性、创新性等原则，开展指导中心场地及功能规划设计工作。

1. 目标性原则

指导中心遵循公益性、普惠性原则，以科学有效促进0~3岁婴幼儿体格、智能发育，提高家长育儿思想认知和实操水平，改善家庭育儿微环境质量作为运营服务的核心目标，并围绕此目标设计相关运营服务内容。

2. 游戏性原则

指导中心遵循0～3岁婴幼儿身心发育特点，在运营工作设计中尤其是活动策划和实施时，将游戏性、趣味性和互动性原则融入其中，让广大婴幼儿和家长在游戏中成长和学习，提高他们参与热情，将指导中心打造成为社区亲子活动的游戏中心和学习中心。

3. 适宜性原则

指导中心整体运营工作一方面要围绕0～3岁婴幼儿身心发育特点和家长育儿实际需求，另一方面需要考虑牛街地区作为一个多民族文化聚集区所承载的民族特色和文化背景。将区域民族文化特色与婴幼儿早期发展公共服务体系建设有机结合，可以保证运营工作与区域发展的一致性和适宜性。

4. 层次性原则

0～3岁不同年龄段婴幼儿的发展速度和水平以及家长和家庭背景是有差异的，所以在运营工作中要考虑不同年龄、不同民族、不同背景的婴幼儿和家庭的个性化需求，从活动时间和内容等不同角度，设置不同层面的服务内容，供其自主选择。

5. 均衡性原则

作为牛街街道设立的公共服务平台，指导中心运营工作将突出体现平台的开放性和均衡性原则，不仅面向辖区适龄人群还辐射周边街道。在具体服务设计时还要考虑活动内容的全面与均衡，在有限的时间和空间内，从促进婴幼儿全面均衡发展的角度，尽可能将婴幼儿体格发育、智能发育（大运动、言语、认知、精细和社会行为五大能力领域）等指导内容均衡体现，提高单次服务的实用性和有效性。

6. 安全性原则

指导中心位于本地区的中心繁华地带，临街且比邻众多商铺和大型、中型社区，场地的安全性尤为重要。因此，在运营工作中指导中心将安全保障作为所有工作设计的基本前提，在遵循国家和地方相关法律法规的同时，通过建立专门的安全管理制度和预案等保障措施，从思想认识、运营机制和实

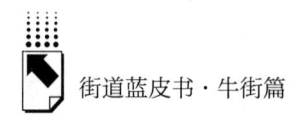

施监管等多个层面入手，切实保证指导中心场地的内外安全。

7.创新性原则

指导中心结合牛街街道区域特点，在运营工作整体规划中，围绕"基本+特色"的原则，采用点面结合的方式，通过服务创新、机制创新、技术创新，为广大0~3岁婴幼儿家庭提供多元化且个性化的家庭公共服务。

（三）儿童早教基地四项服务项目

依据牛街街道0~3岁婴幼儿家庭数量和结构等总体情况，考虑到指导中心现有的软、硬件条件，同时结合政府工作特点，指导中心为辖区居民提供婴幼儿发展测评、主题亲子活动、自主活动以及新手父母培训活动四项服务内容。

图2 亲子活动的三个重要意义

1.婴幼儿早期发展测评

婴幼儿早期发展测评活动是指导中心早期教育指导工作的核心和特色。测评服务采用预约制，在中心登记的家长就可以在每周二进行测评预约。本测评在客观评估婴幼儿当前发展水平的基础上，给出有针对性的教育方案，并指导家长如何有效地实施个性化的教育方案。

2.特色主题亲子活动

儿童早期发展工作的直接服务对象是广大0~3岁婴幼儿和家长。幸福泉多年实践证明，以婴幼儿发展为目标，举办不同主题、不同形式的亲子活动，能最大限度地调动和提升婴幼儿和家长参与儿童早期发展服务的积极性和互动性。婴幼儿的参与月龄从6个月开始，一直到36个月。牛街街道每个月开展特色主题活动，如"牛油果春节联欢晚会""做元宵亲子活动""野生动物园亲子活动""劳动最光荣主题活动""儿童节派对""暑假亲子彩绘活动""中秋节主题活动""万圣节亲子派对""感恩节主题活动"等，实现特色活动常态化。

3. 自主游戏亲子活动

自主游戏亲子活动是指导中心参与度最高的活动。每周二全天，周三至周六下午，家长都可以带着宝宝在指导中心的活动区域进行自主的游戏活动。

4. 新手父母（祖父母）培训

从家庭育儿实际需求出发，采取线上微课堂的形式，邀请社区卫生服务中心医生授课，为年轻父母和祖父母量身设计一系列育儿讲座，内容涉及潜能智力开发、营养卫生保健、心理咨询指导等多个方面。

（四）成立"家长共育委员会"提高家长的互动性

2016年，牛街街道创新服务思路，在政府公共服务中率先尝试和推出了"家长共育委员会"组织，并主动宣传中心的各项服务，用各种方式调动会员家长的积极性，吸引更多家庭参加指导中心的活动。在每个季度的例会中，运营负责人要向所有的会员家长汇报工作情况，并就下一阶段的工作计划征求大家的意见和建议，充分提高家长的参与度。"家长共育委员会"使长期以来参与政府公共服务的社区家长由单一的服务享有者，转变成为可以为服务出谋划策、贡献一己之力的参与者，使牛街儿童早期发展工作形成了街道、社区、家庭和专业机构相互配合、和谐共建的良好氛围。

（五）利用线上平台服务好婴幼儿家长

在信息化发展迅速的时代，牛街儿童早期发展指导中心紧跟时代的脚步，运用微信等信息媒体与家长进行沟通交流，通过手机微群和"牛街计生办"公共微信号为社区0~3岁婴幼儿家庭提供育儿资讯、在线绘本阅读、专家育儿课堂等服务，丰富服务内容、扩大服务覆盖面，为广大婴幼儿父母提供交流平台，并运用CRM系统规范中心日常工作，通过系统操作全面掌握公众号运营及信息更新情况。

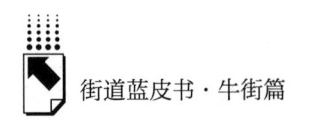

三 社区早教服务优化家庭育儿微环境成效显著

牛街街道为满足家庭对婴幼儿早期教养的迫切需求,开展优孕、优生、优育、优教服务,探索建立计划生育家庭0~3岁婴幼儿早期发展指导模式和社会化培养机制。立足家庭和谐幸福,加强家长培训和科学育儿指导,提高家长科学育儿技能,促进自然型父母向智慧型家长转变。立足儿童健康成长,坚持"家庭传承发展"原则,尊重儿童身心发展规律,开展有针对性和适宜的教育活动,提高儿童整体发展水平,提高人口素质。牛街街道通过多种形式走进社区、走入家庭,开展了一系列亲子教育活动,全面启动了早教进社区工作,取得了多方面的效果。

(一)满足了社区家庭早教服务需求

牛街街道儿童早期发展指导中心每周6天对街道附近10个社区的0~3岁婴幼儿及家长开放,承担牛街地区近1500户家庭的0~3岁婴幼儿的早期发展促进工作。截止到2016年12月,指导中心共为牛街街道0~3岁婴幼儿家庭提供了4136人次的儿童早期发展指导服务,其中婴幼儿早期发展测评369人次;亲子互动活动306场,共2378人次;自主游戏亲子活动1198人次;特色主题活动6场;新手父母(祖父母)培训6场,共187人次。指导中心运营两年多以来,各项活动组织有序,形式丰富多样,满足了辖区家庭的早教服务需求。

表1 2016年7~12月牛街儿童早期发展指导中心服务满意度统计

单位:%

活动类型	7月	8月	9月	10月	11月	12月	平均满意度
早期发展测评	99	99	98	98	97	98	98
新手父母(祖父母)培训	96	98	96	98	100	97	98
主题亲子活动	97	97	98	95	96	97	97
自主亲子活动	91	91	92	80	90	92	89
综合服务满意度							96

数据来源:牛街街道办事处提供。

（二）促进了婴幼儿早教的有序启蒙

婴幼儿早教服务根据孩子的天赋，有目的地选择一些早教课程，通过课程提高孩子的智力，并根据孩子的个性和智力方面的天赋，营造合适的环境，通过一定的方法激发和强化孩子的创造天赋，使社区婴幼儿得到有序的早教启蒙，促进孩子的身体成长和智力发育。在进行早期教养时，尊重婴幼儿的自然成长规律，注重营养和喂养、卫生和保健，促进动作、语言、认知、社会性、艺术方面的教育，注重身心的基础性发展，注重科学养育、教养结合，实现了婴幼儿全面和谐发展。牛街街道早教服务对社区婴幼儿成长产生了积极影响。

（三）提升了婴幼儿家长的优生优育技能

牛街社区早教服务注重对家庭的服务和指导，重视对家长进行指导时的技巧，同时也重视对其他主要看护人进行培训。社区早教做到了针对婴幼儿家庭需求，提供最直接有效的服务，对提高他们的早教水平进行了积极的引导和帮助。在家长们亲身经历了社区早教活动后，家长的早教态度、理念和早教技能得到了充分的提升，这些家长能更加客观地看待孩子的教育和成长，了解到孩子个性发展的重要性，培养方式更加顺应了孩子发展需求，增进了孩子与家长之间的感情，改善了亲子关系，通过亲子互动活动建立起了最基本、最牢固且不可替代的亲情关系。

四　社区早教服务优化家庭育儿微环境经验分析

（一）政社合作、资源互补，提高社区早教服务水平

社区早教服务完善并强化了社区的社会服务功能，促进了社会的良性发展。儿童早教是一项专业化服务，政府可采取购买服务的方式，引进专业化社会机构进行管理，提升早教服务的科学化、规范化水平，实现政府与专业

机构的资源互补、多元供给，解决了基层社会服务缺乏人力资源和技术专业的实际问题。牛街街道与幸福泉合作，共同推动社区早教工作的展开，成功建立了儿童发展指导中心，提供便捷有效的咨询与培训等服务，普及科学育儿知识，组织开展亲子活动，逐步建立健全幼儿园、家庭、社会共同参与的社区教育工作网络。

（二）早教服务对象从儿童向家庭转变

过去的早教服务都是针对儿童设计一些活动，然而伴随教育实践的深入发展，很多人注意到不能孤立地看待儿童的发展，家庭作为儿童成长环境中最重要的一个方面，必须认真对待。随着经济社会的发展，越来越多婴幼儿的母亲投入工作，家庭与社区结构也在发生变化，家长和孩子一样，也应该是早教项目的服务对象，所以早教服务也要有针对性地为不同的家庭提供服务需求。

早教服务的宗旨不仅是促进婴幼儿的身体和智力发展，还是为家庭提供全面的服务，如通过亲子互动增进亲子依恋，加强家庭的维系；对产后抑郁的母亲给予心理疏导和支持；对母乳喂养、卫生和安全给予指导；向婴幼儿及家庭提供健康服务，包括产前服务；等等。早教服务机构有责任关注孩子家庭的需要，对家庭给予支持，在孩子家庭、文化受到尊重的情况下，孩子的发展就会得到促进。同时，早教服务还应帮助家长了解他们应该在孩子的成长中扮演什么样的角色，扩展家长的知识，帮助他们更深入地了解孩子的需求，以更好地帮助孩子成长。

（三）以孩为本优化儿童发展"微环境"

优化儿童个性健康发展的"微环境"，是在尊重儿童发展一般规律的基础上，遵循一定的原则，强调注重儿童发展的特殊环境，做到因材施教，使家长与早教工作者共同合作，促进婴幼儿的全面自由发展（见表2）。优化儿童发展的微环境，应该在充分了解儿童个性的基础上有针对性地设定发展目标，这些目标必须以科学评估为前提，这些评估既有对儿童身心发展的评估,也有对家庭环境、社区环境的评估,然后根据评估结果为孩子设定最优的发展目标,有效促进孩子的发展。在儿童的发展过程中,需要专业人员的跟踪指导,并通过特定的方式和方法,对儿童发展"微环境"进行测评,从而有针对性地制定发展方案,通过家长作用于儿童,改变儿童发展的方向、速度和水平(见图3)。而儿童的发展,反过来又使家长和专业人员不断调整他们的思维和行为方式,进而又影响儿童的发展,优化儿童的发展过程。

表2 儿童发展应遵循的原则

原则名称	内容
遵循顺其天性的原则	儿童早期教养要遵循儿童大脑发育的规律性,根据大脑发育不同阶段的特点进行训练,以便更好地抓住大脑发展的关键时期开发孩子的智力,在注重发展儿童智力的同时还要注重孩子个性的培养和品德的教育
遵循循序渐进的原则	神经系统的发育成熟有一定的先后顺序,孩子的智力发育也有一定的规律,故对儿童进行教育时应遵循生长发育规律和知识本身的顺序,由易到难,由浅入深,不能超过他们的实际水平和能力,不能操之过急,否则反而会妨碍儿童智力的发展
遵循因材施教的原则	由于遗传、家庭、生活环境等因素的影响,每个孩子都有不同的个性和潜能,他们的兴趣爱好、能力、性格都有所不同,因此,要根据孩子的个性发展特征,制订不同的发展方案,实施不同的教养。同时还要让家长知道不能把他们的兴趣爱好强加在孩子的身上,要注重激发孩子的潜能,培养他们的兴趣爱好,促进孩子个性发展
遵循寓教于乐的原则	爱玩、好动是孩子的天性,以做游戏的方式配合孩子的智力发育,也是最生动、最具体的教育形式。组织孩子游戏时应注意四个方面,即游戏的活动性、创造性、知识性和角色性。也就是通过游戏活动促进孩子动作、技能的发展,语言的发育,发挥他们的创造性,促进思维能力及想象力的发展

资料来源:根据牛街街道办事处提供资料整理。

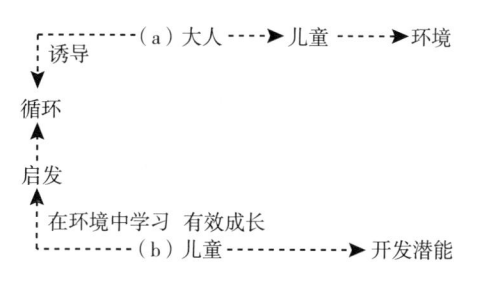

图3 在环境、大人与孩子之间的联结

资料来源:网络文章《科学的幼儿启蒙教育法》,https://wenku.baidu.com/view/18b3fefbfqof76c66137la6b.html,2018年3月2日。

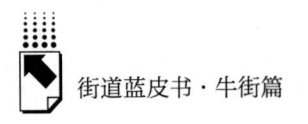

参考文献

牛街街道办事处:《牛街计生办 2014 年工作总结》, 2014。
牛街街道办事处:《牛街计生办 2015 年工作总结》, 2015。
牛街街道办事处:《牛街计生办 2016 年工作总结》, 2016。
牛街街道办事处:《牛街街道 2013 年人口和计划生育特色工作方案——街道儿童发展指导中心建设项目》, 2013 年 2 月。

B.14
牛街"爱心储蓄银行"激活党员志愿服务新活力

摘　要： 为提升基层党组织服务群众的水平，鼓励在职党员做社区榜样，牛街街道工委在市委组织部开展在职党员到社区报到工作的基础上，探索创新党组织服务群众的有效载体，设立"爱心储蓄银行"，激活党员动力，释放服务能量。"爱心储蓄银行"以"志愿服务、奉献爱心、存储公德、传递真情"为宗旨，以爱心储蓄存折为依托，记录和存储党员志愿者的"爱心"，在为辖区居民提供志愿服务存储"爱心"的同时，还可根据党员志愿者需要支取"爱心"。"爱心储蓄银行"通过党组织率先垂范，弘扬奉献、友爱、互助、进步的时代精神，带动了党员、居民及辖区单位党员职工参与志愿服务的积极性，推动了社区党建及和谐宜居社区建设的进程。

关键词： 牛街街道　基层党组织　"爱心储蓄银行"

一　牛街实施"爱心储蓄银行"项目的背景

（一）党中央和政府高度重视基层服务型党组织建设

党的基层组织是贯彻党的理论、落实党的方针政策和任务的基础和战斗堡垒，在推动发展、服务群众、凝聚人心、促进和谐中发挥了重要作用。建设基层服务型党组织，对于密切党同人民群众的血肉联系，提高党的执政能力、夯实党的执政基础，具有重要意义。中共中央办公厅印发的《关于加强基层服务型党组织建设的意见》中对服务型基层党组织的建设，提出了明确要求，尤其是提出了在职党员要到社区报到，做好为人民群众服务，并且以党员为骨干发起和带动社区各类志愿服务的开展的要求，从而形成在党组织的领导下，党员为骨干，社会共同参与的服务格局。各级党组织要高度认识基层服务型党组织建设的重要意义和紧迫性，基层党组织要把服务作为自觉追求和基本职责，推动基层党组织在强化服务中更好地发挥领导核心和政治核心作用，通过服务贴近群众、团结群众、引导群众、赢得群众，使党的执政基础深深植根于人民群众之中。

（二）在职共产党员到社区报到为社区开展志愿服务提供了中坚力量

志愿服务是现代社会文明进步的重要标志，是加强和促进精神文明建设的重要载体，是提高人民生活水平、改善城市形象、促进社会发展的重要途径。社会需要社区志愿服务，但是社区志愿服务应该由谁提供，哪种力量是志愿服务的主力军？党的宗旨、信仰以及党员队伍的先进性，决定了广大党员干部必然要成为志愿服务事业的引领者和践行者。2014年，在北京市委组织部等相关部委的号召与部署下，北京建立了党员志愿者网站，发动党员在线注册报名，并通过印发《党员参与志愿服务技巧》等方式，带动并引导在职党员到社区报到，发挥党员表率作用，不断推动党员志愿服务活动向纵深开展。在职党员到社区报到，积极开展志愿服务，成为加强基层服务型党组织建设的重要载体，有利于进一步强化党员的先锋模范作用和服务意识，并成为社区开展志愿服务的中坚力量。

（三）牛街东里社区率先在街道探索打造"爱心储蓄银行"，创新基层党组织服务群众新模式

牛街东里社区党委结合在职党员到社区报到工作，积极践行基层服务型

党组织建设,在牛街街道率先探索以服务换服务,开展"爱心储蓄银行"党建项目,让志愿者可以在这里存爱心取温暖。社区党委负责"爱心储蓄银行"整体运作以及活动的具体组织和管理,将对象范围确定为社区党员及各类社会组织志愿者,凡具有公德心、乐于助人、热爱公益事业的,组织关系在社区的党员、常住居民或驻街单位,均可以通过参与爱心储蓄活动或主动申请,成为"爱心储蓄银行"的"储户"或志愿服务者。"爱心储蓄银行"项目的开展不仅健全了社区党员志愿服务机制,还激发了辖区党员和志愿者带着爱心进社区、服务群众的奉献精神,推进了党员与群众之间的紧密融合。

二 "爱心储蓄银行"探索党员志愿服务新模式

为更好地推动服务型党组织建设,提升党员意识,发挥党员作用,服务民生、贴近群众,切实发挥街道党工委在地区各项事业发展建设中的引领作用,2015年7月,牛街街道在牛街东里社区探索"爱心储蓄银行"社区党员志愿服务模式的基础上,结合区域化党建,在全地区机关、社区、非公企业、辖区单位党组织中全面开展"爱心储蓄银行"项目,探索将地区5000余名党员汇聚在这个平台上。街道党工委通过常态化管理进一步规范和保障党员的志愿服务行为,完善党员教育服务长效机制,搭建起一个群众满意的服务平台,不断提升区域党建工作水平,实现温馨、团结、和谐、宜居的社区发展目标。

牛街制定了《"爱心储蓄银行"管理办法》《爱心奉献反馈制度》及项目实施日程安排,精心制作"爱心储蓄存折",用于记载每名党员的基本信息、服务内容、服务时间、服务积分等情况。志愿者可以申请成为"爱心储蓄银行"的"储户",在提出申请后,由"爱心储蓄银行"工作人员负责为其办理开户、注册、领折等相关事宜。"储户"每完成一次志愿服务,经由"银行"的相关工作人员确认核实后,将其服务时间和服务内容,按一定标准核定为积分登记在"存折"上。这样,当"储户"志愿者年老体弱、身体欠佳或家庭遇到困难需要帮助时,可以向"爱心储蓄银行"提出服务需求,便可以获得其他志愿者或"储户"提供的相应服务,接受的服务内容则按照相应分值计算作为该储户的"支出"进行支取(见图1)。其基本流程为:个人申请、"银行"审核、确定服务者、提供服务等。每张存折上都详细记载着持卡志愿者的基本情况及其为他人免费提供爱心帮助的服务时间、服务内容、存入积分、支出积分和剩余积分等情况。与此同时,"爱心储蓄银行"建立了储蓄活动公示制度,每半年按时对储蓄情况进行公开、公示,并接受群众的监督。

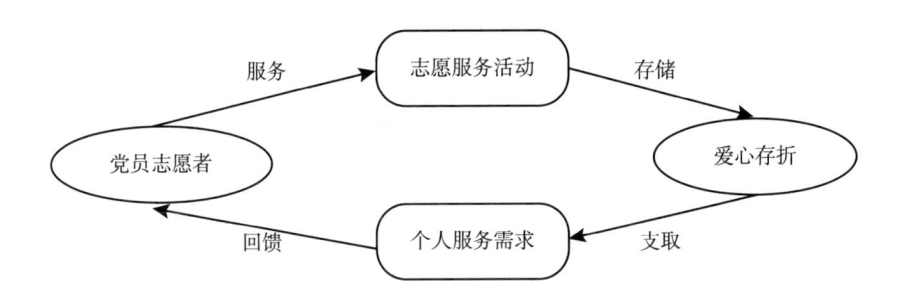

图1 "爱心储蓄银行"党员志愿服务运作

资料来源:根据牛街街道办事处提供资料整理。

(一)调研摸底,建立志愿服务供需匹配库

为夯实工作基础,街道通过访谈、座谈会形式面向牛街社区居民发放需求问卷1000份,了解居民服务需求;抽样调查200名在职党员志愿者服务意向、个人特长及工作情况;针对10个社区的党务工作者进行一对一访谈式调研,就当前区域化党建开展情况以及在职党员回社区报到情况进行梳理分析,形成群众服务需求数据库和党员志愿者服务意向供给库。在原有治安巡逻、美化环境等志愿服务项目的基础上,将关爱老人、青少年陪读等群众需要的服务内容纳入进来,实现需求与服务的有效衔接。同时,在项目实施过程中结合党员特长、基层党组织所处行业特点,精准设计活动形式及内容,为提高在职党员参与活动的积极性、便捷性奠定扎实基础。

（二）专业植入，规范"爱心储蓄银行"项目管理

街道通过公开招投标方式购买服务，引入专业社工力量对"爱心储蓄银行"实施项目化管理。成立"爱心储蓄银行"项目办公室，制定项目运行方案、实施操作规范、财务实施指引等；采取周汇报、月推进的工作方法，定期邀请专家督导参与项目研讨，进一步规范项目运行，提升项目决策的科学性，确保项目顺利推进。设计制作牛街街道"爱心储蓄银行"LOGO、存折、印章等，实现党员志愿服务标识化。通过专业力量介入，提升志愿服务活动组织实施的专业性，提升活动吸引力和党员的参与率。

（三）搭建平台，实现在职党员服务互动

打造微信公众号"牛街党员e家"，采取"线上＋线下"的O2O志愿服务模式，搭建服务供需自主匹配的平台，使党建工作和党员志愿者参与志愿服务更加便利。尤其是通过微信平台发布信息，实现辖区单位党组织在职党员的互动沟通，增进对牛街的了解，同时也便于其直面群众需求，参与服务活动。线上的活动设计将在职党员碎片化的时间整合起来，实现在"无形空间"进行"有形互动"。其参与服务群众的形式也更加灵活多样，通过定期推送党建活动信息，发布党员学习教育内容，宣传树立榜样人物、明星队伍，有效推动牛街党员志愿服务体系的形成。

（四）发挥特长，打造志愿服务"订制"活动

举办在职党员志愿服务竞拍活动，诸如"向上帮帮团""平安E警""E网情深""陪读计划""温情满屋""为爱发声""一剪钟情""祛旧迎新""书香四溢""法律护航""绿动牛街""有爱全家福"等12个优秀的品牌项目均被辖区党组织、在职党员认领。如"绿动牛街"是以在职党员家庭为单位，开展绿色环保宣传活动，通过党员带头，引领青少年、居民积极参与环保活动。又如"有爱全家福"项目是地区非公企业党员联合起来，为行动不便的高龄老人等上门提供拍摄全家福服务，营造尊老敬老爱老的社

会氛围。通过上述志愿服务的开展，密切了党员与群众的联系，更好地做到党员为人民着想，为人民服务。

（五）探索机制，激发党员服务群众意识

牛街"爱心储蓄银行"使党员的志愿行动得到更广泛的认可与尊重，由传统志愿者服务社会"单向传递"，转变为党员志愿者服务社会、社会回馈党员志愿者的"双向流动"。项目探索性地推行党员志愿者回馈激励机制，以"储户"的文明行为、爱心奉献的时间长短、次数多少及为社会所做的贡献、影响大小作为积分的主要依据，每年的"七一"定为"爱心储蓄银行"的积分结算时间点，由"银行"工作人员进行累加汇总。"储户"每年至少要主动或在"爱心储蓄银行"的安排下参加不少于24小时的志愿服务作为基础分，未完成全年积分任务的储户，考核为不合格。每年按照参与"爱心储蓄银行"活动的储户的20%比例进行表彰奖励（见表1），社区在各领域推荐年度优秀共产党员或先进个人时，将参与爱心储蓄活动的表现作为一项重要参考。此外，街道工委始终坚持以精神激励为主，根据"爱心储蓄银行"项目运行成果，拍摄宣传影片，树立党员典型人物，推广服务群众品牌队伍和品牌项目，从而组织动员、鼓励支持更多的党员，尤其是在职党员参加志愿服务，更好地发挥先锋模范作用。

表 1 志愿服务计分考核

服务项目	考核内容	分值计算
值班巡逻	参加巡逻次数	一次得2分,上下午各算一次
募捐工作	募捐衣物	每捐一次5件以内得2分,以此累加
	募捐现金	每捐10元得2分,以此累加
公益活动	参加会议、宣讲、卫生等公益活动	参加一次得2分,以此累加
帮助弱势困难群体	参加"一助一""多助一"结对帮扶	每帮助一人得5分,以此累加
夕阳红接送队	参加接送	每接送一次得2分,以此累加
穆桥情缘志愿服务	参加相关服务	每参加一次得5分,以此累加
敬老爱老	参加相关服务	每参加一次得5分,以此累加

三 "爱心储蓄银行"推进了基层服务型党组织建设

(一)党员意识提升,提高了参与志愿服务热情

精准匹配党员特长与群众需求,有助于提升党员在服务群众中的价值感。尤其是在职党员能够结合行业特点和个人专长服务群众,更有效地发挥了党员作用。如区域化党建成员单位北京市第六十六中学党总支,充分发挥教师特长,带领学生通过书法、绘画设计帮助社区居民美化楼门,营造独具特色的楼门文化;同时为家庭贫困的学生提供义务学习辅导。再如,非公企业党支部青年党员教社区老人使用微信,以及辖区美容美发相关职业人员为辖区内老弱病残等行动不便的居民提供上门理发服务,赢得了群众广泛好评。自2015年5月至2016年7月,"爱心储蓄银行"项目开展各类活动和服务230余次,参与的党员、积极分子及志愿者人数达2000余人,全年储蓄17000小时志愿服务。

(二)服务载体创新,增强了基层党建活力

"牛街党员e家"微信公众号自2015年10月正式运营以来,先后设立牛街动态、党建百事通、"两学一做"、志愿活动追踪等多个栏目,定期推送社区党建动态、党建知识、志愿队伍简介及项目活动预告等信息。该微信公众号为党员与组织、党员与党员、党员与群众提供了零距离实时交流平台,各位党员不但可以结合自身情况参与党群活动,还能突出自身优势发起志愿行动,使党员和组织、群众心连心,不再受地域和时间的限制,解决了辖区单位党组织中的在职党员受工作时间、地点制约,参与工作日集中性的志愿服务活动难的问题。基于"牛街党员e家"微信平台,所有主题活动的在职党员志愿服务参与率高达83%,极大地调动了在职党员参与基层党组织活动的热情,为未来的区域化党建工作提供了经验。

(三)激励机制健全,吸引了更多志愿服务"储户"

牛街街道成立的"爱心储蓄银行",存的是"爱心"取的是"帮助",

"储户"现在用自己的行动存进一笔笔"爱心",等到需要帮助的时候以享受社区服务的形式"支取"出来,在鼓励党员参与志愿服务的同时,还成为调动社区居民参与社区建设的"良方"。虽然社区有一些无偿奉献、不求回报的居民志愿者积极参与社区建设,但毕竟力量有限,社区建设和管理需要更多的居民参与,很多居民仍需要外在激励才能投入到社区工作中。而"爱心储蓄银行"很好地解决了他们的顾虑,这种积分存储激励机制吸引了更多的社区居民成为"储户",让很多人明白现在"奉献社区",将来可优先"享受服务"。2016年"七一"前夕,街道举办"爱心储蓄银行"项目总结会,表彰党员志愿者队伍10支、榜样人物12名、在职党员志愿品牌项目10个、基层党组织15个。同时,街道策划调研党员需求、周边企业情况,探索以政府购买服务的形式,鼓励和协调辖区内企业根据党员需求提供服务、回馈党员志愿者。

(四)发挥党员作用,扩大了群众受益面

除社区在册党员的传统志愿服务项目外,"爱心储蓄银行"项目重点打造在职党员志愿服务活动。活动设计结合党员特长,以及辖区内各类人群特征和服务需求,有效发挥了党员作用。服务群体包括老年群体、适婚群体、青少年群体、残疾人群体等,涵盖法律咨询、便民利民服务、为老服务、治安服务等,进一步提升了服务对象的满意度。例如"陪读计划"项目,西城区第二图书馆党支部充分利用图书馆资源,定期邀请特级教师为家长学生授课解惑,为青少年阅读、写作提供指导和帮助,使服务群众更加有针对性;"祛旧迎新"项目是由菜市口百货党总支在职党员为居民免费清洗首饰等,充分发挥了行业优势和技术专长,让老百姓不出社区就享受到专家的服务。通过这些特色项目的运行,群众受益面不断扩大,党群关系更加密切。

(五)深化区域化党建,形成了共享互联的党建服务新格局

街道先后在10个社区、16家直属非公企业党支部、枫桦豪景楼宇党建工作站以及部分区域化党建成员单位开展活动,有效形成了资源共享、开放

互动、活动联办、党员共管的区域化党建新格局，凝聚更多组织力量服务牛街地区发展，社区党委与非公有制企业党组织、辖区单位党组织的沟通也更加紧密。枫桦豪景楼宇工作站的北京市隆平律师事务所的党员、积极分子每周四会定期向地区群众宣传法律常识，提高了群众自身守法、用法意识和能力，成为地区群众身边离不开的"私人律师"。

四 "爱心储蓄银行"社区志愿服务模式的启示

（一）"爱心储蓄银行"是基层党组织有效整合资源服务群众的重要模式探索

"爱心储蓄银行"根据社区志愿服务需求，对接在职党员志愿服务意愿，利用在职党员自身优势、资源为社区提供精准服务。调动了社区居民及社会力量参与志愿服务的积极性，有效整合起各级各方服务资源，构建起多层次、菜单式的志愿服务体系。解决了基层党组织党的群众工作力量相对不足、服务群众和做群众工作的能力相对欠缺、对群众需求把握不到位、服务资源没有得到有效嫁接和充分整合等一系列问题，是创新贴近基层、贴近实际、贴近群众，加强服务型党组织建设的重要工作抓手，对于进一步发挥党的先进性，强化宗旨意识，服务群众，将人民群众聚拢在党中央周围，提高党的执政能力、夯实党的执政基础，具有重要意义。

（二）"爱心储蓄银行"是创新党建工作载体，促进广大党员与群众参与社区建设的重要探索

"爱心储蓄银行"充分发挥了党组织在社区建设中的领导作用，通过发挥党员志愿服务的示范带动效应，带动并引导了社区居民自愿参与互助性、公益性等各类志愿活动，进一步扩大了公众参与、增强了社会活力、促进了社会发展。注册的每位党员志愿者都拥有一个"时间储蓄"存折，每参加完一次公益活动就可以上报所在党组织，将服务时间存入账户，从而一

方面使党员服务群众有了量化标准,另一方面也体现了"人人为我,我为人人"的志愿服务社会化互助理念,使得公益回馈有据可依,加强了党组织服务群众的社会监督。在社区形成以社区党组织为核心,社会共同参与社区建设的良好局面,实现了社区自我管理、自我服务的良好格局。

(三)"爱心储蓄银行"培养了公共责任意识和志愿服务意识

和谐宜居社区是社会发展的目标,和谐就是要求人与人之间的和谐,这不是少数人努力的结果,而是广大民众共同努力的结果,其中就要求全民皆有社会责任意识,并以此作为文化内涵的一部分。"爱心储蓄银行"正是培养民众公共责任意识,并逐渐形成一种责任文化的社会活动。培养社会责任意识就要发挥党员的模范带头作用,从社会基层做起,引导带动公民积极参与社会公共事务,使责任成为居民自觉行动,使公共责任意识内化为中国社会的文化基石。"爱心储蓄银行"的每个储户都有爱心储蓄存折,"储户"提供社区治安巡逻、"一助一""多助一"扶弱助困、献爱心募捐、社区志愿者服务、公益劳动等服务,并可按照"储户"的贡献,换取相应的奖励或"支取"所需的帮助。这种制度在很大程度上调动了人们参与志愿服务的积极性,提高了对普通居民的影响力和对全社会的辐射力。

参考文献

牛街东里社区委员会:《牛街东里社区党委"爱心储蓄银行"实施细则》,2014。
牛街东里社区委员会:《2014年牛街东里社区志愿服务积分储蓄实施办法》,2014。
牛街东里社区委员会:《"青春伴夕阳"牛街东里社区青少年扶老助残志愿服务队制度》,2014。
牛街东里社区委员会:《志愿服务,奉献爱心,存储公德,传递真情》,2014。
牛街街道办事处:《模拟银行运营模式引领区域党建创新》,2016。
《中国共产党第十八次全国代表大会报告》,http://news.sina.com.cn/o/2012-11-18/084125604116.shtml,2012年11月18日。

B.15
街道级民族文化特色博物馆建设的牛街模式

摘　要： 牛街民族特色的文化身份和价值，备受国内外瞩目。牛街街道在北京市西城区成立首家街道级博物馆——牛街历史文化展陈室，承载京城近千年历史记忆，融合牛街特色回族文化，浓缩牛街丰富多彩的市民文化，是一座融地域、传统、记忆、居民为一体的开放式博物馆，成为牛街街道打造的重要标志性地区历史文化传播场所。展陈室从筹备、功能定位、内容征集、陈设设计等方面创新探索社会化参与的方式，为地区群众的文化生活增添新的亮点，为推动牛街地方历史文化收集整理、研究、保护和传承珍贵厚重的文化遗产打下了坚实的基础。

关键词： 牛街街道　历史文化展陈室　民族博物馆

一　首家西城区街道级博物馆建成的背景

（一）缘起：地区历史文化收集整理和保护

中华民族历史悠久，古都北京名胜密布，牛街作为北京最古老的街道之一，其前身是唐幽州城内的大道，辽代为开阳门内大街，元明时期逐渐发展为回族聚居的街区，清代成为玉器加工作坊的聚集区，近代回族聚居范围已由牛街两侧扩展到教子胡同以东和广安门内大街以北的街区。近年来，随着城市建设的快速发展，牛街地区的整体面貌得到了极大的改观和提升。但是，随着牛街地区房屋拆迁、房屋改造，牛街老一辈居民离去，承载牛街原始记忆的老故事和实物遗存渐渐流失。为保留牛街记忆、传承牛街民族文化，牛街地区各族群众曾多次向街道建言献策。牛街街道工委、办事处发现，牛街地区历史文化收集整理和保护工作迫在眉睫。

（二）历程：设部门、广宣传、深挖掘、筹展出

2013年12月，牛街街道正式成立牛街地区历史文化收集整理工作领导小组并下设办公室，专门从事地区历史文化收集整理工作。2014年，历史文化收集整理前期工作启动，街道采用多种形式加强宣传推广，以期得到社会的广泛认知和认同，进一步提升牛街历史文化收集整理的宣传影响力度。领导小组分别在3月中旬启动了"牛街记忆"文化沙龙活动，7月在中国伊协礼堂成功举办"牛街历史文化收集"新闻发布会，向社会宣布"牛街历史文化收集"工作正式启动，并在以回族文化为主体的伊斯兰文化、以法源寺为主体的儒释文化、以湖南会馆为代表的宣南文化等领域聘请了顾问6人、专家16人，举办"牛街历史文化专家学者论坛"、制作"这里是牛街"等系列专题片。2015年，通过前期的宣传推广，地区历史文化搜集挖掘工作深受地区热心群众的欢迎和认同，取得了阶段性的成果。牛街街道在此基础上，为提升地区整体形象和文化内涵，更为直观地向社会展示牛街悠久的历史文化，使其具有标志性和长期性，产生了筹建牛街历史文化展陈室的初步想法。2015年12月8日，牛街历史文化展陈室正式对外开放展出，这是北京市西城区首家街道级博物馆。

（三）功能：城市公共文化服务体系的重要组成部分

牛街历史文化展陈室是政府主导、社会参与建设的承载历史文化记忆，传播精神食粮，普及地区信仰、习俗、饮食、建筑、姓氏、语言、艺术、体育武术等多元文化知识，翔实生动地保存并呈现牛街所积累的深厚文化、丰富的人文价值，促进人们对牛街文化与牛街精神的认同，也是城市公共文化的重要场所。历史文化展陈室不仅具有收藏保护、科学研究、展示传播、教育服务、时尚休闲等功能，还具有引领民族文化、弘扬民族团结精神、搭建城市多元文化交流平台等方面的特殊作用，是推动地区文化进步、社会教育、改善民生、社会发展的积极力量。

表1 牛街历史文化展陈室的功能性质

功能	性质
收藏保护	收藏代表性藏品实物及其图片，成为地区民族文化和历史发展的收集者和保护者
科学研究	深入挖掘研究展陈品所蕴含的历史、人文、社会信息，并进行科学整理、保护和展示
展示传播	通过展览陈列进行历史、习俗、饮食、艺术等多元文化知识传播
教育服务	围绕基本展陈内容，形成广博、多样、鲜活、直观、有特色的社会教育课堂
时尚休闲	充当文化交流的城市空间、大众休闲和文化旅游的场所，新兴的"活态"文化阵地

二 牛街历史文化展陈室的创新建设模式

（一）因地制宜，营造和谐的文化环境

1. 合理利用地下空间

街道没有大拆大建，而是选择了更为经济环保的方式，结合地区实际，确立"以空间换活动、以空间换服务"的思路，将多年来环境杂乱、用于出租、存在安全隐患的地下空间进行腾退清理，对有条件的空间先期进行公益性开发利用。按照"为民、特色、服务"的原则，将地下空间的利用，定位在突出民族文化传播、响应居民文化需求等方面，在辖区居民的共同努力下，将牛街东里小区14号楼地下室改造为牛街历史文化展陈室，整体面积达到了600平方米。

2. 开展活动收集整理

牛街街道从历史沿革、经济文化、风土民俗等方面还原街景、重现历

史，找寻原汁原味的牛街记忆，整理牛街百姓共同的文化基因。2014年7月，牛街街道开展为期2个月的"牛街往事"主题征集、评选、巡展活动，采用张贴宣传海报、发送宣传折页、发布微信、微博等多种宣传途径，围绕"亲历、亲见、亲闻"与牛街有关（牛街危改拆迁以前）的历史人文、重大事件、民俗风情、生产生活、行业兴衰、胡同故事、名人逸事、家庭轶事、传说趣闻、建筑风貌等，面向社会征集文章、老照片等素材。为提升社会参与度，街道通过北京卫视、北京卫视新闻频道向观众播出"这里是牛街""回到牛街""街里街坊话牛街"等系列专题片，展现牛街的历史、文化与和谐。同时，在社区开展历史文化沙龙，征集线索人物、文章和照片。在回民中学、北京第六十六中学、回民小学等学校，开展"听爷爷奶奶讲述牛街往事"主题征文活动，动员地区的青少年积极参与，在青少年中弘扬牛街历史文化精神内涵，挖掘历史文化资料线索。

3. 巡回展出扩大影响

通过开展"牛街往事"活动，共收集有价值的线索人物近百人，收到来自社区、地区学校、社会人士的征文227篇，照片580张，各类影像、书刊资料113件，这些材料均登记造册，规范保存。街道从中选取部分照片素材制作展板，以巡展的形式面向地区群众展示征集活动成果，进一步扩大地区影响，吸引群众关注，自觉自愿参加到牛街历史文化收集整理工作中。开展"百位老人话牛街"口述史采集工作，启动三期口述史采集项目，累计完成对38位老人的口述采访，保留了文字、影像、音频等资料，整理出来的影像资料时长达70小时，录音稿40余万字，为牛街历史文化人物资料库奠定了扎实的基础。

（二）创新设计，搭建特色的文化载体

1. 展陈内容多角度、多维度

历史文化展陈室全面介绍了牛街地区的历史文化风貌，展示了历史文化挖掘的阶段性成果，是牛街历史文化的艺术长廊，也是彰显城市特色的文化名片。展陈室由"牛街历史沿革"、"场景还原"、"牛街胡同"、"牛街经

济"、"牛街文化、体育、卫生"、"牛街民俗"、"牛街名人"共七部分组成。展陈形式主要有藏书、影像、塑品、照片、实物、地情资料、电子书等，还有不少老物件，大多是街道居民捐赠的。200余幅图片及100余件历史实物，配以先进的视频系统，图文并茂、生动翔实地记录了牛街地区的时代内涵，再现了牛街地区的历史足迹。

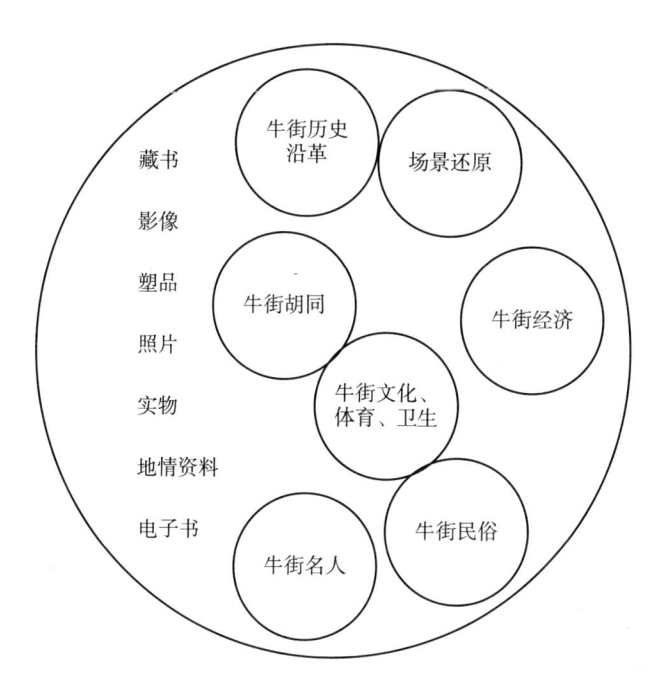

图 1　展陈室展示内容及形式

2. 一幅长卷展示多样文化符号

展陈室借鉴清明上河图的表现形式，由专业画师绘制牛街历史长卷。该画卷长16米、宽1.5米，栩栩如生地展现了牛街跨越宋（辽、金）、元、明、清、民国、新中国等不同历史时期的城市变迁和人文风貌，清晰地描述了伊斯兰教传入中原以后牛街的发展历程。作品描绘精细，意态生动，气势连贯。从唐朝时的古丝绸之路、辽宋时期的牛街礼拜寺、元朝时的蒙古大军西征、明清时期的牛街市井文化、民国时人们的衣食住行，再现了古老牛街的灿烂文明。整幅长卷不仅将悯忠寺（今法源寺）、燕角楼、牛街礼拜寺等地

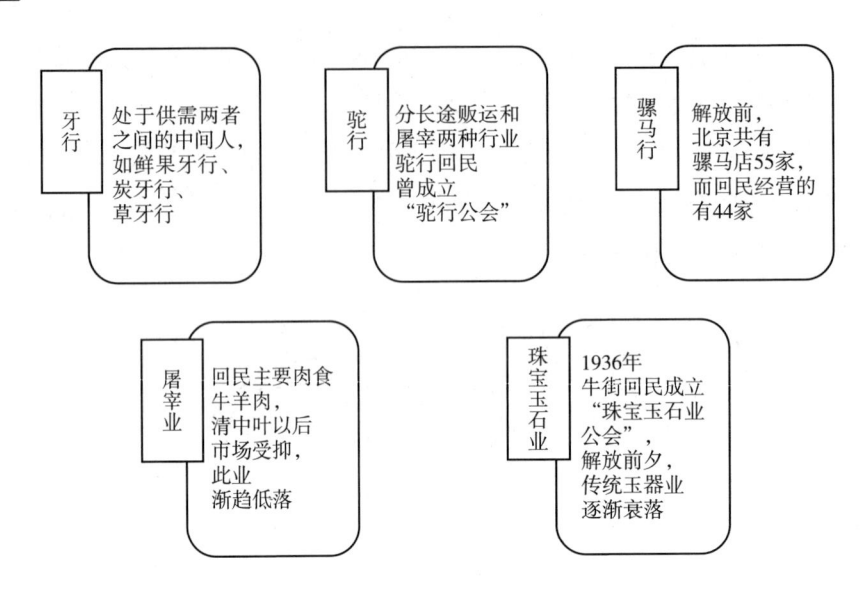

牙行	处于供需两者之间的中间人，如鲜果牙行、炭牙行、草牙行
驼行	分长途贩运和屠宰两种行业 驼行回民曾成立"驼行公会"
骡马行	解放前，北京共有骡马店55家，而回民经营的有44家
屠宰业	回民主要肉食牛羊肉，清中叶以后市场受抑，此业渐趋低落
珠宝玉石业	1936年牛街回民成立"珠宝玉石业公会"，解放前夕，传统玉器业逐渐衰落

图2 牛街历史上的商业文化

标性建筑悉数纳入画中，还将市井买卖交易、制作小吃、街头杂耍等生活场景穿插其中，运用柳树、祥云、河流等作为画面背景进行串联和呈现。据粗略统计，画中共有近500个人物，不但衣着不同，而且神情气质各异。

3. 姓氏文化墙再现奇特多样姓氏文化

展陈室的一面姓氏文化墙上再现了300余个具有牛街特色的"姓氏小说"，能够勾起人们对老牛街的记忆。骆驼王、奶酪魏、果子贾、邮票杨、御前侍卫马、话匣子张等特色称谓，展示出牛街独特的"堂号"文化。由于回民的姓氏大多集中在马、杨、王、沙、闪、回等几类上，同姓的现象很普遍，因此给交流造成一定困难。于是，在相互称谓上，人们逐渐形成了独特的方式。牛街地区的回民往往把原籍、居住地、官职、职业、买卖字号等特征连缀在姓氏前面，回民把这类冠在姓氏前的说明称作"小说"，能够使人们大致知晓清末民初以来某个家庭的状况，尤其是职业构成。比如"大成杨"，大约在一百年以前，"大成杨"在南城宣武一带落户，以牛羊肉铺的商号作为名称；"蛐蛐儿白"，人们会很清楚这是声名大振玩蛐蛐的白家；"棚沙"，专门给别人搭棚办事的沙家。

以居住地点为说	以官职为说	以职业为说	以商号名称为说
沙栏孙 过街沟王 醋章胡同杨	贡见马 哈密馆张 侍卫马	菜王 缨子王 切糕张	月盛斋马 大成杨 同和轩马

图 3　牛街的姓氏小说

（三）社会参与，创办群众共有的文化家园

1. 牛街居民自述牛街事

"牛街娃"义务担任讲解员。在很多人眼中，讲解员都是年轻的女性，而街道本着"牛街娃讲牛街事"的思路，即由土生土长的牛街人来讲述牛街事，特别请了六位土生土长的退休老人作为展陈室义务讲解员。但为了保证讲解质量，能够绘声绘色、自然而然地把参观者带入牛街历史故事情景中，六位老人在展陈室对外开放前，连续奋战22个晚上，看着陈设的物品练习讲解，从未缺席。他们还通过家人、熟人、查找资料，不断地充实自己，"学中讲、讲中学"，为参观者义务讲述牛街的过往，带领大家找寻原汁原味的牛街记忆，再现一段段鲜为人知的故事，拉近与参观者的距离，把牛街文化渗透到参观者的心中，为地区悠久历史文化发挥了引领和传播作用。老牛街人的现场解说，为展陈室增添了动态、活化的展示成分。

2. 牛街居民自捐老物件

牛街历史文化展陈室的筹建得到了辖区居民的广泛认可与支持，他们积极自愿捐赠私人收藏的，具有历史意义和纪念价值的物品，供展陈室陈列展出，来反映我国不同历史时期的重要事件和变迁。例如，在展陈室中，有一件"飞虎队"臂章（飞虎队，全称为"中国空军美国志愿援华航空队"，于第二次世界大战中美日开战前夕成立，在中国、缅甸等地对抗日本，飞虎队为中国的抗日战争留下了一段难忘历史和很多动人故事），捐赠者是年过七旬的朱德元老人。朱老曾是一名海军航空兵，对抗战史料和物件都特别感兴趣，他花费近30年的时间，苦心收集飞虎队的资料和物件。他捐出这些老物件，希望年轻人了解历史，铭记历史，珍爱和平。粮票、油票等是20世纪六七十年代全国各地的商品票证，人们买米买面都离不开粮票，1993年政府宣布取消粮票，粮票和其他票证渐渐淡出人们的生活，退出了历史舞台。家住牛街西里一区的居民张淑芳把自己收藏的粮票实物档案捐给展陈室，希望人们能够珍惜粮食、勤俭持家。

3. 牛街居民自评怎么建

牛街历史文化展陈室的建设牵动着辖区居民的心，一些参观的居民留下宝贵的建议。根据这些建议，牛街相关部门先后对展陈室内容进行补充及修正3次25处，充分保证了展品的准确性和完整性。为更加丰富展陈文化底蕴，街道还将持续向居民群众征集关于牛街生产、生活、习俗、武术、文化等各方面的老物件实物，不断充实完善展陈室的展品。

三 牛街历史文化展陈室助推地区文化品质提升

（一）记录街区发展历史，留住百姓乡愁记忆

牛街历史文化展陈室是物化的发展史，牛街的历史变迁、经济发展融入了市井文化、姓氏文化、民族文化等元素，汇聚成牛街独有的区域文化。这些文化遗存演变成城市的历史记忆、地域特色和鲜明个性，成为牛街地区文脉的见证者和记录者。街道对地方丰富的历史文化进行系统的挖掘整理、研究论证，把展陈室打造成为地区标志性、长期性的文化阵地。展陈室通过图片、老物件与历史对话，过去和现在对比，全面、准确、生动地记录、展示了牛街历史文化，弘扬了地区民族传统文化，成为传承历史文脉、留住乡愁记忆的文化空间。走进展陈室，步移景换，牛街深厚的多元文化，千百年来独有的胡同文化，以回族为主体的民族文化、宗教信仰和生活习俗、清真食品的特质，注重体质的体育武术及健身运动，重要的历史事件和人物等，加深了人们对牛街历史文化和城市建设历程的认识，成为牛街城市历史记忆和

独具特色的文化名片。特别是多民族融合共存、多元文化兼容互动更体现了牛街人不分回汉、互敬互爱的民族团结精神，增添了牛街的城市情怀和人文魅力。

（二）构建公共文化载体，完善公共文化服务体系

牛街街道以政府引导、社会参与、搭建平台、共建共享的路子，整合文化资源，凸显地区文化元素，打造地方特色文化品牌，建成牛街历史文化展陈室。展陈室作为北京市西城区首家街道级博物馆，推动了街道公共文化服务体系的完善，创新了牛街文化交流和展示的新载体，让文化融入城市发展和市民生活，有效提升了文化品质与城市品位。展陈室不仅自身拥有收藏保护、科学研究、展示传播等功能，还对城市建设发展有着引领文化、弘扬精神、搭建多元文化交流平台等作用。展陈室开设以来，以展现地区土生土长的文化为主，活跃了地方文化，满足了地区群众多样化的文化需求，发挥了教育基地、文化交流场所、精神文明建设的窗口作用。同时，展陈室在充当文化交流的城市空间时，成为大众休闲和文化旅游的场所，成为文化交流的新兴文化阵地。

（三）传播民族文化精髓，丰富群众精神文化生活

文化是城市的血脉，是市民的精神家园。牛街历史文化展陈室充分发挥了社会服务和文化宣传教育作用，使参观者在体验中感受牛街文化魅力，在传播中汲取牛街文化的精华，在继承中创新牛街文化内涵，促使牛街文化传承成为地区发展的合力。展陈室通过寻求领域更为广阔的多元价值，更加客观地反映历史交替更迭，还原街景、重现历史、传递记忆，整理百姓共同的文化基因，推动了富有鲜明特色的地方文化整理与研究，对于传承和记忆地方历史文化起到了特殊的教育作用。通过吸纳辖区的公众参与，提升展陈室的展示内容和形式本土化，进一步促进了辖区居民对牛街的文化认同。通过多样的展示形式，以及具有地方特色的展品，吸引各地参观者，扩大了地区的社会知名度和影响力。2016年，展陈室对外开放一年来，先后有辖区单

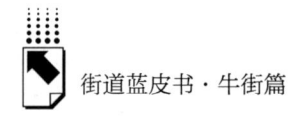

位、社区、各国访问学者等各类团体及个人参观者累计约4000人。随着参观者和使用者从单纯地欣赏者变成展陈室不断完善的参与者、建议者，也更加深层次地了解了牛街的文化。

四 街道历史文化展陈室创新建设的几点启示

（一）充分认识展陈室对区域文化和精神的凝聚作用

街道历史文化展陈室作为一个地区、城市的名片，是创新地方文化记忆与传承的重要阵地，也是提高人们文化修养的重要场所，发挥着弘扬文化、教育学习、铭记历史等多种功能。随着社会生活水平的不断提高，群众对精神文化生活的需求也越来越高。积极研究探索打造以街道为主体、以区域文化展示为核心的历史文化展陈室，可以在进一步完善其公共文化服务功能同时，使辖区的居民了解辖区的历史背景，传承辖区的区域文化，提升居民对区域的认同感、归属感，从而有效地提升地区文化自信、文化的向心力和凝聚力。

（二）充分发挥政府在政策扶持和宣传引导中的作用

中共中央办公厅、国务院办公厅2015年印发的《关于加快构建现代公共文化服务体系的意见》明确指出，构建现代公共文化体系，要"坚持正确导向、坚持政府主导、坚持社会参与、坚持共建共享、坚持改革创新"的基本原则。街道及政府相关部门，在宣传、教育、组织、人才培养、市场等方面应积极发挥作用，尽可能地给予资金和政策支持，鼓励社会参与。调动社会组织和个人在发展博物馆事业中起到应有的作用，实质性地引导民间收藏加入融收藏、保护、展示和研究为一体的博物馆文化建设发展中，把科学研究与博物馆发展相结合。

（三）充分发挥公众在公共文化服务中的共建共享作用

坚持贴近实际、贴近生活、贴近群众，政府要加强宣传，做好社会动员，激发各类社会主体参与公共文化服务的积极性。地区性展陈室或博物馆在功能和形式上，应该更进一步适应新形势下公众的需求，提升互动感、体验感、时代感，这就需要进一步拓宽公众参与的广度和深度。诸如，在建立地方文化展陈室及博物馆时，除征集历史、文化、艺术珍品等，还要加强对地区文化优势的挖掘，融入地方人文特色，建立相应的公众参与机制，包括引导居民参与志愿讲解、捐赠实物、建言献策等活动，使展陈室或博物馆成为传承地区文化、全民分享与共建地区文化的重要平台。

参考文献

西城区牛街街道工委、西城区牛街街道办事处、区城区档案局（馆）：《牛街记忆》，2016年12月。

《百年街景还原牛街记忆多彩的市井文化》，http://www.funxun.com/news/53/2015129161613.html，2017年12月9日。

《百年街景还原牛街记忆》，http://www.beijing.gov.cn/rwbj/lsmc/fxgd/t1413510.htm，2018年3月2日。

刘萍：《我国公共图书馆文献编目工作改革的实践探索》，《四川戏剧》2016年12月28日。

汝萌、李岱：《我国公共数字文化服务使用情况调查研究》，《图书馆建设》2017年2月15日。

Abstract

It is essential for the development of the capital to establish an effective megacity governance system. As the core functional zone of the capital, Xicheng District has taken the lead to do a good job with "four concepts" and persisted in the strategic vision of carrying forward scientific governance in depth and improving the development quality in all aspects. The district has continuously reinforced the function as "four centers", strived to improve the level of "four services", and made important breakthroughs in urban governance capacity and urban development quality. Sub-districts play an irreplaceable role as the pioneer and main force of microscopic governance. 15 sub-districts of Xicheng District have coordinated various resources of respective areas based on their own development situations. Their practices include exploring the ways to establish the regional mode for Party construction, strengthening lean urban management, improving public services, refining the integrated enforcement system, and exploring innovative practices for grassroots governance. They have continuously injected new connotations into grassroots governance and provided duplicable and easy-to-operate live experience for grassroots organizations, and their experience and practices are of great importance for Chinese metropolises to improve concepts and find new ways out to strengthen grassroots governance.

The "Beijing Sub-district Development Report No. 2: Niujie Chapter" takes root in the ethnic characteristics of Niujie Sub-district and highlights the theme of ethnic unityand ethnic cultural features. The book analyzes the sub-district's practices, including reforming the community governance system, improving the public service level, carrying forward community autonomy and consultative democracy and conserving and carrying forward the history and culture. Moreover, the book reviews the sub-district's typical practices, including establishing a diversified pension service system, building a juvenile education brand for the community, optimizing the family-based infant education environment with the community-level preschool education service, injecting new vitality into volunteer services of Party members with "Love Savings Bank", and establishing an ethnic cultural feature museum at the sub-district level.

On this basis, this book suggests that as a national example for ethnic unity and progress and a leading entity for ethnic unity and progress in the capital, Niujie sub-district should match the supply and demand of public services in the ethnic area, carry out the ethnic policy, strengthen comprehensive peace and security and strengthen the traditional cultural features of the ethnic minority. With these efforts, the sub-district can improve the capacity and quality of special public services for the ethnic minority, manage the floating population in the ethnic minority area and construct social organizations in the ethnic minority area. Moreover, the sub-district can build a new block for ethnic culture, tourism and commerce, explore new ways to share development fruits, and realize joint construction, joint prosperity, joint governance and sharing in the ethnic minority area.

Contents

I General Report

B. 1 Niujie: Practices and Explorations of Harmonious and
Collaborative Development of Multiethnic Region　　　／001

Abstract: The ethnic unity concerns social stability, social harmony, the progress and the prosperity of different ethnic groups and improvement of urban quality. The Niujie Sub-district is a flag for national unity and progress, a benchmark for the ethnic monitory-inhabiting areas nationwide and a window for global ethnic exchange. It has carried out in depth policies of the Party and the state as well as the spirits of a series of important speeches of Secretary-General Xi Jinping together with his new concepts, new thoughts and new strategies for national governance, closely revolved around the theme of "fighting hand in hand and seeking common prosperity", and continuously innovated the new service system and new governance modes based on the ethnic characteristics. It has fully exerted the demonstrative function of the ethnic unity creation campaign, further propelled the campaign and done the work in a lean, compliant and normal manner. It has persisted in the "One Two Three Four Five" development strategy, brought the ethnic policies of the Party to the grassroots level, and propelled the local community development in every aspect. Moreover, it has constructed different causes of the community with strength, with actual effect and in detail, and ensured people of all ethnic groups jointly create and share a good urban life. This report first reviews the development history, typical experience and successful practices of the sub-district. On this basis, this report analyzes some new problems faced by the ethnic minority-inhabiting areas, improvement of regional development quality and ethnic group's brands, and provides some opinions and suggestions for different ethnic groups of Niujie Sub-district to share reform and development fruits and jointly propel the ethnic unity and progress cause.

Keywords: Niujie Sub-district; Ethnic Characteristics; Multiracial Area; Harmonious and Integrative Development

Ⅱ Data Reports

B. 2 Regional Public Service Questionnaire Survey Report for Niujie Sub-district on the Basis of Permanent Residents   / 028

Abstract: Access to public services is the need for survival and development of citizens and also constitutes the basic guarantee of their life quality. It is of great importance to evaluate the life quality from the perspective of residents as to their sense of getting public services and satisfaction with public services. In this paper, we have adopted the questionnaire method and performed a questionnaire survey on public services and the life quality of the permanent residents in 10 communities of Niujie Sub-district in Xicheng District. On this basis, we have assessed the sub-district as to its organization and offering of public services as well as residents' satisfaction, reached an overall conclusion and provided concrete suggestions relating to existing problems.

Keywords: Niujie Sub-district; Public Service; Life Quality

B. 3 Regional Public Service Questionnaire Survey Report for Niujie Sub-district on the Basis of Working Population   / 044

Abstract: The working population is an important participant andpromoters for regional development. The offering of convenient, consistent and high-quality public services to the working population is of great significance to optimize the regional development environment and enhance the sub-district's capability to provide services to the region. To this end, the research team performed the first public service survey among the working population under jurisdiction in January 2015, and once again initiated a questionnaire survey on the supply, involvement and acquisition of public services in Niujie Sub-district among the corporate working population. This report analyzes awareness of service institution, involvement in community service, regional life facilitation, satisfaction with community-level basic public service and demand for community-level public service. Then, we have performed a longitudinal comparison of the survey results, reached overall conclusions and provided concrete suggestions relating to existing problems.

Keywords: Niujie Sub-district; Public Service; Working Population; Countermeasures and Suggestions

Ⅲ Theory Reports

B. 4 Establishing A Conservation and Utilization Mode for Historical and Cultural Block Based on Residents as Primary Element
—*A Research on Selection of Conservation Mode for Fayuan Temple Cultural Reserve, Xicheng District, Beijing*   / 063

Abstract: During a survey on Beijing, president Xi pointed out that history and culture are the soul of a city and we should conserve historical and cultural heritages like loving our own life. The conservation of historical and cultural blocks, which are part of the non-renewable resources of one city, is both materialistic and spiritual. They should not only renovate, transform and conserve original styles, but also stimulate the vitality while conserving and promoting their original utilities. Moreover, while observing laws and regulations and respecting the intent of residents, they should improve infrastructures and housing conditions mainly for residents of historical and cultural blocks, and make the modern metropolis truly conserve the urban culture and residents' traditional lifestyle with regional characteristics. Through research, this report explores the value orientation, objective system and trend relating to the conservation of cultural and historical blocks. Meanwhile, this report analyzes typical cases at home and abroad, and explores the original conservation mechanism mainly through local residents based on conservative development, realistic demand and problems of the Fayuan Temple as a cultural reserve. Then, this report concludes that compared to the dismantlement and withdrawal mode, the original conservation mechanism has great values and significances and will help achieve the objectives of shaping the urban image, actually benefiting residents and assuring the actual effect of conservation. Moreover, the mechanism can further improve the regional culture and enhance the urban quality.

Keywords: Niujie Sub-district; Historical and Cultural Block; Fayuan Temple Cultural Reserve

B. 5 Review of Community Governance System Reform in Pilot Areas Based on Niujie Sub-district, Xicheng District: Priorities and Practical Paths / 087

Abstract: The Third Plenary Session of the Eighteenth National Congress of the Party has called upon the modernization of the national governance system and governance capacity. As the most fundamental unit of social governance, the communityundertakes important functions of social administration. Therefore, deepening the reform of the community governance system will be of great significance to further streamline the urban administration system, promote modernization of urban administration, resolve problems in community building and improve the social governance level and the community service capacity. After reviewing the current progress of the Niujie Sub-district's reform of the community governance system, this report systematically analyzes the reform experience of 83 national community governance and service innovation pilots approved by the Ministry of Civil Affairs, and identifies the current priorities of the reform. On this basis, this report advises the sub-district on how to further reform the community system.

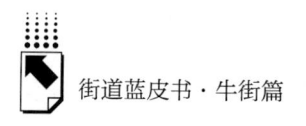

Keywords: Niujie Sub-district; Governance System; Community Governance; Service Innovation

B. 6 Feasibility Study on "One-stop" Public Service Mode for Niujie Sub-district / 111

Abstract: In the "Internet +" era, resource sharing and service facilitation for people have become the new concept of the government for social governance mechanism. In particular, streaming government functions and relaxing powers have become an important part of the "reform on the supply side". The governmentsat the grassroots level should accelerate the government service mechanism, observe the principle of orientation to demand and focus on people who apply to deal with government affairs to fully implement the modern governance concept of building a service-oriented government. Considering the fundamental interests and realistic needs of the people, some regions of China have served the people with heart and soul. They have reformed the government service flow to cure "shift of responsibilities and repeated queuing", and explored the innovative mode of "one-stop business processing". Moreover, they have pursued continuous optimization and refinement of processing flows and approval affairs and further ensured the increase in the administrative efficiency and service level. Despite some disadvantages in infrastructure, business integration, e-government construction and other aspects, the Public Service Hall of Niujie Sub-district has carried forward the system and mechanism reform according to the overall requirement for administrative service standardization set by Xicheng District. It has further strengthened the awareness of serving the people. If the sub-district explores an innovative working mechanism adapting to the public service hall and establishes the "one-window business processing" mode, it will make the service more compliant, standard and digital, offer public services that feature the convenience, benefit and high speed. Moreover, it can deliver precise, lean, scientific and efficient services and improve the recognition and satisfaction of the people.

Keywords: Niujie Sub-district; "One-window Business Processing"; Government Service; Public Service Center; System Innovation

Ⅳ Survey Reports

B.7 Survey Report on Ethnic Work of Niujie Sub-district / 131

Abstract: The most essentialthing to do the work associated with ethnic minorities is to assure ethnic unity. Niujie, as the street with the strongest ethnic characteristic in Beijing, has practiced the spirits in a series of speeches of Secretary-General Xi Jinping relating to the ethnic work, and defined ethnic unity as the fundamental and core element from the strategic perspective of national development and long-term political stability. Now, it has become a national flag and played an important role in the ethnic work of the capital. To further understand the ethnic work of the sub-district in depth, the project team has surveyed related communities under jurisdiction of the Niujie Sub-district through "field survey and interview". Combining theoretical research and empirical survey, this report reviews the sub-district's major practices for ethnic unity, identifies the bottlenecks hindering the ethnic work and proposes corresponding suggestions to help the sub-district further improve the level of ethnic work.

Keywords: Niujie Sub-district; Ethnic Work; Ethnic Unity

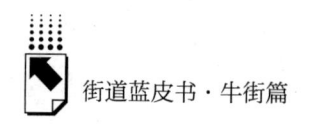

B. 8 Survey Report on the Niujie Chamber of Commerce
of Halal Foods　　　　　　　　　　　　　　　／146

Abstract: Food is foremost for people, and safety is foremost for food. Food safety concerns the health and happiness of people, and more importantly, it will influence the stability, mightiness and prosperity of the state. Niujie, the center of Islamic foods in Beijing, has established the Chamber of Commerce for Islamic Foods, which has driven the building of an Islamic food street pilot and conserved Islamic food brands. To know details of the chamber of commerce, the project team of the Niujie Research Base under the Beijing Municipal Social Development Center has researched the chamber of commerce through "interview + symposium". Combining theoretical research and empirical survey, this report reviews the chamber of commerce's major practices, and identifies its problems. On this basis, we provide corresponding suggestions to serve as the reference for decisions relating to the chamber of commerce.

Keywords: Niujie Sub-district; Niujie Chamber of Commerce of Halal Foods; Islamic Foods

B. 9 Survey Report on Niujie Sub-district's Implementation
of Community Autonomy and Consultative Democracy　　／157

Abstract: The Party has set the requirement of "implementing the mass' self-administration, self-service, self-education and self-supervision in urban and rural community governance, basic public affair and public welfare cause" in the report of its Eighteenth National Congress. Echoing the deployments and requirements of the Central Committee of the Party, Niujie Sub-district has taken the initiative to carry forward community autonomy and consultative democracy, and explored many effective practices, which have played an important role in mitigating social conflict and bringing closer the Party and the mass. However, the sub-district still needs to resolve some problems. Combining field survey, interview and symposium, the project team has surveyed the sub-district's implementation of community autonomy and consultative democracy in depth. Combining theoretical research and empirical survey, this report reviews the Niujie Sub-district's major practices for community autonomy and consultative democracy, identifies its problems and proposes corresponding suggestions so as to provide strategic decisions and reference for promotion of community autonomy and consultative democracy of the sub-district.

Keywords: Niujie Sub-district; Community Autonomy; Consultative Democracy; Community Governance

B. 10 Survey Report on Conservation of Characteristic "Stone Lock Throwing" Culture of Niujie Sub-district / 168

Abstract: The core of intangible cultural heritage conservation is to assure these heritages will be lost or interrupted but can pass down from generation to generation forever. The stock lock throwing, a traditional folk sport of the Hui Ethnic Group reputed as the "unique sport of Niujie", is an intangible cultural heritage of Xicheng District. In particular, after completing the Stock Lock Throwing Culture Communication Studio, the sub-district has forged a unique education base promoting "physical and mental temperament", and built a historical and cultural brand specific to the community. To understand the conservation and heritance of the stone lock throwing culture, the project team has combined field survey and interview, and surveyed the culture in depth at the Xili First Community under Niujie Sub-district. Combining theoretical research and empirical survey, this report reviews major practices for conserving the stone lock throwing culture and identifies the problems existing in the conservation and heritance of the intangible cultural heritage. On this basis, we provide some suggestions in order for more people get familiar with the ethnic sport and the stone lock throwing culture, understand and access the intangible cultural heritage and make the intangible cultural heritage both full of vitality and rich in public influence. The community's inheritance of the stone lock throwing culture has provided a very good sample for promoting the conservation and development of regional intangible cultural heritages.

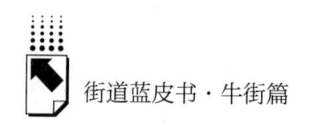

Keywords: Niujie Sub-district; Intangible Cultural Heritage; Ethnic Sport; Stone Lock Throwing Culture

V　Case Reports

B.11　Niujie Sub-district's Practices for Construction of
　　　　A Diversified Pension Service System　　　　　/ 183

Abstract: Population ageing is now worsening in China, which has delivered a rising pressure on the pension service. The pension demand and supply still can't effectively match one another, the pension service market is still unsound and it remains a long-term tough task to build the pension service system. In 2017, the State Council made it clear to refine the social security system, refine the pension service system and refine the health support system in the Construction Planning for Senior Age Cause Development and Pension System during the Thirteenth Five-year Plan. To attain the objective of "care for the old, reliance for the old and settlement for the old", the Niujie Sub-district has analyzed the structural characteristics of the aged population in the area and the pension service demand, coordinated the pension service resources under jurisdiction and increased the effective supply. Moreover, it has forged a diversified pension service system, delivered diversified local pension service, and satisfied the demand of the aged under jurisdiction. Moreover, it has provided the experience other regions can learn how to build the pension service system.

Keywords: Niujie Sub-district; Pension Service; Pension Industry; Care for the Old

B. 12 Niujie Sub-district's Attempts to Establish the Ideological and Moral Education Mode of "Three-in-one Combination" for Juveniles Combining School, Community and Family　　/ 200

Abstract: The juvenile education includes school education, family education and social education, and at the social level, the community education is the closest to the life of juveniles. The juvenile education at the community level extends and supplements school education and family education, and provides a new platform for family education and school education. Niujie Sub-district has strengthened the juvenile education as an important fundamental force propelling and promoting regional social progress, and fully played the role of the community education as a platform. Moreover, it has actively forged a three-level interactive management mechanism covering the sub-district, the community and the school, established a spiritual and moral construction pattern combining the school, the community and the family, and effectively improved the civilization level and comprehensive level of juveniles under jurisdiction.

Keywords: Niujie Sub-district; Juveniles; Youth Development; Community Education; Community Education Network

B. 13 Niujie Sub-district Optimizes Family-based Infant Education Environment with Community's Preschool Education Service　　/ 213

Abstract: The society has fully realized the importance of the early education of infants aged 0-3, which, as an important start of the lifelong educational system, has been put on the agenda. In order to carry out the "Baby Plan" made by Beijing Family Planning Association and the "Promotion Plan for Children's Early Development- Happy Baby Plan" made by the Population and Family Planning

Commission of Xicheng District, Niujie Sub-district has established the Niujie Children's Development Instruction Center based on its actual conditions, and fully exerted the advantages of the government in policy orientation, supervision and administration as well as social organizations in professional technical support to effectively promote the public service system for the population and families in the area and promote the early development of infants aged 0-3 and family happiness. Moreover, the sub-district has explored and established the sustainable mode for early development of children under jurisdiction and optimized the environment for family-based children education.

Keywords: Niujie Sub-district; Early Education; Microscopic Environment for Children's Sevelopment; Population and Family Public Service

B.14 Niujie Sub-district Injects New Vitality into Volunteer Services of Party Members with "Love Savings Bank" / 225

Abstract: Niujie Sub-district has answered the call of the Organizational Department of the Party Committee of Beijing Municipality to assign incumbent Party members to work at the community. On this basis, in order to improve the service level of the grassroot party organization for the people and set a good example by incumbent Party members in the community, the sub-district has explored the innovative effective carrier with which the Party organization serves the people. It has set up the "Love Savings Bank" to stimulate Party members and tap their service potential. Upholding the "volunteer service, contribution of love, saving of public moral and conveyance of true love", the Love Savings Bank uses the love savings passbook as the carrier to record and save the "love" from Party member volunteers, who can offer volunteer service to the residents under jurisdiction and save "love", and also can draw "love" based on the demand. Allowing the Party organization to lead by example, the Love Savings Bank has carried forward the time spirit of sacrifice, friendship, mutual help and progress, stimulated the enthusiasms of Party members, residents and staff of the organizations who are Party members under jurisdiction, and promoted the progress of the construction of the Party organization and a livable community.

Keywords: Niujie Sub-district; Party Organization Serving the Basic Level; "Love Savings Bank"

B. 15 Niujie Mode for Construction of Ethnic Cultural Feature Museum at Sub-district Level / 235

Abstract: The Niujie Sub-district has caught many eyeballs from home and aboard with its unique cultural identity and values. In Xicheng District, it is the first to have built a sub-district-level museum-Niujie History & Culture Museum, which carries the thousand-year-long history of the capital, integrates the specific cultures of the Hui Ethnic Group and concentrates rich, colorful citizen cultures of the sub-district. As an open museum integrating region, tradition, memory and citizen, it has become an important landmark facility the sub-district has forged to convey the history and culture. This report reviews the museum as to its move to explore innovative forms of social participation from the perspective of preparation, functional positioning, solicitation of content and exhibit design. It has laid a solid foundation that will propel the sub-district to collect, sort up, research, conserve and inherit regional history and culture of the sub-district.

Keywords: Niujie Sub-district; History & Culture Museum; Ethnic Museum

权威报告·一手数据·特色资源

皮书数据库
ANNUAL REPORT(YEARBOOK) DATABASE

当代中国经济与社会发展高端智库平台

所获荣誉

- 2016年，入选"'十三五'国家重点电子出版物出版规划骨干工程"
- 2015年，荣获"搜索中国正能量 点赞2015""创新中国科技创新奖"
- 2013年，荣获"中国出版政府奖·网络出版物奖"提名奖
- 连续多年荣获中国数字出版博览会"数字出版·优秀品牌"奖

成为会员

通过网址www.pishu.com.cn访问皮书数据库网站或下载皮书数据库APP，进行手机号码验证或邮箱验证即可成为皮书数据库会员。

会员福利

- 使用手机号码首次注册的会员，账号自动充值100元体验金，可直接购买和查看数据库内容（仅限PC端）。
- 已注册用户购书后可免费获赠100元皮书数据库充值卡。刮开充值卡涂层获取充值密码，登录并进入"会员中心"—"在线充值"—"充值卡充值"，充值成功后即可购买和查看数据库内容（仅限PC端）。
- 会员福利最终解释权归社会科学文献出版社所有。

卡号：453642434739
密码：

数据库服务热线：400-008-6695
数据库服务QQ：2475522410
数据库服务邮箱：database@ssap.cn
图书销售热线：010-59367070/7028
图书服务QQ：1265056568
图书服务邮箱：duzhe@ssap.cn

S 基本子库
SUB DATABASE

中国社会发展数据库（下设12个子库）

全面整合国内外中国社会发展研究成果，汇聚独家统计数据、深度分析报告，涉及社会、人口、政治、教育、法律等12个领域，为了解中国社会发展动态、跟踪社会核心热点、分析社会发展趋势提供一站式资源搜索和数据分析与挖掘服务。

中国经济发展数据库（下设12个子库）

基于"皮书系列"中涉及中国经济发展的研究资料构建，内容涵盖宏观经济、农业经济、工业经济、产业经济等12个重点经济领域，为实时掌控经济运行态势、把握经济发展规律、洞察经济形势、进行经济决策提供参考和依据。

中国行业发展数据库（下设17个子库）

以中国国民经济行业分类为依据，覆盖金融业、旅游、医疗卫生、交通运输、能源矿产等100多个行业，跟踪分析国民经济相关行业市场运行状况和政策导向，汇集行业发展前沿资讯，为投资、从业及各种经济决策提供理论基础和实践指导。

中国区域发展数据库（下设6个子库）

对中国特定区域内的经济、社会、文化等领域现状与发展情况进行深度分析和预测，研究层级至县及县以下行政区，涉及地区、区域经济体、城市、农村等不同维度。为地方经济社会宏观态势研究、发展经验研究、案例分析提供数据服务。

中国文化传媒数据库（下设18个子库）

汇聚文化传媒领域专家观点、热点资讯，梳理国内外中国文化发展相关学术研究成果、一手统计数据，涵盖文化产业、新闻传播、电影娱乐、文学艺术、群众文化等18个重点研究领域。为文化传媒研究提供相关数据、研究报告和综合分析服务。

世界经济与国际关系数据库（下设6个子库）

立足"皮书系列"世界经济、国际关系相关学术资源，整合世界经济、国际政治、世界文化与科技、全球性问题、国际组织与国际法、区域研究6大领域研究成果，为世界经济与国际关系研究提供全方位数据分析，为决策和形势研判提供参考。

法律声明

"皮书系列"（含蓝皮书、绿皮书、黄皮书）之品牌由社会科学文献出版社最早使用并持续至今，现已被中国图书市场所熟知。"皮书系列"的相关商标已在中华人民共和国国家工商行政管理总局商标局注册，如LOGO（ ）、皮书、Pishu、经济蓝皮书、社会蓝皮书等。"皮书系列"图书的注册商标专用权及封面设计、版式设计的著作权均为社会科学文献出版社所有。未经社会科学文献出版社书面授权许可，任何使用与"皮书系列"图书注册商标、封面设计、版式设计相同或者近似的文字、图形或其组合的行为均系侵权行为。

经作者授权，本书的专有出版权及信息网络传播权等为社会科学文献出版社享有。未经社会科学文献出版社书面授权许可，任何就本书内容的复制、发行或以数字形式进行网络传播的行为均系侵权行为。

社会科学文献出版社将通过法律途径追究上述侵权行为的法律责任，维护自身合法权益。

欢迎社会各界人士对侵犯社会科学文献出版社上述权利的侵权行为进行举报。电话：010-59367121，电子邮箱：fawubu@ssap.cn。

社会科学文献出版社